Expertendämmerung

*Für Menschen, die gerne lachen
und für solche, die in Gefahr sind,
ihren Humor zu verlieren.*

Dieter Schreiterer

Expertendämmerung

Eine Polit-Satire zum Thema Internationale Entwicklungszusammenarbeit gerichtet an Experten und solche, die es niemals werden wollten, waren, sein werden, werden wollen, schon immer ablehnten es zu sein, niemals waren ... oder ...

(Zitat eines erfolgreichen deutschen Tennisspielers)
... äähh ...?
... an alle eben!

*Eventuelle Ähnlichkeiten mit lebendenden oder verstorbenen
Personen oder mit Handlungen sind
selbstverständlich rein zufällig.*

© 2004 Dieter Schreiterer
Alle Rechte dem Textautor vorbehalten
Illustrationen: Eva Röben
Herstellung und Verlag: Books on Demand GmbH, Norderstedt
ISBN 3-8334-0704-2

Inhalt

Prolog   9

1. Buch
29. Dezember 1982	17
Es schallt ein Ruf, wie Donnerhall ...	21
Geheimnisse	41
Höchst persönlich	48
Problemlösung für v. Steinmann	54
Hoffnungen und Nöte	61
Strategen unter sich	65
Fortschritte	71
Annäherung	79
Heiße Eisen	87
Attacken	98
v. Steinmann erledigt seinen Job	106
Magnus' Dreh	110

2. Buch
Jelepate	117
Wielands Erbe	123
Abreise	131
Bolbergs Planung	136
Konzept-Dschungel	150
Vermisst!	153
Das große Treffen	169

3. Buch
Ein denkwürdiger Morgen	195
Wenn Dr. Gerd Schulze irrt	203
Schachzüge	208
Victoria	229
Botschaft in Not	235
Markttag am Río Coco	243
Sekt oder Selters	267
Friede, Freude, Eierkuchen	279
Nur eine Geschichte?	286

Nachwort   287

Schauplätze

Die Handlung spielt in Deutschland, im nachrevolutionären Nikaragua, seiner Hauptstadt Managua sowie am größten Fluss des Landes, dem Río Coco. Der strömt, wie es sich für ihn gehört, träge in die Karibische See und bildet im Nordosten Nikaraguas strategisch völlig unbeabsichtigt die Grenze zu Honduras. An seiner Mündung, in der kleinen Bucht „Cabo Gracias a Diós", bahnen sich Dinge an, die Entwicklungsexperten gelegentlich zwar albträumen, aber nicht für möglich halten würden.

Institutionen und Organisationen

WH e.V., Öffentlich-Rechtliche Fachkräfte-Versendeanstalt
(im Buch: WH, Welthelfer e.V.). Hier geht's professionell „drunter und drüber". Die aus der Anstalt entlassenen Spezialisten und Spezialistinnen werden in alle Welt verschickt und tun Gutes.
GGEZ, Gem. Bes. a. A.
(Ganz Große Entwicklungszusammenarbeit, Gemeinnützige Besonderheit auf Akten)
Man sagt ihr nach, aus Altöl Muttermilch destillieren und überschwemmungsgefährdete Gebiete, wie etwa das Ganges-Delta, in Tauchbasen für ausgesonderte Experten umstellen zu können.
Letzteres ein Vorhaben, welches sie noch lange beschäftigen wird, weil die dazu erforderlichen Buntfische sich weigern, ihre angestammten Ballungszentren zu verlassen.

Staatliche Institutionen

hier extra kursiv (also schräg) geschrieben, weil es zum einen manchmal so zugeht, zum anderen, besonders klein(laut) gedruckt. Der Autor möchte damit seinen Respekt gegenüber den Amtsträger-Organisationen und ihren Akteuren ausdrücken. Er bittet die Leserinnen und Leser deshalb vorsorglich, wenn sie den Text schon laut lesen müssen, die Namen der pseudonym umschriebenen Staatsapparate nur zu hauchen. Dasselbe gilt für die Nennung der nachstehenden Honoratioren:

v. Steinmann:
Ein Staatssekretär, der auf tragische Weise verloren geht.

Minister zur besonderen Verwendung:
in der Handlung nur „z. b. V." (im deutschen Industriejargon: Frühstücksdirektor). Nach ersten amtstechnischen Bedenklichkeiten verspürt er den Ruf zum bedeutenden Entwicklungspolitiker – und kommt ihm auch noch nach!

Handelnde Personen des WH e.V.

Bernhard Bagger:
Der Chef. Stets bemüht, neueste Management-Praktiken einzuführen und in jeder Hinsicht „on top" zu sein. Politisch höchst sensibel, hat er den Daumen unablässig am Puls derer, die die richtigen Vorgänger für ihn und seinen weiteren Aufstieg sein könnten.

Dr. Gerd Schulze:
Leiter der Abteilung „Verwaltung und Finanzen". Er liebt Farben, die Autorität unterstreichen und verfolgt das politisch immens wichtige Ziel, alle Entwicklungsländer des Erdballs bereist zu haben.

Alexander Rehmann:
Schulzes Unterteufel. Er glaubt an die „Sache", empfindet das bürokratische Drumherum jedoch als Aberwitz. Während einer dienstlichen Mission in Lateinamerika erfüllt sich unerwartet ein Traum.

Angela Adorno:
Eine in jeder Hinsicht begehrte und umgarnte Sachbearbeiterin der Abteilung „Entwicklungsprogramme". Sie fühlt sich unterfordert, sucht neue Arbeitsinhalte und Herausforderungen, wenn möglich, ohne ihren prickelnden Sex einsetzen zu müssen.

Kornelius Conrad:
Hausmeister und Hundenarr. Seine Tierliebe begeistert besonders Nikaraguanerinnen und verhilft dem fernen Vorhaben zu nachhaltig vernetzten Erfolgen.

Magnus:
> Hauspostbote. Die Liebe zu Salsa, Merengue und Rum-Punsch beeinflusst sein Vorgehen entscheidend. Tatsächlich ist ihm die Wirkung seines Handelns jedoch bis heute verschlossen geblieben.

Fabian Castello:
> Drucker aus Passion. Sein Hang zur Perfektion bringt selbst höchste Ministerialbeamte ins Schwitzen.

Michael de Brut vom Bolberg:
> In der Geschichte „MdB" oder einfach Bolberg. Leiter der Abteilung „Entwicklungsprogramme". Die Verehrung des temperamentvollen, schönen Geschlechts verleitet ihn, zu viel Verständnis für Frauen fördernde Experten aufzubringen.

Prof. Dr. phil. Peter Wieland:
> Unterabteilungsleiter „Entwicklungsprogramme". Sein Ziel ist die Korrektheit an sich. Einzig seine brasilianischen Bezüge spielen ihm manchmal ungewollte Streiche.

Ein vormals verschickter und nun zurückgekehrter Spezialist des WH e.V.

Victoria:
> Ex-Welthelfer und Fischzucht-Experte. Kenia und die schwarze Haut haben ihn nie mehr losgelassen. Sein Sprachfehler verursacht Aufregungen, die ihn persönlich jedoch kalt lassen.

Ein Einheimischer ...

Jelepate:
> Nikaraguanischer Arzt, in Deutschland ausgebildet. Seine Vorstellungen von Entwicklung sind andere als die der Experten.

... und andere entwicklungswichtige Menschen.

Prolog

Den prall gefüllten, mindestens zwei Kilogramm schweren Ordner verdächtig erhoben, kam er drohend, wie ein nicht angeleinter Pitbull auf Rehmann zu und stand Augenblicke später zähnefletschend neben ihm. Der saß zusammengesunken im Besuchersessel seines Chefs und zog den Kopf ein.

Allgemeine Dienstanweisung, Teil I von VII, stand auf dem Rücken der Akte, die Dr. Gerd Schulze anscheinend zur Schlagwaffe umfunktionieren wollte. Rehmann konnte die Beschriftung des Ordners lesen, sich aber nicht auf die zahlreichen Anweisungen in dem Werk konzentrieren.

„Ich mache Sie fertig", stieß Schulze außer sich vor Wut sabbernd hervor. Sein Gesicht glich einer überreifen, prallen und unablässig wachsenden Tomate. Blutrot glühten seine Ohren und gelbgrün, um Nase und Mund herum, schwoll sein Gesicht an, wie ein sich schnell mit Gas füllender Ballon, seiner bevorstehenden Explosion entgegen.

„Was, verdammt noch mal, Rehmann, haben Sie sich dabei gedacht?", donnerte er los.

„Wobei?", fragte Rehmann vorsichtig. Innerlich auf neun, wie bei einem Boxkampf, zählend, starrte er Schulze direkt in die Augen und obwohl sein Hemdkragen schon feuchte Stellen aufwies, war er entschlossen, sich nicht einschüchtern zu lassen.

Mit wutverzerrten aber eindrucksvoll gesetzten Worten hob Schulze an, seinen niederschmetternden Vorwurf wie einen tödlichen Speer gegen Rehmann zu schleudern. Den Ordner hielt er wurfbereit in den Händen.

„Sie haben mir auf dem Betriebsfest, gestern Abend jede Chance genommen, in meinem eigenen Stall zu krähen, als Sie meinen ... äh ... na, meinen Schniedel", er geriet aus dem Takt, fing sich aber gestikulierend sofort wieder, „mit einer echten, italienischen, eierdotterfarbigen, ich wiederhole: eierdotterfarbigen, Spaghetti verglichen!", stieß er mühsamst beherrscht hervor und setzte nach tiefem Einatmen fort:

„Die damit verbundene Vorstellung der mir gemäßen Länge mochte ja noch angehen – aber", seine Stimme hob sich krächzend, „Spaghetti sind nicht nur lang, sondern auch dünn. Vor allem jedoch", er machte eine bedeutungsschwangere Pause, „sie sind farbig! Grün, rot lila, können sie sein, Rehmann. Allein schon in der Farbgebung liegt die Unverschämtheit Ihrer Verfehlung! Und nun frage ich Sie", seine Stimme überschlug sich krähend, „welche Farbe hat diese verdammte Verwaltungswelt unter meiner Leitung hier, Rehmann?!!"

Bei den letzten Worten zerplatzte die Tomate. Als wäre sie in einem orkanartigen Unwetter inmitten ihrer höchsten Reifephase von schwerem Hagelschlag getroffen, brach sie auf und ergoss sauer riechenden, rosagrüngelblila klebrigen Schleim, vermengt mit von Rache triefenden Dokumenten, über Rehmanns Kopf. Undeutlich konnte der gerade noch 3. Abmahnung und Fristlose Kündigung lesen, bevor Gerd Schulze mit dem Gebrüll eines sich von übler Folter Befreienden zuschlug.

„Sie werden Farbe bekennen müssen", war das Letzte, was Rehmann, unter der ekligen Masse verschüttet, mitbekam.

Der seinen Traum störende Knall ließ ihn schweißgebadet hochfahren. Bedeppert saß er kerzengerade in seinem Bett und dachte: Wieder eine dieser Attacken gegen meinen wohlverdienten, öffentlich-rechtlichen Angestelltenschlaf. Was sie wohl bedeuten?

In seiner keinesfalls fachmännischen Traumdeutung konnte er sich nur vorstellen, dass sein ihm wie der hammerschwingende Thor erschienener Abteilungsleiter mit dem irrwitzigen Gehabe und Schniedel-Gerede vom Fall Nikaragua ablenken wollte, um seine Inkompetenz als Entwicklungsprofi zu kaschieren.

Dessen von mir tatsächlich auf dem Betriebsfest unter die Leute gebrachte entwicklungspolitische Impotenz, ist ihm offenbar unter die Gürtellinie gerutscht, dachte Rehmann grinsend. Und nun besteht für ihn die Dritte Welt nur noch aus unserer hübschen peruanischen Aushilfsbuchhalterin, América, an die er auch nicht herankommt. Deshalb greift er zur Stabilisierung seiner Psyche zu farbigen Spaghetti. Farbe im Bürobetrieb bedeutet schließlich Macht ... na ja ... oder so ähnlich.

Rehmann schüttelte mehrfach den Kopf und sich damit die noch immer anhaltende Benommenheit aus dem Schädel. Aber er nahm den Traum als Warnung, denn noch war der Fall „Nicaland" nicht abgeschlossen.

Expertendämmerung

*Manche Hähne glauben,
dass die Sonne nur ihretwegen aufgeht.*

(Theodor Fontane)

1. Buch

29. Dezember 1982

Man traf sich im Schwarzwald, denn es sollte ein Ort sein, an dem man die Hand vor Augen besser nicht sieht. Es waren ein merkwürdig hoch aufgeschossener, klapprig wirkender Ausländer mit Afro-Kraushaar, ein kleinerer, etwas Rundlicher, der ständig an seiner Brille rumfummelte und ein für hiesige Verhältnisse anmaßend Blonder, der hin und wieder alemannisch fremd stotterte.

Allerdings fand die Zusammenkunft des Geheimbundes zur Unzeit im Hotelgarten statt. Vom azurblauen Himmel strahlte nämlich bereits die Sonne herab und tauchte das Frühstücks-Trio in das gleißende, schräg einfallende Licht eines herrlich frischen Morgens. Die Temperatur war erträglich. Bei zwei Grad unter Null war es zwar schwierig, die zierlichen Kaffeetässchen mit dick gefütterten Fäustlingen zu packen, doch ihr Vorhaben würde ohnehin kompliziert sein. Über solche Problemchen setzten sie sich schnell hinweg.

Gegen das Schräge der Sonnenstrahlen hatten sie ebenfalls nichts, weil auch ihre kleine Gaunerei nicht gradlinig verlaufen würde. Vor der Helligkeit versuchten sie sich jedoch missionsgemäß abzuschirmen. Ihren Tisch hatten sie deshalb in den kristallin glänzenden Schnee hinter eine der mannshohen Kuckucksuhren gestellt, die im weitläufigen Gelände des alten Hotels, wie auch sonst überall in der Gegend hier, herumstanden. Sie führten gelegentlich zu Auffahrunfällen von Touristen, wenn sich urplötzlich das Türchen öffnete, der Kuckuck seinen fußballgroßen Kopf hindurchsteckte und „kuckuck ... kuckuck" grölte.

„Schau' mal, Papi", riefen dann die Kleinen von den genormten Sicherheits-Rücksitzen aus dem Fond des Autos, das gerade auf eine grün geschaltete Ampel zufuhr, „der schöne Kuckuck da in der großen Uhr!"

Und schon war's passiert. Papi bremste irritiert, hinter ihm quietschte es laut und die Werkstätten im Stuttgarter Umland hatten einen neuen Reparaturauftrag. Die Einheimischen ... na ja, die freuten sich, denn das würde die baden-württembergische Wirtschaft weiter auf Kurs halten und das Bundesland an der Spitze aller deutschen Staaten. Auch der absehbar bald geschasste Ministerpräsident war begeistert, denn er konnte sagen: zu Späth. Als wahrscheinlich in Kürze verarmter Wirtschaftslenker kam ihm diese Entwicklung gerade recht. Denn einer, der bald in Glas machen würde, war natürlich beglückt davon, Scheinwerfer ersetzen zu können.

Das Frühstücks-Team indes war freilich weit davon entfernt, sich Gedanken um einen künftig darbenden Ex-Ministerpräsidenten zu machen. Die schwarz-grün Bedirndelte hatten sie, der Geheimhaltung ihrer Konspiration wegen, vorsichtshalber gebeten, eine Sonnenbrille aufzusetzen. Aber die weigerte sich. Sie war erst einverstanden, nachdem ihr die drei versprachen, eine Monatsrate für ihren Bausparvertrag bei der LBS Hallstein-Stabil zu übernehmen. „Isch scho recht", meinte sie irgendwann übers ganze Gesicht strahlend und gab einen Schladerer aus.

Es musste ein kurzes Treffen werden. Sie wollten nicht lange gemeinsam gesehen und schon gar nicht identifiziert werden. Unter dem Zeitdruck, den die sensible Kellnerin des hiesigen Bergvolks instinktiv verspürte, und, um den Service trinkgeldgerecht zu beschleunigen, hatte sie sich moderne Kurz-Ski untergeschnallt. In niedlichen knallroten Stiefelchen, an die noch faustgroße Weihnachtsglocken montiert waren, kam sie nun mit wehenden Röcken und bimmelnd den kurzen Hang heruntergefegt, schlug einen gekonnten Bogen im knirschenden, aufspritzenden Schnee und trug dampfende Brötchen auf. Das etwas spröde Geklingel der thailändischen Kupferglöckchen kam ihnen nur gelegen. Sie konnten ihr Gespräch jeweils frühzeitig unterbrechen und auf unverfänglichere Themen umschalten.

„W-wi-wisst ihr", meinte der Blonde gerade, „wir müssen die An-, die An-, die Ange-legenheit so an-an-anpacken, dass kein Mensch irgendwann mehr irgendwas davon mit-mit-kriegt, was eigentlich läuft. Dabei soll ... ten wir uns ihr Si ..., ihr Si ..., das ... Sicher ... heits ... be-dürfnis der Institutionen zu Ei-ei-eigen machen und ih-ihre Ei-Ei ... tel ... kei ... ten aus-ausnut-zen. Am be-be-besten über w-wahn-wahnwitzig weit ange-legt-leg-te Vertei-Verteiler auf je-dem Papier-Papierfetzchen. Jeder muss das Ge-, das Gefühl haben, äu-äu-äußerst wichtig, be-teiligt und ab-ab-abge-sichert zu sein."

„Bueno", der Afro-Mann meldete sich in keimfreiem Sächsisch zu Wort. „Der Erfolg muss jedoch das Risiko decken. Wir können uns keinerlei Fehltritte leisten. Schon wegen der Entfernung nicht. Unsere Abstimmung muss absolut wasserdicht sein. Ich kann euch vom Río Coco aus nie direkt helfen. Höchstens mit Informationen versorgen und den internationalen Subventions-Dschungel pflügen. Außerdem sollten wir versuchen, eine Frau für unser Vorhaben zu gewinnen. Ihr wisst schon, wegen der ganzen Genderei – und so."

„Ja klar", ergänzte der Brillenputzer. „Finde ich eine prima Idee. Ich schau' und hör' mich mal um. Kann so schwierig eigentlich nicht sein. In Deutschland haben wir schließlich jede Menge davon. Ich ..."

Er wurde von der intonierten Kellnerin unterbrochen, die „Oh, du Fröhliche" trällernd, klingelnd herabschoss und im Vorbeisausen ein weiteres Kaffeekännchen zielgenau im Zentrum des Tisches einschlagen ließ.

Kurz vor dem Mittagessen beendeten sie ihre Sitzung. Das Leitbild ihrer Unternehmung war festgelegt, die Fachbereichsleitlinie erstellt und ein „Paper of Conduct" entworfen. An der Vernetzung zwischen allgemeiner Entwicklung und Privatwirtschaft (ein Thema, das die deutsche Entwicklungspolitik zu dieser Zeit noch abgrundtief und traumlos überschlief) würde man auf beiden Seiten des Atlantiks unabhängig voneinander arbeiten – sich aber stets gegenseitig informieren. Der Brillierte erhielt den Auftrag, sich um die Frauenkomponente zu kümmern.

Dass die ganze Aktion viel Zeit in Anspruch nehmen würde, war allen Beteiligten klar. Doch unter dem Motto: „Wer zu früh plant, plant doppelt", trennten sie sich dann sehr schnell. Die Kellnerin erhielt einen Scheck für ihren Bausparvertrag – und kündigte unverzüglich. Sie plante ein „Ski-in-drive" ohne Dirndl-Dienstkleidung zu eröffnen und hatte mit herumflitzenden BoB (Bunnies on Brettern) schließlich auch viel Erfolg, wie man später hörte.

Es schallt ein Ruf, wie Donnerhall ...

Auf den ersten Blick unterschied nichts den Beginn des sich anschleichenden Arbeitstages von anderen. Alexander Rehmann war auf dem Weg zum Welthelfer e.V., seinem Brötchengeber, und gähnte ihm genussvoll entgegen. Während der etwa halbstündigen Fahrt durch das selbst um diese Zeit schon aufgedrehte Berlin dachte er darüber nach, dass gleich in „seinem", einem der zahlreichen Dienste Deutsch-Internationaler Entwicklungszusammenarbeit der hektische Büroalltag begann. Er verdrängte die auf ihn wartenden Papierberge aus seinem Kopf, stöhnte angemessen vor sich hin und ließ seine Gedanken schweifen. Aus einer ihm eigentlich unverständlichen Faszination heraus begann er sein zweites Zuhause, wie er es auch nannte, unter ästhetischen Gesichtspunkten einzuordnen.

Hundertwasser hatte den Architekten-Wettbewerb garantiert verloren, meinte er. Ansätze seiner Lehre waren jedoch nicht zu übersehen. Zwei fünf Zentimeter hohe Stöcke wilden Weins versuchten verzweifelt an einer der Hauswände hochzukriechen, waren aber leider in eine besondere Art von Wachstumsstarre verfallen. Weil man sich seit Monaten über ihre Finanzierung stritt, konnte die Verwaltung das für sie notwendige Wassergeld keiner Kostenart zuordnen und verurteilte die zarten Gewächse damit zum Tode. Ansonsten, städteplanerisch einwandfrei hingeklotzt und asbestens hervorragend innenausgebaut, erhob sich das moderne Verwaltungsgebäude in seinem kuscheligen Graubeton zwischen weiträumig angelegten und fachmännisch gepflasterten Parkplätzen.

Große, die Anlage umgebende Rasenflächen und wohl eher zufällig gepflanzte Bäume, gaben dem sich beeindruckt Nähernden nicht sofort das Gefühl von dem Koloss erschlagen zu werden, sondern lockten ihn einzutreten. Im Wind wiegend, spiegelten sich deutsche Eichen, deutsche Linden und anderes Deutsches in den Glasfensterchen des Erdgeschosses wider. Sie vermittelten dem Ankömmling eher den Eindruck eines überdimensionalen Gewächshauses der weltbekannten Tresor-Leichtbauweise, nicht aber den einer Verwaltungszentrale für Internationale Entwicklungszusammenarbeit, in der knallhartes, effektives und megaprofessionelles Management geübt – Verzeihung – ausgeübt wird.

Jeder ordentliche Steuerzahler, der sich erwartungs- und vertrauensvoll, zum Beispiel am „Tag der offenen Tür", hineinwagte, fühlte sofort: Ja, hier geht viel Geld rein – und wenig wieder raus. Richtig so, wird er denken, denn betrachtet man die üppige Fröhlichkeit in der diese Drittweltmenschen so leben, ist Sparen angesagt. Schließlich geben sie unser sauer verdientes Geld für Bohnen und Reis, Secondhand-Designer-Klamotten und Blechhüttenmieten aus. Wo kämen wir denn hin, wenn wir ihnen auch noch fließendes Frischwasser, Heizenergie oder gar ärztliche Versorgung bereitstellen wollten? Nee, würde er sagen, da ist es schon besser, das Geld bleibt im Lande und heizt den eigenen Wirtschaftskreislauf an. Wenn wir dann auf Erfolgskurs sind, wird irgendein Multi bei ihnen investieren und Arbeitsplätze schaffen. Minenarbeiter werden doch gut bezahlt – oder etwa nicht?

Sobald jedoch die schweren Flügeltüren hinter ihm (dem Besucher oder der Besucherin – wir wollen die Pronomen-Vielfalt eigentlich nicht vernachlässigen, verzichten in der Folge aber trotzdem auf …/-innen usw.) zuschlugen, wähnte er sich verloren. Ähnlich einer in Panik geratenen Fliege, die von einer riesigen Kröte geschnappt war, irrte er hilflos durch die Gebäudegedärme, bis ihm eine schon vorher verschluckte andere Kreatur den Weg wies. Dabei soll es vorgekommen sein, dass erstmals Umherirrende und neue Mitarbeiter auf nach „Führung oder Leitung" röchelnde Gestalten trafen, erschreckt wieder kehrtmachten, den Ausgang aber nicht mehr fanden.

Jedenfalls blieben bis heute diverse Vermisstenakten ungeschlossen, weil speziell ausgebildete Suchtrupps den verschwundenen Personen nachspürten, schließlich selbst verloren gingen und ihre Abschlussberichte vorschriftswidrig nicht vorlegten. Unentwegt sandte man neue Spezialeinheiten aus, um ihn oder auch die Suchtrupps wiederzufinden. Doch nach dem Verlust einiger Scouts, Mitarbeiter und Welthelfer-Anwärter wurden diese Maßnahmen als zu kostspielig ausgesetzt. Allein für höhere Beamte der Ministerien oder Angehörige des Managements blieb ein so genannter Emergency-Service garantiert. Für einen vermissten Hausmeister engagierte man immerhin noch Drogenhunde der Flughäfen.

Ein mit Kampfanzug getarnter Elite-Soldat, der sich seit Tagen in geschredderten Papierbergen der Druckerei mucksmäuschenstill observierend verborgen hielt, wurde neulich von einem mit Goldblatt-Füllfederhalter bewaffneten Zivilisten gestellt.

„Was verdammt noch mal machen Sie hier, Mann?", wurde er angeschrien.

„Ich suche den alten Geschäftsführer, Sir! Sir!", lautete die kernige, knappe aber aufrichtige, jedoch merkwürdig gedämpfte Antwort. Er schlug die Hacken seiner papierschnipselübersäten Stiefel zusammen, dass es staubte, und riss die Hand an die Gasmaske.

„Welchen alten Geschäftsführer?", war die verblüffte Nachfrage, und: „Wie sieht der denn aus, Mann?"

„So wie Sie, Sir! Sir!"

Damit war der Auftrag des GSG9-Spezialisten erfolgreich erledigt. Er packte den Gefundenen und verbrachte ihn mit den Worten „Ich führe nur meine Befehle aus, Sir", zur Identifizierung in das speziell eingerichtete Referat für verschwundene Angestellte, Bewerber und Besucher.

Der geschasste Geschäftsführer war stinksauer. Das hat man nun davon, wenn man seine Mitarbeiter an ihren Arbeitsplätzen besucht, dachte er wütend und traurig zugleich. Kaum ist man ein paar Tage außer Sichtweite, sagt einem keiner mehr etwas. Aber dass sie mir nun auch noch mein Alter vorwerfen, ist ja wohl die Höhe. Schmollend stapfte er durch die Gänge seinem ehemaligen Büro entgegen und verfasste, als er gegen Mitternacht dort eintraf, unverzüglich seinen Beschwerde-Bericht.

Die Vermisstenmeldungen für viele andere fielen eines Tages aus Versehen in den Reißwolf. Den Verlorengegangenen verlieh man in Abwesenheit das Bundesverdienstkreuz am besonders langen Bande. Manche von ihnen, so munkelte man hinter vorgehaltener Hand, wurden nach ihrem zufälligen Wiederauffinden sofort unter Welthelfervertrag genommen. Sie hatten sich, wenn auch körperlich stark geschwächt (was man ihnen selbstverständlich nur vorwarf, wenn sie nicht zu den besonders gesuchten Berufsgruppen zählten) im Überlebenstraining bewährt und konnten deshalb unmittelbar an außergewöhnlich entlegene Projektorte verschickt werden.

Für die fest angestellten Verwaltungs-Mitarbeiter, geschlechtsreife Frauen erhielten neun Monate mehr, verlängerte man auf Weisung höchster Stellen die Einarbeitungszeit auf elf-komma-drei-sieben Monate, die einen sechsmonatigen Survival-Kurs einschloss. Dies erwies sich als unbezahlbar gelungene Lösung, nachdem eine schwangere Kreditoren-Buchhalterin in den Wehen taumelnd, von Weinkrämpfen geschüttelt und eine unbezahlte Rechnung schwenkend, nach einem Jahr plötzlich wieder auftauchte. Der zuständige Abteilungsleiter nahm sie fürsorglich in den Arm, beruhigte sie mit den Worten „Ist doch alles gar nicht so schlimm" und schrieb dann eine Abmahnung aufgrund außergewöhnlich langer Fehlzeiten. Das Disziplinarverfahren wegen nicht beachteter Diskontfristen wurde aber niedergeschlagen, weil sie einwilligte, die zwei Prozent aus dem Fundus ihres Mutterschaftsgeldes Alleinerziehender zu bezahlen.

Der Gipfel war jedoch, dass man ein wiedergefundenes Verwaltungsratsmitglied unter Zwangsvertrag nehmen wollte.

„Hör'n Sie mal", schnauzte ihn der nach drei Stunden Einzelgespräch ungeduldig gewordene Personal auswählende Psychologe an: „Sie können hier nicht wochenlang Ihre Überlebensfähigkeiten unter Beweis stellen und dann, mir nichts, dir nichts, einfach wieder verschwinden."

„Was heißt hier: mir nichts, dir nichts", brüllte Verwaltungsrat Rath. „Ich verbitte mir diese Duzerei. Wissen Sie überhaupt, mit wem Sie reden?"

„Ich weiß nur, dass Sie den psychologischen Test bestanden haben. Erschwerend kommt hinzu, dass Ihre Frau häkeln kann – steht in den Akten! Und Wissen verpflichtet."

Spätestens jetzt war klar: Hier besteht unaufschiebbarer Handlungsbedarf! Also handelte man.

Neue Baupläne, nach denen das Gebäude abgerissen und ebenerdig, etagenlos, dafür aber in einer Gesamtlänge von sechs Komma sieben-vier-zwei Kilometern neu errichtet werden sollte, zerschlugen sich allerdings. Der Deutsche Sportbund hatte Klage angekündigt und in einer Protestnote vorsorglich darauf hingewiesen, dass die acht zusätzlich einzustellenden Hauspostboten die Distanzen zu den hintereinander angeordneten Büros bei siebeneinhalb Arbeitsstunden täglich nur gedopt zurücklegen könnten. Und dies würde man als Verstoß gegen international geltende Marathon-Richtlinien ablehnen müssen, hieß es. Der vorschlagende Architekt wurde daraufhin in Beugehaft genommen. Strafmildernd und zur Bewährung ausgesetzt, erhielt er nach sechs Monaten den Auftrag, das Haus neu zu vermessen, ist seitdem aber leider spurlos verschollen.

Etwa genauso flexibel, effizient, nachhaltig und vernetzt benahm sich seit knapp zwei Wochen auch das Wetter. Breiige Frühnebelschwaden, vermischt mit regenschweren Wolken wurden von einem steifen Ostwind über das Gelände getrieben, ließen eilig kräftige Güsse herabfallen und verschwanden wieder. Neue türmten sich auf, als wollten sie anhaltende Unwetter ankündigen und durch ihr bedrohliches Gehabe erste Warnsignale geben. Verwaltungserprobte Mitarbeiter beschlich ein ungutes Gefühl. Gleichwohl, wussten sie die Zeichen nicht zu deuten.

Rehmann hatte sich von seinem Tomaten-Trauma erholt. Zeitig, für seine Verhältnisse viel zu früh, lenkte er seinen knallroten Lancia auf den Parkplatz. Es war sein zweiter Arbeitstag nach einem unbeschwerten Urlaub auf dem eingedeutschten Mallorca. Jetzt war Liegengebliebenes flott aufzuarbeiten. Ein Umstand, der die schönen Erinnerungen bereits wieder verblassen ließ, seine Laune aber keineswegs trübte. So weit er zurückdenken konnte, war sein Lebensgefühl optimistisch eingestellt gewesen und selten hatte ihn das tägliche Allerlei in griesgrämige Stimmungen versetzt. Auch heute sollte sich daran nichts ändern, beschloss er, und grinste in den weinenden Himmel.

Vor Schulze muss ich mich allerdings in Acht nehmen, dachte er. Seinen Chef hatte es mehrfach schwer getroffen, dass Rehmann während seiner Abwesenheit und Vertretung die Eingänge mit rot schreibenden Stiften bearbeitete. Die Tatsache, dass die Allgemeine Dienstanweisung aber genau dies vorschrieb, war für Schulze Firlefanz – und dass er sie selbst neu entworfen hatte, war ihm entfallen. Stattdessen unterstellte er Rehmann schlicht, dass der die Zeit seines wohlverdienten Urlaubs oder dringend notwendiger Dienstreisen nur dafür nutzen würde, sich als Abteilungsleiter aufzuspielen. Zur Führung des notwendigen Beweises hatte er listig den Auftrag an ihn erteilt, eine Kugelschreiber-Mischfarbe zwischen schwarz-blau-rot einzusetzen.

„Ich bin doch nicht blöd", war Rehmanns Kommentar gewesen, mit dem er den Dauerzorn seines Abteilungsleiters auf sich zog.

Wenn der meint, ich unterschreibe mit drei Kugelschreibern, hat er sich geschnitten, überlegte er. Vielleicht ein wenig zu störrisch und aufstiegshemmend hatte er es sogar abgelehnt sein Auto umspritzen zu lassen, was Schulze in eine Art Permanentfrust stürzte und ihn ständig in Rachebereitschaft hielt.

Inzwischen jedoch hatte Schulze mehrere Belege für die Profilsucht seines Mitarbeiters gesammelt und war glücklich damit. Sie gegen Rehmann auszulegen, fiel ihm bislang zwar noch schwer. Doch: kommt Zeit – kommt Rat. Rehmann kannte die Denke seines Chefs.

In dem Bewusstsein, dass seine Karriere also nicht ungefährdet sei, blickte er nun aus seinem Sportflitzer zu seinem Arbeitgeber-Gebäude hinüber. Es lag rund einhundert Meter von ihm entfernt und war bei den gegenwärtigen heftigen Schauern fast nicht auszumachen. Das Seitenportal war natürlich wie immer verschlossen. Die Architekten hatten offenbar nie daran gedacht, dass Tür-Verschluss-Richtlinien änderbar sein könnten. Ihre Planung berücksichtigte demzufolge auch nicht die inzwischen umformulierte Ein- und Ausgangs-Ordnung für entwicklungswichtige Gebäude Nr. 3/1964-17 und dass Regenfälle das Begehungs-Konzept außer Kraft setzen könnten. Sonst wären sie auf die Idee gekommen, Überdachungen oder wenigstens verkürzte Zugangswege zu planen. Waren sie aber nicht.

Da saß er nun. Draußen peitschte ein wahrer Orkan den Regen gegen die Autoscheiben, drinnen genoss er die Wassermusik von Händel. Ganz passend, wie ihm schien. Während er die Melodie leise mitpfiff, überdachte er seine Lage. Das geöffnete Handschuhfach hatte ihm soeben mit gähnender Leere seine Vergesslichkeit vor Augen geführt, denn der Knirps, der dort hätte liegen sollen, ruhte zu Hause. Insgesamt sechs Stück besaß er, im entscheidenden Augenblick hatte er aber nicht einen einzigen bei sich.

„Scheiße", dachte er laut und seufzte ergeben: „Also gut, Durchweichen ist angesagt."

Er sah an sich herab und versuchte die Vorstellung zu verdrängen, wie sein nahezu neuer Edel-Trenchcoat wohl in drei Minuten aussehen würde.

Und dann fiel ihm Goliath ein. Wie einer nur auf die Idee kommen konnte einen Chihuahua als Wachhund zu halten, fragte er sich, fand es aber zu anstrengend nach einer Antwort zu suchen. Hängt vermutlich mit der Verpflegungskosten-Richtlinie für Sicherungstiere zusammen, nahm er an. Fest stand jedoch, dass der windige Kläffer es auf ihn abgesehen hatte. Wann immer sie sich begegneten, versuchte Goliath seinen Beinkleidern den Garaus zu machen.

Drei waren mittlerweile gefährdet gewesen, eins hatte er bereits niedergemacht. Rehmann befürchtete, dass sich der Giftzwerg auch heute wieder auf ihn stürzen würde. Zu sehen war er augenblicklich allerdings nicht.

Mehr noch als Goliath beschäftigte ihn aber Angela Adorno. Sie war für Rehmann das zur Realität gewordene Abbild seiner Traumfrau. Atemberaubend schön, groß, schlank, sexy, anmutig, intelligent, verbindlich – aber kühl bis in ihre dunkelbraunen, glänzenden Haarspitzen. Seit Wochen zerbrach er sich den Kopf darüber, wie an sie heranzukommen sei. Dabei ging es ihm keineswegs um ambulante Triebabfuhren. Er fühlte erstmalig ein wirklich ernsthaftes Interesse an einer Frau und beinahe beunruhigte ihn dies.

Als er ihr das erste Mal begegnete, stand sie zufällig direkt hinter ihm in der Warteschlange der Kolleginnen und Kollegen vor der Kantinentheke. Er hatte sich gedankenlos eingereiht, das Tablett vergessen – aber trotzdem sein Menü bestellt und stand sogleich vor einem schwierigen Transportproblem. Suppenterrine, Salatschüssel, den Teller mit dem Hauptgericht, eine Puddingschale und ein Glas Apfelsaft waren zu viel für seine Hände – der Weg zurück, zum Tablettregal, war ihm durch andere versperrt.

Einige murrten bereits über die durch ihn verzögerte Abfertigung und zu allem Überfluss war ihm dann auch noch das Kleingeld aus der Hand gefallen.

„He, Rehmann, das war doch geplant", rief einer aus der Reihe.

„Wieso?", fragte der irritiert zurück, wusste aber gleich darauf, was gemeint war.

Ein paar Münzen lagen direkt vor Angelas Füßen. Kniend begegnete er ihr damit zum ersten Mal. Gewissermaßen lernte er sie zentimeterweise kennen. Schlanke, anscheinend nicht endende, bronzebraun farbige Beine in einem betriebsablaufgefährdenden Mini machten es ihm nahezu unmöglich sich wieder aufzurichten. Als er noch bemüht war, seinen Blick von dem Naturschauspiel loszureißen, frozzelte schon der Nächste:

„Jetzt reicht's aber, Rehmann. Diese Vorspeise steht nicht im Speiseplan."

„Ja, ja", gab er hastig zurück, während seine Gesichtsfarbe den Ton einer sonnenbeschienenen überreifen Orange annahm.

„Ich mach' ja schon!"

„Kann ich Ihnen helfen?", hatte sie ihn dann lächelnd gefragt und auf seine diversen Schüsseln und Teller gedeutet.

„Oh ... ja ... ja, bitte ... gerne. Das wäre sehr nett von Ihnen."

Nach hinten gerichtet rief er noch etwas unsicher aber schon wieder obenauf:

„Nur kein Neid, Kollegen."

Sie stellte einige seiner Gefäße auf ihr Tablett, den Rest trug er.

„Setzen wir uns doch ein wenig abseits, sonst versuchen mir die anderen noch in die Suppe zu spucken", meinte er beiläufig, überließ ihr aber die Interpretation seiner Worte.

„Vielen Dank", sagte er, als sie endlich saßen. Unversehens versank er in den Tiefen ihrer grün schillernden Augen.

„Gern geschehen", erwiderte sie lächelnd. „Mir hat ein Mann physisch und vor so viel Publikum noch nie zu Füßen gekniet. Ich habe es genossen."

Bei ihm war der Gesprächsfaden allerdings gerissen. Als würden in seinem Hirn mehrere Tornados zugleich toben, flitzten ihm Hunderte von Gedanken mittlerer Lichtgeschwindigkeit durch den Kopf. Unfähig diese zu ordnen, geschweige denn Sätze daraus zu formen, widmete er sich so unverkrampft wie möglich seinem Essen.

„Wenn Sie die Suppe tatsächlich mit der Gabel essen wollen, werden Sie die Pausenzeit überziehen", meinte sie trocken.

„Natürlich ... Sie haben Recht", erwiderte er fahrig und griff zum Messer.

Letztlich bekam er nicht einen einzigen Bissen herunter. Worte lagen ihm pelzig auf der Zunge, drängten heraus, verklumpten aber bei jedem Versuch sie loszuwerden. Die Angst, irgendeinen unzusammenhängenden Blödsinn zu reden, schnürte ihm die Kehle zu. Was bin ich doch für ein Trottel. Da sitzt mir „Superfrau" gegenüber und ich benehme mich wie der letzte Idiot. Scheiß Männer-Rolle, resignierte er, als sie sich nach einer mehr oder weniger schweigend verbrachten knappen viertel Stunde wieder erhob, um die Kantine zu verlassen. Für ihn war die Atmosphäre zum Zerreißen gespannt.

„Sie haben ja gar nichts gegessen", bemerkte sie stehend.

„Stimmt, mir ist der Appetit vergangen", gestand er und hätte sich am liebsten unverzüglich die Zunge abgebissen.

Prompt kam dann auch zurück:

„Na, ich hoffe das lag nicht an mir."

Ihre Stimme jagte ihm Schüttelfröste über den Rücken. Kaum fähig seine Bewegungen zu koordinieren sprang er unvermittelt auf, setzte sich sofort wieder, schnellte dann wie ferngesteuert aber noch einmal hoch.

„Ganz im Gegenteil", entgegnete er verlegen, „ich habe Probleme mit meinem Gewicht und bin ganz froh, wenn ich dem Mittagstisch widerstehen kann."

„Ist in dieser Kantine ja auch nicht so schwer. Also, bis zum nächsten Mal."

Katzengleich wandte sie sich um, zog den Mini ein wenig herunter und war Augenblicke später auf dem Weg zum Ausgang.

Rehmann fühlte sich wie eine zerschossene Fregatte aus dem Mittelalter kurz vor dem Sinken. Genauso alt, genauso hölzern. Mit aller Konzentration versuchte er zu retten, was für ihn zu retten war. Als säße sie ihm noch gegenüber sog er den in der Luft hängenden Hauch ihres Parfüms ein, oder das, was er dafür hielt, rief sich ihre Stimme ins Gehör zurück, die wie die Schwingungen einer Stimmgabel immer schwächer werdend in ihm nachklang, und verglich das Grün ihrer Augen mit einem sensationellen Smaragd, den nie jemand zu finden vermochte. Doch der Traum ging schnell zu Ende. Wie in einem Zeitlupenfilm sah er sie schemenhaft in der Menge der anderen Mittagsgäste verschwinden. Als würde sich eine Milchglasscheibe langsam aber unaufhaltsam zwischen sie schieben, lösten sich ihre Konturen auf. Es war unmöglich für ihn, ihr zerfließendes Bild zu speichern.

„Isst du heute im Stehen?", fragte plötzlich jemand neben ihm.

Rehmann stand noch immer und starrte gedankenverloren in seine Gemüsesuppe, als könnte er eine Heilskunde aus ihrem Bodensatz lesen. Da der klar sichtbare Tellergrund jedoch nichts hergab, setzte er sich schnell wieder und murmelte etwas Unverständliches. Auf ein Gespräch hatte er jetzt keine Lust.

Donnerwetter, ihm war, als hätte ihn ein Erdbeben der Stärke 7,5 nicht weniger aus dem Gleichgewicht bringen können. Tausend Fragen fielen ihm ein, die er ihr hätte stellen können. Er wusste damals nicht wie sie hieß, wo sie arbeitet, ob sie Klassik mochte oder die italienische Küche. Nichts hatte er herausgefunden und dafür hasste er sich in diesem Augenblick. Genauso wie das Ambiente. Er ärgerte sich über den Koch, der, für ihn viel zu fröhlich und schwungvoll, den Kartoffelbrei auf die Teller knallte und über die Leute, die am Nebentisch anscheinend über irgendeinen Blödsinn lachten.

Alles das lag nun Monate zurück. Sie hatten sich inzwischen natürlich öfter getroffen, aber über einen oberflächlichen Austausch von Grüßen, Meinungen oder Witzchen waren sie wegen seiner Verkrampftheit nie hinausgekommen. Das musste nun anders werden, denn er spürte: Da war etwas zwischen ihnen. Doch hier saß er nun im Auto und wusste immer noch nicht, wie er es anstellen würde. Eine gewisse Originalität sollten seine Versuche schon haben, nahm er sich vor und den bisherigen konnte sie einen gewissen Charme zweifellos nicht absprechen. Von einem Durchbruch konnte bislang allerdings keine Rede sein.

Einmal war er ihr in ein privates Hallenbad gefolgt. Ihr 2CV wäre ihm überall auf der Welt aufgefallen und er schwor, beinahe jede Schraube an ihm zu kennen. Also war es kein Zufall, dass er das vor dem Schwimmbad geparkte Auto sofort entdeckte, abrupt die Bremse trat und damit beinahe einen Auffahrunfall verursacht hätte.

„Idiot, Penner", oder der ausgestreckte Mittelfinger waren noch die zurückhaltendsten Zurufe und Zeichen der ihm folgenden Fahrer. Eine Ohrfeige, die ihm ein Schwarzenegger-Double freundlich anbot, lehnte er höflich aber bestimmt ab. Es sei zwar offen für jegliche partizipative Konfliktstrategie, ließ er ihn wissen, hätte im Augenblick aber leider keine Zeit, ihm eine Trainerstunde zu erteilen. Stattdessen gab er ihm seine Karte.

„Ach", meinte der Stutzer und blieb, von seinem inhaltsreichen Kommentar abgesehen, mit offenem Mund sprachlos glotzend neben dem Auto von Rehmann stehen, der von seinem Sitz aus grinsend zu ihm aufschaute.

Rehmann wandte sich – man konnte ja nie wissen – vorsichtshalber schnell ab und sah Angela gerade noch durch die Tür des Badebetriebes verschwinden. So flott es ging suchte er einen Parkplatz, sammelte sich kurz und dachte: Jetzt oder nie!

Ein Blumenladen animierte ihn zum Kauf einer lachsfarbenen Rose, die besonders gut zu seinem dunkelblauen Blazer passte, und im nahen Supermarkt erstand er eine Flasche Champagner sowie zwei nicht besonders schöne Gläser, wie er fand.

„Sie sollten mal Ihr Sortiment ändern", sagte er zu der Kassiererin, die ihn verblüfft ansah, aber augenblicklich reagierte.

„Sehr wohl, mein Herr", erwiderte sie, „ich werde an meinen Chef sofort weitergeben, dass Sie alle zehn bis fünfzehn Jahre hier einmal aufkreuzen, ein oder zwei Gläser kaufen und eine Änderung des Sortiments wünschen."

Kichernd gab sie ihm das Wechselgeld heraus und meinte kopfschüttelnd zu ihrer Kollegin:

„Kunden gibt's."

Auf dem Fußweg vom Laden zum Hallenbad hatte er die Gläser aus der Verpackung genommen, sie sorgfältig mit seinem Stofftaschentuch ausgewischt und den Karton in einen Abfallkorb am Straßenrand geworfen. Nun stand er vor dem Gebäude, wie so manch ein Bräutigam vor dem Portal eines Standesamtes. Die Rose in einer Hand, den Schampus in die Achselhöhle geklemmt und in der anderen Hand die zwei Gläser. Nachdem er ein paar Mal tief durchgeatmet hatte, betrat er die Eingangshalle.

Glänzende Carrarafliesen, Spiegelglas, verchromte Metallgestelle mit Nappaleder-Auflagen, weiße Farbe, viel Neonlicht und jede Menge großer Topfpflanzen bestimmten die von leiser Musik untermalte Atmosphäre.

Jetzt fehlt nur noch die üppige, braun gebrannte Blondine, dachte er. Hinter der Rezeptionstheke saß sie dann auch. In eine knallgrüne Tunika gehüllt blätterte sie gelangweilt eine Cosmopolitan durch und telefonierte dabei. Als sie ihn sah durchzuckte ein Banknoten-Lächeln ihr mehrfach modelliertes Gesicht und Rehmann hatte das dumpfe Gefühl, damit bereits die ersten fünfzig Mark los zu sein. Anstalten, sich ihm zu widmen, machte sie nicht. Ihm war das nur recht. Seine absonderliche Ausstattung hatte sie offenbar nicht einmal bemerkt. Er selbst kam sich in seiner Staffage ziemlich albern vor und versuchte sich deshalb schnell an der sonnenbankgefurchten Schönheit vorbeizudrücken. Nervös, aber freundlich lächelnd, entschlüpfte ihm ein saloppes „Hallo". Dabei steuerte er schnurstracks die Tür unter dem Messingschild „Pool" an.

Doch nun wurde sie munter.

„He, Moment mal", die Blondine ließ den Telefonhörer fallen. „Sie können hier nicht einfach so durch. Erstens kostet die Stunde fünfundzwanzig Mark und zweitens ..."

Sie kam nicht weiter, denn Rehmann unterbrach sie:

„Ich brauche nur ein paar Minuten", rief er ihr zu, „und zahle, wenn ich wieder gehe."

„Nein, bitte, das geht nicht. Heute ist ... "

„Was geht oder nicht, entscheide ich." Er war entschlossen sich nicht auf lange Diskussionen einzulassen. „Ich bin der neue Manager und werde jetzt in aller Kürze meinen Arbeitsplatz inspizieren", log er, schon die Tür zur Schwimmhalle aufstoßend.

„Davon müsste ich ja wohl was wissen", kreischte sie aufgebracht. „Schließlich bin ich die ...", Besitzerin, wollte sie noch rufen aber da war er schon hinter der goldbraunen Rauchglasscheibe verschwunden.

Während sie aufgeregt ein neues Telefongespräch begann, setzte Rehmann unbeirrt die Suche nach Angela fort. Gleich hinter der Tür befand sich das Schwimmbecken und empfing ihn mit schwülheißem Dunst. Im Nu war seine Brille angelaufen. Sein Blick irrte durch die beschlagenen Gläser und fand sie schließlich am anderen Ende des Beckens auf einer Liege ruhend.

Schlagartig erhöhte sich sein Pulsschlag, besonders, weil sich eine irgendwie unnatürliche Ruhe in der Halle breit machte. Der Schweiß lief ihm aus allen Poren, die anderen Badegäste nahm er nicht wahr. Seine gesamte Konzentration galt ihr und dem nun unvermeidbaren Zusammentreffen.

„Ich dachte, ich bringe Ihnen eine Erfrischung vorbei, weil doch heute Warmbadetag ist und Sie vielleicht gerne etwas Kühles zu sich nehmen würden." Er fühlte sich locker, wie Lava im Schneebesen.

„Here we're", sagte er, stellte die Flasche neben ihre Liege und drapierte die Gläser nebst Blume zu einem schönen Stillleben. Dann nahm er die Brille ab, putzte sie umständlich und seufzte erleichtert:

„Ist das dunkel hier, ich hätte Sie fast nicht gefunden", setzte er hinzu und dachte bis an seine Zehenspitzen erregt: Wenn sie jetzt bloß keinen Skandal macht!

Aber Angela war zunächst sprachlos gewesen. Trotz der geballten Aufmerksamkeit aller anderen Badegäste hatte sie sich jedoch schnell gefangen und meinte:

„Herr Rehmann! Das ist ja wirklich eine nette Überraschung. Aber vielleicht darf ich einen Irrtum aufklären. Heute ist nicht nur Warmbade-, sondern auch Nacktbade-Frauentag. Wenn Sie sich umschauen, wissen Sie, was ich meine."

Sie bog sich bereits vor Lachen, zog ihr Handtuch über ihre prallen Brüste und ließ den Tränen, die wie frisches Quellwasser aus ihren Augen schossen, freien Lauf. Ihm stockte der Atem und wie zur Salzsäule erstarrt stoppte er alle Bewegungen.

„Du lieber Gott", brachte er nach langer Pause mühsam stotternd heraus, „dann setze ich die Brille wohl besser gar nicht wieder auf ... wie?"

Derweil sie sich vor Lachen auf ihrer Liege krümmte und er ratlos neben ihr stand, wurde es an der Eingangstür zur Halle lebendig.

„Hey und whow", hörte er Frauen rufen, wagte aber nicht, sich umzusehen. Die Blondine war mit zwei merkwürdig bekleideten Typen aufgetaucht.

„Da ist er", rief sie auf ihn deutend. Ihre beiden Begleiter näherten sich ihm unter dem Gekicher der Badegäste mit unsicheren barfüßigen Schritten. Gleich darauf wurde er strengen Tons aufgefordert, sofort das Bad zu verlassen.

„Wie sehen Sie denn aus?", fragte er den einen, um die Stimmung zu verbessern.

„Wie eener, der een Bekleideten aus de Frauen-Nacktbadeanstalt entfernt", erwiderte der entnervt. „Also, jetz machen se schon, Männeken." Sein Berliner Charme war unüberhörbar und irgendwie bedrohlich.

Die eindeutigen Handbewegungen ließen keine Zweifel aufkommen und ihm kaum Zeit sich von Angela zu verabschieden. Der Versuch, die beiden zu einem Gläschen einzuladen, scheiterte kläglich.

Als er im Auto sitzend jetzt an die Szene zurückdachte, wurde ihm wieder warm ums Herz, obwohl draußen noch immer ungemütlich kaltes Wetter tobte. Er schüttelte ungläubig den Kopf und musste lachen. Mit dem Auftauchen von Angela war sein Leben durcheinander geraten. Ihr Augenaufschlag allein konnte ihn total aus der Fassung bringen und ihn seine Umwelt vergessen lassen. Die Sherrifs hatte er damals in erhebliche Schwierigkeiten gebracht. Stockend, noch unter dem Schock der weiblichen Kommentare, wie: „ooh, aah" oder spitz ausgestoßener Pfiffe stehend, gab der Berliner später zu Protokoll:

„Wir hatten keine Handhabe dit Etablissement bekleidet su betreten, weil uns die blonde Schnalle die Hausordnung vorhielt und det Ding den 6. Juni als Nacktbadetag bekannt jab, wenn se verstehn, wat ick meine, Herr Polizeirat. Andererseits bestand se, die Blonde meen ick, jerade deshalb daruff, dit verdächtige Subjekt oder Objekt ... na ... is ja ejal, jedenfalls den verdächtichen Bekleideten aus de Anstalt su entfernen. Völlich unklar war uns beeden, ihr aber schnurzpiep ejal, wo wa unsere Dienstausweise lassen sollten. Ohne die wäre et uns aba nich möchlich jewesen, Staatsautorität zu bekunden, denn so wie wir beede bekleidet warn ... nur mit unsere Pistolenjurte über unsren ... na ja ... se wissen schon ... (er schluckte heftig) wär uns der Ordnungsbrecher freiwillich nich jefolgt."

„Höchstens mit Waffengewalt", ergänzte der andere Steifenpolizist in astreinem hannoverschem Hochdeutsch zögerlich. Auch er war noch erregt – und man sah es. „Aber, was hätte der Männerschutzbund dazu gesagt?", flocht er nachträglich betreten ein.

Rehmann hatte also öffentliches Ärgernis erregt und sich der Beamtenbloßstellung schuldig gemacht. Was hingegen hatte Angela getan? Sie saß, nachdem sich ihr Lachkrampf gelegt hatte, nur da und beobachtete. Schweigend, fast nackt, wunderschön – lächelnd. Das bezauberndste Lächeln, das er jemals sah. Ihm war klar geworden: Es musste einen weniger komplizierten Weg zu ihr geben. Nur welchen?

Im Lancia hatte die Kassettenmusik zu Ravels Bolero gewechselt, strebte dem donnernden Höhepunkt zu und gab ihm im Schlussakkord die zündende Inspiration. Dynamik! Das ist es! Davon hatte er einiges anzubieten. Entschlossen drehte er dem Recorder den Strom ab, packte seinen Aktenkoffer und bereitete sich auf den Sprint zum Gebäudeeingang vor. Tief Luft holend sprang er aus dem Fahrersitz in den Regen, knallte die Autotür zu und raste los, so schnell er konnte. Gebeugt, als könne er unter dem Regen unbenässt davonkommen, im Zickzack um die Pfützen herumtanzend, flitze er über den Parkplatz.

Er war nur wenige Meter weit gekommen, da biss Goliath zu. Er hatte sich von seinem Herrchen losgerissen, der ihn trotz Unwetter Gassi führte. Blitzschnell hatte die Kampfameise den rennenden Rehmann ausgemacht und verfolgt. Goliath mochte Jogger nicht und stellte es bei jeder Gelegenheit unter Beweis. Daran konnte auch der hinter ihm herkeuchende Hausmeister, Kornelius Conrad, wenig ändern.

„Goliath, hierher, hierher", schrie der erregt gestikulierend, im Versuch den trommelnden Regen zu übertönen. Aber wild knurrend zerrte Goliath bereits an Rehmanns Hugo-Boss-Hosen und war schon fast in deren Umschlag verschwunden, als der Hausmeister Rehmann erreichte.

„Wissen Sie", entschuldigte sich Conrad heftig atmend für sein Ungeheuer, derweil er niedergebeugt versuchte seinen Liebling zu erwischen, „er ist eigentlich hervorragend ausgebildet, nur manchmal setzt sich sein Dobermann-Temperament, väterlicherseits, durch und dann ist er einfach nicht zu halten. Seine Mutter hatte da nämlich mal so ein Abenteuer mit einem Dober … na, ist ja egal. Aber Rotwild mag er normalerweise gar nicht", versuchte er unsicher zu witzeln, wobei ihm das Regenwasser von der Schirmmütze tropfte und, am Boden angekommen, Dreck gegen Rehmanns noch unversehrtes Hosenbein spritzte.

„Na, da bin ich aber froh. Vielleicht sollte ich mich in Rindmann umtaufen lassen, damit ich seinen Geschmack treffe." Rehmann war stinksauer.

Dicke Wassertropfen benetzten die Innenflächen seiner Brille und machten ihn schier blind. Mehr ahnend als wissend, wo Goliath sich augenblicklich befand, versuchte er, sich im Kreis drehend, nach Conrads Liebling zu treten, traf aber nur das Schienbein des Herrchens.

„Hör'n Sie mal", nahm der so grob Angesprochene es persönlich, „beim nächsten Mal lasse ich Goliath seine Arbeit tun. Wer um diese frühe Morgenstunde hier so verdächtig rumrennt und kleine Hunde zu treten versucht oder Hausmeister tätlich angreift, hat schließlich Gründe."

Conrad packte den Winzling endlich, wandte sich vom sprachlosen Rehmann ab und verschwand im Grauschleier des Regens. Gegen den ist Obelix wahrscheinlich ein Tierquäler, dachte Rehmann verblüfft, jetzt richtig gut durchnässt und hosenmäßig ruiniert. Er sah an sich herab und ahnte, wie es sein müsste, morgens unter der Schlossbrücke mit einer Flasche Rotwein im Arm aufzuwachen. Wassertriefend, unten herum ein wenig zerrissen und ziemlich verdreckt wandte er sich wieder dem Gebäude zu. Rennen war überflüssig geworden.

Zwei Kolleginnen überholten ihn eilig unter ihren Regenschirmen, blickten geringschätzig an ihm herab und grüßten kurz, bündig und verächtlich:

„Morgen, Herr Rehmann, hatten Sie heute schon eine Sitzung mit Ihrem Abteilungsleiter?"

„Ja, hier auf dem Parkplatz", konterte der, „aber nachdem er mir meine Hose zerriss, habe ich seine Aufmerksamkeit auf die auf dauergrün gestellte Ampel an der nächsten Kreuzung gelenkt. Da steht er noch und erwartet den Ruf zum Geschäftsführer."

„Armer Teufel", kommentierte die eine von ihnen, ließ aber nicht erkennen, ob sie Rehmann oder Schulze meinte.

„Hat wohl keinen Regenschirm", setzte sie hinzu. „Und einen Schneider wohl auch nicht", ließ die andere kichernd hören.

„Na ja, wenn Männer allein stehend sind ...", vernahm er noch, bevor Sekunden später die Eingangstür hinter ihnen und direkt vor seiner Nase zufiel.

Kleider machen Leute, sinnierte Rehmann, als er behutsam das Portal öffnete und sichernd in alle Gänge spähte, die von der Eingangshalle abgingen. In der Verfassung, die ihn zum Gespött der Kolleginnen und Kollegen machen könnte, wollte er möglichst wenigen begegnen. Zum Glück war der Dienstbetrieb noch nicht in vollem Gange. Beinahe lautlos bewegte er sich auf dicker Auslegware durch die Flure. Vorbei an gemütlichen Sitzecken, großen Zimmerpflanzen, Standaschenbechern und Schirmständern, die, wie ihm schien, ihn höhnisch begrüßten. Wenig später hatte er ungesehen sein Büro erreicht. Hier fiel die Spannung endlich von ihm ab.

Verärgert besah er sich den angerichteten Schaden. So schlimm ist es ja doch nicht, stellte er dann aber fest. Ein kleiner Riss im Hosenumschlag. Als überzeugter Junggeselle war er auf solche Pannen eingestellt und mit einem Stück farblosem Tesaband war die Peinlichkeit auch schnell repariert. Mit klarem Wasser rieb er die Flecken aus dem anderen Hosenbein. Trotzdem war er sauer und nahm sich vor das Thema „Wachtiere" demnächst auf die Tagesordnung zu bringen. Doch jetzt fehlte ihm die Zeit, um darüber noch lange nachzudenken. Angela würde in etwa zwanzig Minuten in der Kaffeeküche des Flurs auftauchen. Er war scharf darauf die neue Strategie zu erproben. Dynamik – sein neu entdecktes Zauberwort ließ hoffen.

Der meistgesprochene Satz an diesem Morgen war: „Mensch ist das ein Sauwetter." Und besser ließ es sich kaum beschreiben.

„Wenn das so weitergeht, tritt im Frühjahr wieder der Rhein über die Ufer", sagte Herzog, ein stets grundlos fröhlicher Kölner, zu Herzog, seinem Namensvetter, während er sich aus dem nassen Mantel pellte und den auf seinen Bürostuhl warf. Genüsslich grunzend rieb er die Hände aneinander warm.

„Stimmt", brummte der andere Herzog desinteressiert vor sich hin. Er war bereits hochkonzentriert in die Ausfüllung seines Zeiterfassungsbogens vertieft. „So", meinte er schließlich, legte behäbig seinen Stift beiseite und setzte mehr für sich selbst befriedigt hinzu: „Hab' am sechsten des Monats, inklusive Wochenende, schon 4,7326 Plusstunden."

„Hast du heut' noch nicht gelogen, fülle aus den Gleitzeitbogen", summte ihm Herzog 1 ins Ohr und griente übers ganze Gesicht.

„Na und", konterte Herzog 2, „das überprüft doch hier sowieso kein Schwanz."

Das Thema war damit für ihn erledigt. Seine Motivation war vor Wochen in den Keller gerutscht, nachdem ihm sein Referatsleiter den beantragten Fortbildungslehrgang „Mehr Erfolg durch Amtskühle" abgelehnt hatte.

Auch Rehmann saß an seinem Schreibtisch. Er war nervös und musste sich vor seinem anstehenden Auftritt in der Kaffeeküche mit Arbeit ablenken. Also überflog er kurz die Vorgänge in den Papierstapeln, die sich während seines Urlaubs angehäuft hatten. Einer von ihnen erregte seine besondere Aufmerksamkeit. Es handelte sich um eine Bestellung hochwertiger Informationstechnologie. So etwas hatte er eigentlich nicht erwartet, da der Jahreshaushalt schon beinahe erschöpft war.

„Merkwürdig", murmelte er, vertieft in die Unterlage vor sich hin, „ob da mein profilsüchtiger Chef wieder mal ein Prestige-Projekt-Ei ausbrütet?" Seinen Füllfederhalter, der schon über dem Papier schwebte, legte er bedächtig neben die Papiere und die schon zum Telefon greifende Hand zog er zurück. Langsam, langsam, dachte er. Gemachte Erfahrungen lösten einen Instinkt in ihm aus, der ihn zur Vorsicht mahnte. Am Ende ziehe ich noch die Arschkarte – also besser erst einmal hören, was da vor sich geht. Außerdem befiel ihn eine unbestimmte Ahnung, dass er den Vorgang noch brauchen könnte. Er sah auf die Uhr. Verdammt, es ist Zeit. Sie müsste eigentlich schon da sein. Eilig griff er zu ein paar ausgewählten Prospekten und sauste los.

Die Kaffeeküche war bereits gut gefüllt. Und sie ist dabei, stellte er erleichtert fest.

„Guten Morgen", sagte er übermäßig laut – vielleicht ein bisschen zu laut. Er wollte fröhlichen Optimismus versprühen und setzte deshalb forsch hinzu: „Eine wunderschöne Arbeitswoche nimmt ihren Anfang, liebe Kolleginnen und Kollegen – auf geht's." Die mitgebrachten Werbekataloge knallte er auf die Küchentheke. Als er sich den Kaffee eingoss, zitterten seine Hände.

„Unser Unterabteilungsleiter ist wohl schwer in Fahrt", sagte jemand. „Hoffentlich hat er nicht übersehen, dass hier niemand seines Beritts anwesend ist." Peng, dachte Rehmann, das ging daneben. Ignoranten, schimpfte er innerlich, ließ sich aber nichts anmerken, sondern änderte seine Kommunikationsstrategie.

„Ich habe ein paar Freikarten für die kommende Internationale Boots- und Wassersportausstellung", gab er unverändert dynamisch bekannt. „Falls jemand Interesse hat, schicke ich sie ihm mit der Hauspost", bot er an und ließ Angela dabei nicht aus den Augen. Sie war, soviel er mittlerweile wusste, sportbegeistert und würde vielleicht anbeißen. Als sie jedoch nicht reagierte, setzte er nach und wandte sich etwas leiser direkt an sie:

„Schaun' Sie mal hier, Angela, dieses Segelschiffchen würde Ihnen gut stehen. Was halten Sie davon, wenn wir uns das gute Stück gemeinsam anschauen?" Er blätterte, sie aus den Augenwinkeln heraus beobachtend, fahrig in den mitgebrachten Prospekten herum und raunte ihr zu: „Das würd's doch bringen, ein bisschen rumschippern. Nur ne' Probefahrt meine ich."

Bevor Angela noch antworten konnte, mischte sich die sonst ausgesprochen zurückhaltende Spitz, Sachbearbeiterin des Revisors Merz, anzüglich ein: „Ja, und dann könnten Sie gleich mal feststellen, ob dem Rehmann auch was steht." Sie hatte die Flüsterei mitbekommen und meinte nun die Aufmerksamkeit aller Kaffeetrinker auf die zwei lenken zu müssen. Kaum ausgesprochen, hatte sie rosa Ohrläppchen.

„Nicht uninteressant", meinte Angela ihm zuzwinkernd, aber zur Spitz gewandt sagte sie: „Ich werde Sie, da Sie an Details besonders interessiert scheinen, genauestens darüber unterrichten, Frau Spitz. Nur befürchte ich, dass Sie, da Sie vom Segeln nicht viel verstehen, mit Masten und Ähnlichem nicht viel anzufangen wissen."

Das hatte gesessen. Die Ohren der Spitz glühten nun feuerrot. Doch trotz Angelas Kommentar hatte Rehmann das Gefühl, den ersten Dynamik-Auftritt verpatzt zu haben und seilte sich deshalb erst einmal ab.

„Mir scheint, der Bürobetrieb ist nicht das Gebiet für Landratten und Manöver", sagte er zur Spitz. „Sollten Sie aber wissen wollen, warum die Bundesprüfer die Lieferung eines Katamarans in den Sahel beanstanden, empfehle ich Ihnen den Besuch der Messe dringendst. Vielleicht finden Sie dann heraus, dass Wüstenschiffe nichts mit Fischfang zu tun haben."

Rehmann wusste, dass die Spitz und ihr Boss eine Beanstandung erhalten hatten. In ihr wurde bemängelt, dass die Revision des Hauses den Katamaran als Projektmaterial akzeptierte – obwohl am Projektort weit und breit kein Wasser zu entdecken war. Die Peinlichkeit kam ihm also gerade recht, um sich der Kaffeeküchen-Situation entziehen zu können.

Seine gespielte Fröhlichkeit half ihm jedoch nicht über das Gefühl hinweg, ziemlich blöd dazustehen. Um so mehr wunderte er sich darüber, dass Angela wenig später am Telefon war.

„Vielen Dank für die Einladung", sagte sie, derweil ihm fast der Atem stockte. „Dass Sie in Wasser- und Badespielen ganz gut sind, habe ich ja inzwischen mitbekommen", ergänzte sie. „Aber leider bin ich an den Messetagen verreist, sonst hätte ich Sie gerne begleitet und mich Ihrem Sachverstand anvertraut." Danach machte es „klick" in der Leitung. Ohne seine Antwort abzuwarten, hatte sie aufgelegt.

Trotzdem war ihm, als würde der Himmel aufreißen und Hunderte von Sonnen die Welt in den schönsten Farben beleuchten, die nur er allein sah. Ihr Anruf war ein Zeichen gewesen. Sie hatte ihm die peinliche Vorstellung im Hallenbad und in der Küche nicht übel genommen.

Häufiger als noch vor einer Stunde bimmelten nun die Telefone. Im Inneren des Gebäudes wurde es lebendig. Auch die anderen Kaffeetrinker verließen die kleine Küche und vertieften sich in fantastisch preisgünstige Selbstgespräche oder wälzten ihre Akten. Soweit es die Männer anging, nicht ohne verstohlene Blicke auf die miniberockten Beine von Angela zu werfen. Mit der allein auf dem großen Ozean – whow ...! Rehmann hatte amtlicherseits Sehnsüchte erweckt.

Geheimnisse

Einen Tag später hatte sich die Stimmung im Welthelfer e.V. geändert. Wer schon viele Dienstjahre dazugehörte, konnte beinahe fühlen, dass unkalkulierbare Wirbel in der Luft lagen. Ein noch nicht fassbarer Nervenkitzel hatte Teile der Belegschaft ergriffen. „Es" schien sich unsichtbar anzuschleichen, doch woher es kam, war nicht auszumachen. Alle Ohren, immer auf der Suche nach Sensationen, waren gespitzt. Alle Türen, hinter denen gewöhnlich bedeutsame Entscheidungen getroffen wurden, indessen fest verschlossen. Kein verräterischer Laut drang durch sie hindurch. Die ersten Gerüchte huschten dennoch schon über die Flure.

„Die Büro-Sekretärin aus der Dominikanischen Republik soll einem islamischen Oberhirten schulterentblößt auf ihrer Urlaubsreise durch den Iran einen Handkuss zugeworfen haben, weshalb die moslemische Welt nun in hellster Erregung ist", wusste Fabian Castello, der Hausdrucker, zu berichten. Er befand sich soeben im Gespräch mit der sonst häkelnden, jetzt aber halbtags beschäftigten Lebensabschnittsgefährtin des beinahe verschollenen Verwaltungsratsmitglieds, die zu dieser Zeit mit einem Gutachten-Auftrag zum Thema „Wir sind die Antwort – aber worauf?" das schmale Einkommen ihres Gatten aufbesserte.

„Ist doch klar", gab die aufgebracht zurück und starrte Castello mit flammenden Blicken an, als könne der etwas für die Panne, „diese jungen Dinger haben heutzutage doch keinen Respekt mehr vor dem Alter. Und diese Khomeinis sind doch nun wirklich alt, oder?"

„Ja, schon ...", Castello nahm Anlauf zu einer Erwiderung, hatte aber keine Chance.

„Ich möchte bloß mal wissen, was diese Sekretärin an dem findet? Die sollte sich doch besser mit Gleichaltrigen zusammentun, finden Sie nicht, Herr Castello? Und dieser alte Zackel, mein Gott, oder wie die den auch immer nennen, muss der sich denn unbedingt auf diese jungen Hüpfer einlassen? Aber so sind die Männer, ganz egal woher sie kommen."

„Ich finde", setzte Castello an, „es ist …"

„An dieser Stelle halte ich die Emanzipationsbemühungen der jungen Frauen wirklich für überzogen", setzte sie unbeeindruckt von seinem Einwand fort, „ich habe eine Tochter im Alter von dreiundzwanzig Jahren. Aber die würde sich das nicht erlauben. Was würden Sie denn tun, wenn Ihre sich so verhielte, Herr Castello?"

„Nun, ich würde …"

„Sie haben einfach keinen Blick für Ethik. Alle wollen nur noch ihr Vergnügen, übersehen dabei aber, dass sie den Bogen manchmal überspannen. Ich denke, den jungen Leuten geht das Gefühl für Verantwortung verloren. Oder, wie sehen Sie das?"

„Ich glaube, dass …"

„Meiner Meinung nach müsste das gesamte Erziehungssystem umgestellt werden. Es macht doch keinen Sinn, dass …", sie sah Castello noch immer unverwandt in die Augen, sodass der sich ihrem Eifer überhaupt nicht entziehen konnte.

Während er blickmäßig gefesselt war, wie ein Greenpeace-Aktivist an Eisenbahngleise, und sie drohend die kleinen Fäuste gegen ihn erhob, verwechselte er die Farben für den Amtshilfe-Druckauftrag der CSU-Straubing. Die Streitschrift „Rettet die großbürgerliche Partizipation – Aufruf gegen machtbesessene Kleinwüchsige" sollte später in einer Auflage von 50 Exemplaren an alle Haushalte der Mitglieder des Clubs „Bayerische Menschen über zwei Meter" verteilt werden. Als sie dann endlich in schwarzer Schrift auf schwarzem Grund erschien, gab sie vor allem den Lesern Rätsel auf. Ganz anders die Landesgenossen, die dem Text weniger Bedeutung zumessen wollten. Sie wussten die Situation sofort in kommunalpolitische Vorteile umzumünzen, indem sie auf entsprechende Defizite ihrer Freistaat-Regierung hinwiesen und behaupteten, die Schwarzen könnten ja nicht einmal lesen, würden aber Bildungspolitik machen wollen!

Unbeeindruckt von seinen Einwänden verließ die Gattin des Verwaltungsratsmitglieds Castello jedoch zornig und teilte ihm beim Hinausgehen mit, dass seine Haltung zu dem diskutierten Thema nicht hilfreich sein könne. Der bedankte sich trotzdem artig für das Gespräch, war den Haus-Geheimnissen nur leider nicht auf die Spur gekommen, wie er anfänglich gehofft hatte.

Andere vermuteten hinter den verschlossenen Türen die Fortsetzung des seit Wochen schwelenden Konflikts zwischen den Abteilungsleitungen „Programme" und „Finanzen" um zwei- oder dreilagiges Toilettenpapier für ausländische Gäste. Und Dritte meinten, es würden sich erdrutschartige Personalveränderungen abzeichnen, weil den Besuchern des den WH e.V. bewachenden Ministeriums neulich der falsche Kantinenplan vorgelegt, und ihnen statt Hühnchen in Champagner-Sauce, Linsen mit Speck, aber ohne Tafelessig gereicht wurde. Die heftige Auseinandersetzung mit dem Chefkoch hatte letztlich zur Folge, dass Oberamtsrat Lacroix, höfisch-alemannischer Abstammung, beim gar nicht adelsgemäßen Gestikulieren seinen seidenen Einreiher bekleckerte und deshalb lauthals personelle Konsequenzen androhte, der Koch ihm aber unbeeindruckt davon und außer sich vor Wut, kalte Wiener Würstchen in die Rote Grütze steckte, die ja eigentlich in die Suppe gehörten.

„Na, und", meinte der, als sich Lacroix' blaublütigen Gesichts erneut beschwerte, „noch nichts von ‚Neuer Nouvelle Cousine' gehört?"

Besucher einer japanischen Delegation verließen daraufhin jedenfalls fluchtartig die Kantine, da sie, geschockt von der Art der Auseinandersetzung, befürchteten, dass ihre mitreisenden Geishas derartig beispielgebende Serviermethoden kritiklos übernehmen könnten.

Nichts dergleichen, hieß es kurze Zeit später in der eilig heraus gegebenen Haus-Postille. Hinter den geschlossenen Türen gäbe es grundsätzlich nur „business as usual". Kein Grund zur Sorge, wurde versichert. Wir befinden uns in der Phase einer höchst erfolgreichen Konsolidierung und der Jahresbericht wird unmissverständlich darlegen, dass wir es verstehen, etwaigen Kritikern das Wasser abzugraben. Das Leitungs-Team war einmal mehr in Hochform.

Doch abgestandene Mitarbeiter rochen den Braten. Normalerweise erweckte man in der Abteilung für Entwicklungsprogramme zwar gerne den Eindruck, jedes Problem basis-demokratisch lösen zu wollen und wickelte die Dinge entsprechend partizipativ ab. Diesmal ließ sich die Belegschaft aber nicht bluffen, kniff die Augen misstrauisch zusammen und rümpfte die Nase.

Nicht zu Unrecht, denn das gerade diskutierte Thema war von außerordentlicher Pikanterie. Zum einen, weil man entwicklungspolitische Inhalte resümierte – die nun wirklich alle angingen –, zum anderen, weil jede Menge Dienstreisen dranhängen könnten und diese für Flugmeilenberechtigte beanstandungsfrei eingetütet werden mussten. Die Tatsache, dass es mittlerweile ein Hochleistungssport der dritten Art geworden war, den Erdball innerhalb einer Abteilungsleiter-Amtszeit mehrfach zu umrunden, durfte man zum anderen freilich nicht nach außen dringen lassen. Die Bosse saßen vorübergehend in der Falle. Nachdem schließlich aber die Entscheidung getroffen war, dass das Geheimnis eines glücklichen Lebens in der Entsagung der Ausgeschlossenen liegt, stand der Teilnehmerkreis für die einberufene Gesprächsrunde fest. Es würde lediglich eine Hand voll Hochdekorierter an der heutigen Sitzung teilnehmen – und genau dies machte die Situation für das gemeine Bürovolk so rätselhaft. Doch auch für die vorübergehend Verantwortlichen war noch nicht absehbar, welchen Ausgang das MM, das Management-Monopoly haben würde. Behutsames Vorgehen war also mehr als angebracht.

Die in der ersten Etage versammelten Top-Manager versuchten nämlich soeben eine Abstimmung darüber zu erzielen, ob denn nun die ministeriell angeordnete Akuthilfe für Nikaragua aus 1.000.322 angespitzten Bleistiften mit oder ohne Radiergummi bestehen, oder ob nur 795.812 unangespitzte Bleistifte mit oder ohne Radiergummi, dafür aber 36.438 Anspitzer geliefert, und ein Diplom-Holzingenieur für das „on-the-job-training" zur Anwendung der Spitzer bereitgestellt werden sollte.

„Machen wir uns doch nichts vor", schleuderte Schulze gerade erregt in die schon angespannte Debatte, „das kriegt die Programmabteilung doch nie gebacken. Bis Sie die notwendigen Welthelfer rekrutiert haben, Herr Kollege, sind die Nicas längst auf Kugelschreiber aus Korea umgestiegen – ha. Und Ihre viel gepriesene Nachhaltigkeit können Sie sich dann an den Hut stecken – so."

Er hatte die Angewohnheit an alle möglichen Sätze ein „so" oder „ha" anzuhängen. Eingeweihte und solche, die ihm persönlich etwas näher standen, wussten zu berichten, dass Schulze einen Soll-Haben-Tick mit sich herumschleppte und kaum vermeiden konnte, sofern es nicht um eigene Dienstreisen oder Beschaffungen für sein Büro ging, an den armen Steuerzahler zu denken. „In Soll und Haben manifestiert sich unser Erfolg", ließ er stets verlauten, wenn es galt, sich durchzusetzen.

„So ... mit ha ... ben wir ein Problem", parierte MdB schelmisch grinsend, wohl wissend, dass Schulze dies auf die Palme treiben konnte. „Nur dies ist ja auch kein Wunder, wenn Sie ...", er brach ab, weil der Geschäftsführer, Bernhard Bagger, beide Hände hob.

„Mooooment", mischte der sich ein. „Ich denke wir sollten den überaus wichtigen Aspekt der Sache betrachten und uns nicht im internen Kleinkrieg die Chance nehmen, einen besonderen entwicklungspolitischen Beitrag zu leisten. Immerhin könnten wir alle drei auf der Titelseite der nikaraguanischen Prensa neben dem Präsidenten erscheinen und unserem Minister deutlich machen, wie wichtig wir, äh ... wie wichtig unsere Arbeit ist." Über den Rand seiner Nickel-Lesebrille brachte er die zwei Streithähne mit strengen Blicken zum Schweigen, nachdem er verschiedenen dumpf dreinblickenden Teilnehmern des erlauchten Kreises weitschweifig erklärt hatte, dass es sich bei der „Prensa" um eine nikaraguanische Tageszeitung handeln würde.

„Ja, wenn das so ist", lenkte Bolberg ein, „dann wird der Abteilungsleiter für Verwaltung und Finanzen ja wohl in der Lage sein, uns Mittel für eine Sonderwerbung zur Verfügung zu stellen, damit wir den Dipl. Holz Ing. schnell finden. Ich bitte mir nur aus, dass ich das Projekt inhaltlich vorchecke – und zwar vor Ort!"

„Türlich, türlich, türlich", stimmte Schulze mehr oder weniger besänftigt zu, „daran soll's nicht liegen. Ich muss sowieso noch nach Rio, Galapagos, Fidschi, Tasmanien und Katmandu. Der kleine Schlenker über Managua sollte kein Problem darstellen. Zweifellos werden Sie, lieber Herr Bolberg, in der Hauptstadt Beratung benötigen und da passt dies alles ja hervorragend zusammen – so. Und begründen können wir es auch ganz prima – ha."

„Na ... also", meinte Bagger, „dann lassen wir Herrn Bolberg mal ordentlich evaluieren und, wenn alles klar ist, verbinden Sie, verehrter Herr Dr. Schulze, Ihre Reise mit einer Vorprüfung aus haushaltsrechtlicher Sicht. Bitte reichen Sie mir schnellstens Ihre Reiseanträge hoch."

Er stand auf, um klarzustellen, dass er eine bedeutende Entscheidung getroffen hatte und das Gespräch für ihn beendet sei. Man trennte sich händeschüttelnd im besten Einvernehmen.

In der Tat, grübelte Bagger später weit zurückgelehnt in seinem Nappaleder-Bürosessel, es war immens wichtig gewesen, dass der Geschäftsführer (in wichtigen Phasen seines Amtslebens sprach er mit sich in der dritten Person) die spannungsgeladene Situation mit seiner geballten Autorität an sich gezogen hatte. Die Angelegenheit war ein Politikum und musste auch in seinem persönlichen Sinne glänzend gelöst werden – und das würden seine zwei unterbelichteten Abteilungsleiter alleine nie hinkriegen, beschloss er. Aus Managua war nämlich signalisiert worden, dass der dortige Präsident, „el gallo – der Hahn", wie man ihn auch nannte, zwar reichlich Unterstützung für den Aufbau seiner nachrevolutionären Administration aus aller Herren Länder erhalten hatte, es an so wichtigen Dingen wie Schreibmaterialien aber noch immer fehlte.

Massenhaft saßen dort Beamte und hoch bezahlte Experten nasebohrend herum, droschen tagelang Mau-Mau-Karten, spielten Mini-Golf oder ließen sich murrend in ähnliche Zeitvertreibe fallen. Ihre Motivation war in höchstem Maße gefährdet. Schon hatten sich Skrabble-Ligen über ganze Regionen ausgebreitet und man schickte sich an, erstmalig Landesmeisterschaften auszuspielen. Überall erhob sich jedoch bereits wütendes Geschrei nach Schreibgeräten, da nicht einmal die Spielergebnisse aufgeschrieben werden konnten.

Im fernen Europa heulten die daheim gebliebenen Expertenfrauen laut auf. Sie wähnten sich von ihren Männern mit rassigen, bronzefarbigen, zu allem Überfluss auch noch ununterbrochen singenden und tanzenden Latinas betrogen, weil sie keine Briefe mehr erhielten und irgend so etwas ja schließlich dahinter stecken müsse. Bergeweise erreichten deshalb Verzweiflung und Wut ausdrückende Besuchsanträge die eiligst gebildete Sonder-Kommission „Bleistift für Nikaragua" und Staatssekretär Professor v. Steinmann, Leiter derselben, war angesichts der überquellenden Post-Eingangskörbe bereits völlig entnervt.

Seine Karriere befand sich seiner Einschätzung nach mit dieser lästigen Angelegenheit auf dem Prüfstand. Seit Tagen schon hatte er kein Auge mehr zugetan, was nun zum hektischen Zucken seiner Lider führte. Selbst das Verhängen der gold gerahmten Weltkarte in seinem Büro, an der Stelle, an der Nikaragua lag, konnte Abhilfe nicht mehr schaffen. Immer, wenn der Landesname fiel, entfuhr ihm ein kurzer, bislang noch kaum hörbarer aber verzweifelter Aufschrei. Mein Gott, grämte er sich zunehmend öfter, ich bin doch erst bei Besoldungsstufe B16. Muss ich nach all den 23 Dienstjahren noch so leidhaft geprüft werden?

Dies alles war Bernhard Bagger längst bekannt, schließlich hatten v. Steinmann und er schon in der Buddelkiste miteinander gespielt und sich Schippchen über die Schädel geschlagen, was ihr freundschaftliches Verhältnis bis heute freilich nie getrübt hatte. So herzlich verbunden dachte Bagger: „Ich muss diesem Idioten irgendwie helfen. Dem geht es zurzeit sauschlecht, und wenn ich ihn aus dem Dreck ziehe, dann … mmh … schließlich ist er ja Staatssekretär und hat jede Menge Einfluss."

„Bitte verbinden Sie mich doch gleich mal mit Staatssekretär von Steinmann", wies er seine Sekretärin an.

„Hör mal, Klaus", brüllte er draufgängerisch in die Muschel, als Steinmann abhob. „Die Sache Nikaragua habe ich fest im Griff. Du musst dir keine Gedanken machen, dass da was schief läuft. Meine zwei Abteilungsleiter habe ich gerade auf die Reise geschickt. Sie werden vor Ort unverzüglich dafür sorgen, dass unsere Experts wieder an die Mutterbrust denken. Wenn die zwei eine Woche draußen sind, kannst du, wenn du willst, in aller Ruhe hinterherfliegen, dir den befriedeten Puff anschauen und hohe Politik machen."

„Mensch, Bernhard", gab v. Steinmann zurück. „Dafür bin ich dir mein Leben lang dankbar."

Na ja, so soll's ja auch sein, dachte Bagger, als er behutsam den Hörer ablegte und sich dann fröhlich einen Kaffee bestellte.

Höchst persönlich

Angela Adorno stand in ihrem Schlafzimmer vor dem selbst installierten Spiegel und machte sich Gedanken. Ihr Name, dessen Entstehungsgeschichte sie gar nicht genau kannte, hatte etwas, fand sie. Er assoziierte temperamentvoll-südstaatliches und passte gut zu ihr. Was ihr gerade als Spiegelbild entgegenblickte, ließ sie dann auch befriedigt lächeln.

Gerade erst 27 Jahre alt geworden, stand sie in jeder Hinsicht in der Blüte ihrer Entwicklung, körperlich wie intellektuell. Ihr Spiegel-Double gab eine Erscheinung wider, die andere Frauen nicht selten vor Neid erblassen ließ und zu giftigen Kommentaren, meist hinter vorgehaltener Hand, hinriss. Ihre klassisch proportionierten Gesichtszüge erinnerten an perfekt geliftete italienische Stars der Film- und Modewelt. Nur hatte sie selbst kosmetische Eingriffe nie nötig gehabt, um phänomenal auszusehen. Kein Gramm Fett war bisher abgesaugt worden und kein Kilo Plastik stützte ihre festen Brüste. Alles Natur pur. Dunkelbraun umrahmte schulterlanges, kräftig gewelltes Haar das Oval ihres Gesichts und grünlich funkelnde Augen, sowie eine fast unmerklich gebogene Nase verliehen ihr das, was die Männerwelt gemeinhin unter „rassig" führt. Ihr wie von Künstlerhand gezeichnetes Lippenpaar verbarg eine lückenlose Reihe perlweißer Zähne, weshalb es immer wieder vorkam, dass Dentisten sich unsterblich in sie verliebten.

Die meisten von ihnen waren ungefährlich gewesen, weil sie sie nur beim Kauen beobachten wollten. Aber kürzlich hatte ihr einer angeboten, die oberen Schneidezähne kostenfrei zu ziehen und auf dem Zahnärztekongress in New York auszustellen. Sie hatte dankend, aber bestimmt abgelehnt, musste danach die Praxis jedoch fluchtartig verlassen, weil in den Augen des Arztes ein gefährliches Glimmen erwachte und er sich unbeeindruckt von ihren Protesten mit Betäubungsspritze und Zange näherte.

„Ich brauche meine Zähne noch", hatte sie ihm zugerufen und abwehrend, noch lächelnd, die Hände gehoben.

„Sie bekommen ja neue von mir, ganz weiße, aus Porzellan oder Edelstahl, wenn Sie wollen." In seine Pupillen war ein irrer Glanz getreten. Unbeirrt kam er auf sie zu, während sie vom Behandlungsstuhl sprang und in Richtung Tür flüchtete.

„Aber ich will meine alten behalten", schrie sie ihm entgegen und rannte aus der Praxis.

„Gibt's denn heutzutage niemanden mehr, der der Wissenschaft noch einen Dienst erweisen möchte?", brüllte er ihr wütend hinterher.

Sie war dem Anschlag um Haaresbreite entkommen, hörte aber noch, wie er seine Sprechstundenhilfe anschnauzte: „Warum war sie nicht angeschnallt, verdammt noch mal, so ein schönes Exemplar!"

Angela öffnete die Lippen und fuhr mit dem Zeigefinger über die Zähne, als würde sie prüfen wollen, dass ihr Gebiss noch vollständig ist. Aufatmend stellte sie fest: alles vorhanden. Der Schock saß ihr noch in den Gliedern.

Das grau eingetrübte Wetter des Morgens forderte sie zu besonderer Kreativität heraus. Sie würde dem Tag gut geschminkt begegnen. Dezent aufgelegtes Make-up unterstrich ihren natürlichen leicht bronzefarbenen Teint, ein kräftiger aber nicht aufdringlich wirkender Lippenstift und passende Lidschatten verzaubern den Betrachter, da war sie sich sicher. Bei leiser, romantischer Musik der mexikanischen Gruppe „Los Bukis", etwa mit „Submarines der Liebe und ihr Versuch der Natur den Verstand aus dem Weg zu räumen" übersetzbar, und bei einem würzigen Morgentee, wählte sie sorgsam ihre Kleidung aus. Sie hatte im Betrieb zwar niemanden im Auge, wollte sich aber wohl fühlen und fand es schön, schön zu sein. Sich vor dem Spiegel langsam drehend, stellte sie nun nicht ganz unbescheiden fest, dass es ihr besonders heute erstklassig gelungen war.

Der superkurze, eng anliegende kirschblütenfarbige Mini umspannte ihre vom Tennis nicht zu stark durchtrainierten Oberschenkel zwei Handbreit über dem Knie und bildete über dem Glanz der anthrazit schimmernden, faltenlos sitzenden Strumpfhose eine perfekte Kombination von Form und Farbe. Ton-in-Ton zum Rock passende hochhackige Pumps streckten ihre schlanken Beine in modellhafte Längen und vermittelten ihrem Gang die Lyrik einer sich sanft im Wind wiegenden Palme. Nichts Kantiges störte den Bewegungsablauf. Ihre zahlreichen Verehrer fühlten sich stets in Symphonien von Formen, Farben und nie endender Linien versetzt, wenn sie ihr begegneten – oder lieber noch, hinter ihr herliefen.

Eine schlichte weiße Seidenbluse war straff in den Rockbund gezogen, sodass die schmale Taille und ihre vollen Brüste vortrefflich zur Geltung kamen, vor allem, wenn sie wie heute, keinen BH trug. Sie liebte fließende anschmiegsame Stoffe, die zart ihre Brustspitzen umspielten und war sich der optischen Wirkung dieser Reizung natürlich bewusst. Versuchsweise öffnete sie jetzt den zweiten Knopf der Bluse und beobachtete kritisch, wie der auseinander fallende Kragen ihre straffen Brustansätze freigab. Leisten kann ich es mir allemal, dachte sie – aber fürs Büro? Trotzig schüttelte sie ihre Mähne und nahm sich vor, sich nicht vornüber zu beugen. Sollten die Typen doch glotzen und denken, was sie wollten. Ihr war heute danach. Außerdem, das musste sie sich allerdings eingestehen, machte es ihr Spaß, Männer zu verwirren und sie genoss es, die Macht zu verspüren, die sie über diese Kater besaß, wenn sie sich ab und zu ein wenig aufdonnerte. Ob wohl schon jemand darauf gekommen war, die Gehirnmasse im Penis auszuwiegen, fragte sie sich.

Ihr fiel das letzte Gender-Seminar ein. Es war eine einzige Katastrophe für den Moderator. Eigentlich hatte sie dem Schleimer den Abbruch gar nicht gegönnt – aber er forderte sie damals zum eigenen Pech heraus.

„Ichbinderamtlicheichfreumichdrauf"-Moderator, ha, ha, ha, – führte er sich ein und versuchte der Gruppe in der ersten halben Stunde darzulegen, dass ein einziges Kleidungsstück, wie beispielsweise ein Mini oder eine gefährlich transparente Bluse, sämtliche geschlechtergleichen Arbeitsregeln außer Kraft setzen könne. Männer kämen damit in unverantwortliche Konkurrenzsituationen, meinte er, ständig um Angela herumschwänzelnd, und würden ungeahnte Kräfte freisetzen können, die mit der Sache vielleicht gar nichts zu tun hätten – ha, ha. „Na, geschnallt?", fragte er sein männliches Auditorium zwinkernd. Dabei zog er ständig seine Söckchen hoch, weil er im Kursbuch „Der kleine nonverbale Kommunikator" einmal gelesen hatte, dass dies ein Zeichen für akute sexuelle Bereitschaft sei.

Jedenfalls bat er Angela ständig an die Tafel. Zum Beweis seiner Theorie sollte sie im oberen Teil Fakten notieren, die sich gegen das Tragen aufreizender

Kleidung richteten. Bis es ihr zu dumm wurde. Sie stand gerade wieder einmal auf Zehenspitzen und schrieb.

„Sehen Sie meine Damen und Herren, dies ist die typische Situation, die uns täglich abertausendmal begegnet. Eine schöne Frau steht hoch aufgereckt vor einer Tafel und schreibt. Welcher Mann könnte widerstehen und würde dieses Bild nicht gerne in sich aufnehmen wollen", dozierte der Moderator auf sie deutend. „Aber", wissend verzog er in einer bedeutungsschwangeren Pause sein Gesicht und hob den Zeigefinger, „besteht hier nicht die größte Gefahr, dass wir alle soeben noch diskutierten Aspekte des ungefährdeten Bürobetriebs aus den Augen verlieren? Und andere in dasselbe fassen – ha, ha?", flüsterte er den Männern verschwörerisch zu. Die folgende Fünfsekundenpause sollte seinen Megascherz unterstreichen.

Von urgewaltiger Motorik getrieben, drehte er sich dann aber blitzschnell um und wandte sich, einen Zollstock schwingend, Angela mit den Worten wieder zu: „Und deshalb müssen wir Standards von Rocklängen festlegen, die Männer aus der Gefahrenzone unproduktiver Ablenkung bringen", brüllte er los. „Sie gestatten!"

Er hatte sich kaum niedergebeugt, um an ihr den Abstand zwischen Kniekehle und Rocksaum zu messen, als sie sich ihm provokant zuwandte, ihr Röckchen noch ein bisschen höher zog und fragte:

„Haben Sie ein Problem mit Frauen?"

„Wer ... ich?", gab er noch aus gebückter Haltung heraufschauend und gründlich aus dem Konzept gebracht zurück.

„Nein, Sie!", sagte Angela und trat drohend auf ihn zu, bis seine Nasenspitzen fast ihr Knie berührte.

„Ach ... ja ... äh ... ich meine, nein ... überhaupt nicht. Wie kommen Sie darauf?"

„Nun, Sie wirken so verkrampft, wenn Sie mir zu nahe treten."

Er erschrak heftig, erfasste die Situation aber augenblicklich höchst professionell, sprang einen Schritt zurück und wirbelte herum. Streng blickte er sein Publikum an, hob die Schultern, breitete beide Arme aus und resümierte:

„Sehen Sie, meine Damen und Herren, das ist der Beweis für meine Theorie", verkündete er stolz. Beifallheischend grinsend fasste er die männlichen Teilnehmer ins Auge, die der Szene zurückgrinsend gespannt folgten. Dann trat er auf Wagner zu, den Frauenbeauftragten des Hauses, und fragte siegessicher: „Stimmt's?"

„Stimmt", erwiderte der dröhnend, „und Sie bestätigen sie bis in Ihr letztes Glied. Gratuliere!"

Der Sturm des losbrechenden Gelächters veranlasste den Moderator blitzschnell hinter eine der Arbeitstafeln zu treten. Über ihren Rand hinweg verkündete er:

„Damit wäre der erste Teil des Seminars dann wohl abgeschlossen, ich danke Ihnen für Ihre Aufmerksamkeit und wünsche uns allen eine entspannende Pause."

Mit leicht verzerrten Gesichtszügen verschwand er in die an den Seminarraum angrenzende Toilette und tauchte nie wieder auf.

Ihr war damals genauso warm geworden wie diesem Gender-Heini, erinnerte sich Angela jetzt. Aber der hatte seine Lektion gelernt. Er habe durch eine äußerst charmante Teilnehmerin trotz jahrelanger Tätigkeit als Moderator bedeutsame berufliche Schlüsselerkenntnisse erworben, bedankte er sich anderntags schriftlich. Dies würde ihn unverzüglich veranlassen sein Seminarprogramm umzustellen, um nur noch für die längst deformierte Emanzipation von Männern einzutreten, ließ er wissen. Mit seinem zu erwartenden Honorar plane er den dringendst erforderlichen Volkshochschulkurs „Erlösendes Männerweinen" einzurichten und Vorausbuchungen dafür würde er ab sofort annehmen.

Schmunzelnd verließ Angela jetzt den Platz vor dem Spiegel, goss Tee nach und nahm am Küchentisch Platz. Derweil sie genussvoll an einem zurechtgemachten Brötchen knabberte und lautstark ihren Tee schlürfte, knöpfte sie sich Rehmann gedanklich vor.

Ob der es ernst meint? Sie hatte die Ellenbogen auf die Tischplatte gestützt, spähte in den bewölkten Morgen und wärmte ihre Hände an der angenehm heißen Tasse. Ich habe alle Chancen fast jeden Mann dieser Welt rumzukriegen, dachte sie. Aber an den eingebildeten, meist verheirateten Schönlingen, die, wenn sie sich um sie bemühten, witzlose Hähnchenkämpfe vorführten, hatte sie nur noch wenig Interesse. Meist waren es anfänglich sehr beeindruckende Männer. Wenn sie im Verlauf von Kongressen oder Seminaren aber die Minibar ihres Hotelzimmers leer tranken, ohne zu bezahlen, um das ihr spendierte Abendessen wieder hereinzukriegen, wusste sie woran sie mit ihnen war. Nein, was sie nach ersten Sturmzeiten suchte, war ein liebenswürdiger, aufmerksamer, zuverlässiger, humorvoller, aufrichtiger und leidenschaftlicher Partner. Wäre nicht schlecht, wenn er auch noch Geld hätte – muss aber nicht sein, lenkte sie ein.

Nur, Rehmann? Konnte der ihren Ansprüchen gerecht werden? Der kleine dicke Kerl, beinahe haarlos und blind – jedenfalls ohne Brille. Wollte sie sich das ausmalen? Allein die Situation im Hallenbad damals, zum Piepen. Nun, frau soll ein Buch nicht nach seinem Umschlag beurteilen, rief sie sich ins Gedächtnis. Sie würde ihn austesten und sehen, wie das alles endet. Immerhin war er noch unverheiratet.

Beim Blick auf die Uhr erschrak sie. Du lieber Himmel, schon fast acht. Es wurde Zeit. Ihre Ente sprang ohne Schwierigkeiten an. Eine halbe Stunde darauf war sie im Büro.

Als sie Rehmann später rein zufällig auf dem Flur begegnete, fiel ihr, wiederum rein zufällig, der Kugelschreiber aus der Hand, direkt vor seine Füße. Beide hatten sich schnell niedergebeugt um ihn aufzuheben, nur fühlte sie sich dabei eher aus-, er sich aber unübersehbar angezogen. Ich wollte mich doch nicht vornüberbeugen, dachte sie noch, als er ihr schon grienend rief:

„Sie sollten mit so steifen Gegenständen etwas vorsichtiger umgehen, Sie könnten sich verletzen!"

„Danke gleichfalls", erwiderte sie schlagfertig mit eindeutiger Blickrichtung – und verschwand Hüften schwingend.

„Ts, ts ... Rehmann ... Rehmann ..." Ein Kollege hatte die Szene beobachtet. „Wie das noch enden wird?"

Die Gerüchte-Geier sitzen schon auf den Zäunen, dachte der, und verzog sich ohne Kommentar von ihrer Etage.

Sie hingegen stand entspannt an den Kopierer gelehnt. Nicht schlecht für den Anfang. Angst hat er nicht, wie viele andere, glaubte sie. Nun, weitere Schritte würden folgen. N' bisschen frech und schüchtern zugleich. Find' ich irgendwie nett. Mit dem Ergebnis ihrer ersten gezielten Kontaktaufnahme war sie zufrieden.

Problemlösung für v. Steinmann

„Wir müssen ihm irgendwie helfen."

Darüber waren sich im Ministerium beinahe alle Kolleginnen und Kollegen einig. Sie hatten die Verfassung des leidenden Staatssekretärs schnell analysiert und reagierten freundschaftlich, zum Teil therapeutisch. Auch Bagger war inzwischen auf Zack gewesen und leitete unter dem Siegel der vorab telefonisch hergestellten neuen Vertraulichkeit bereits Maßnahmen ein. So kam es, dass Castello erste zusätzliche Druckaufträge erhielt, die sein Produktionsprogramm so richtig auf Touren brachten und ihn selbst unter erheblichen Zeitdruck.
„Ich hab's ja gewusst", kommentierte er lakonisch, ohne zu wissen, dass er den Nagel nicht auf den Kopf traf. Misstrauisch hatte er das Gespräch mit der Verwaltungsrats-LAG ausgewertet und glänzend geschlussfolgert, dass die Ursache für die auf ihn einstürzende Überlastung bei ihr lag. Sie, der es auftragsgemäß am Herzen lag, in ihrem Gutachten ein Themenfeld für die bis dahin undefinierte Fragestellung zu finden, hatte sich im Rausch der Ereignisse auf den Schutz unschuldig in Affären verstrickter Staatssekretäre verlegt. Sie identifizierte es als hochwichtig und drohte ihrem „Rathlos", wie sie ihn liebevoll nannte, an, das Taschengeld zu kürzen, wenn er nicht augenblicklich helfend eingreifen würde. Außerdem kannte sie v. Steinmann von diversen Banketten und fand ihn einfach süß.

Unter diesem Druck wurde Castello angewiesen unverzüglich kleinere und größere Karten mit dem Namenszug „Nikaragua" herzustellen. In den Farben schwarz, blau und rot war der Druckauftrag mit den Insignien „wichtig", „eilt", „eilt besonders" sowie „allerdringendst" von hohen Managementinstanzen des Hauses versehen worden. Bagger hatte sich zudem grünlich eingeschaltet und machte Druck wegen des Drucks.

Im Ministerium verlor man ebenfalls keine Sekunde und verfasste eiligst eine dreieinhalbseitige Dienstanweisung, die den Gebrauch der zu erwartenden Kärtchen und Karten diskret regelte. Ihr Kernsatz war:

VERTRAULICHER RUNDBRIEF:
Wer in welcher Situation, Lage, oder der diesbezüglichen Krise entsprechend, die wie auch immer den Namen Nikaragua herauszustellen geneigt ist, ihn ausspricht, flüstert oder lautlos buchstabiert, erhält für die nächsten 27 Monate und 13 Tage unwiderruflichen Bewährungsaufschub. Wie dem gegenüber im Einzelnen nachzukommen ist, entnehmen Sie bitte der siebenseitigen vertraulichen Anlage zu diesem Rundschreiben 84/1982 oder unserer homepage: www.tick-v.St.de
P.S.: Unbeteiligte werden, sofern physisch gegenwärtig und amtlich festgestellt, bei Verletzung der Anweisung selbstverständlich nicht ihrer Verantwortung angemessen, aber unverzüglich zur Rechenschaft gezogen.
P.S.1: Diese Anweisung ist auch für jene gültig, die von der Angelegenheit bislang unberührt geblieben sind, aber damit rechnen müssen von ihr betroffen zu sein.

Nun, damit war alles klar und als wenige Tage später zwei Lastwagen das Ministerium mit Druckerzeugnissen überschütteten, wussten Eingeweihte, dass die Stunde der Solidarität geschlagen hatte. Indessen stellte Castellos Lieferung die Mitarbeiter des Büro-Materiallagers vor erhebliche Probleme.

In seiner Aufregung und Produktionseile hatte er die Auflagenhöhe falsch berechnet und zusätzlich zu den angeforderten handgroßen Kärtchen 10.000 DIN-A3-Tafeln gedruckt. Überall im Haus verstellten nun Lieferkartons die Gänge und häufig sah man Beamte und Beamtinnen, Transparente schleppend, über die Flure hasten.

Sobald jetzt über die verbal gebannte Nation gesprochen wurde, hielten die Redner vor Nennung des Landesnamens inne und erhoben ihre Karte. Zwar empfanden einige Mitarbeiter die Gesprächssituation als ausgesprochen idiotisch, doch Dienstanweisung war nun mal Dienstanweisung und man hatte ihr zu folgen. Um so mehr freute sich Bagger, als ihm, der die Idee geboren hatte, höchstes Lob zuteil wurde, weil mit ihr und völlig unerwartet das internationale Ansehen der Bundesregierung sprunghaft gestiegen war.

Dieselben japanischen Regierungsdelegierten nämlich, die Tage zuvor die Kantine des WH e.V. erschreckt verlassen hatten und nun im Ministerium zu Gast waren, hielten dies für eine bewundernswerte neue Methode, die sie „SM", Stilles Management, nannten. Sofort bemühten sie ihre umgehängten transportablen Faxgeräte, um den Ausbruch neuer deutscher öffentlicher Effizienz ohne Verzögerung nach Hause zu melden, sowie deren Nachahmung zu empfehlen. In einem dieser Faxe hieß es:

„Die deutsche Legielung hat es in külzestel Zeit geschafft, mit einel neualtigen Velfahlenstechnik seine Mitalbeitel auf die lautlose Konfliktbewältigung einzuschwölen und ist beleits nach wenigen Seminalen in del Lage, epochemachende Elfolge in del sanften Konfliktbewältigung zu legistlielen."

Man hatte im Ministelium, Entschuldigung, Ministerium unverhofft ganze Arbeit geleistet und für das Problem „v. Steinmann" eine akzeptable und praktizierbare Lösung gefunden, ein Thema also nicht etwa verdrängt (wie Schmalspur-Hobby-Demokraten bei jeder Gelegenheit unterstellen) oder gar unter den Tisch gekehrt.

Dennoch blickte der Staatssekretär unruhigen Zeiten entgegen. Ihm war es übertragen worden, die wegen der Kommunikationsstörungen mit Nikaragua eingehenden Besuchsanträge der erregten und empörten Expertenfrauen abzulehnen. Die Bundesregierung sah sich nicht in der Lage, die auf sie zukommenden Reise-Anträge zu finanzieren. Sie hatte v. Steinmann als Initiator dieser beachtlichen Entwicklung ausgemacht, ihn für äußerst fähig befunden und infolgedessen beauftragt, die Aktion steuernd und alleinverantwortlich in die Hände zu nehmen.

Die Leitung der 17. Krisensitzung blieb ihm also nicht erspart. Heute etwas frischer und erheblich optimistischer als in den vergangenen Tagen – die Rücksichtnahme der Kolleginnen und Kollegen zeigte bereits Wirkung – raunte er seinem Ministerialdirektor zu:

„Wir müssen diese hysterischen Expertenweiber unbedingt beruhigen. Ich schlage vor, alle einheimischen Schönen aus den Projektgebieten zu evakuieren und die Aktion weiträumig zu publizieren."

„Phantastisch", murmelte sein Mitarbeiter. „Nur können wir dabei nicht einfach nur von irgendwelchen scharfen einheimischen Frauen reden. Sie wissen, wie ich das meine. Da müssen wir uns schon etwas Besonderes einfallen lassen. Und vor allem, das müssen wir in Nika ..."

„Ahhh ...", entfuhr es v. Steinmann leise aus gequält verzogenem Gesicht.

„Verzeihung", sein Ministerialdirektor hatte sofort ein schlechtes Gewissen, setzte aber eindringlich fort: „... das müssen wir am Ort lösen."

„Klar", bestätigte v. Steinmann unverzüglich, fasziniert von der seiner Meinung nach unvergleichlich kühnen Idee. „So was kann man schließlich nicht vom grünen Tisch aus planen. Aber behalten Sie das vorerst bloß für sich. In der Sitzung können wir das jetzt nicht unterbringen. So etwas braucht Unterstützung von ganz oben!"

Nachdenklich erwog er insgeheim, wie er eine Reise „da hin" wohl durchhalten sollte. Doch beschloss er in diesem Augenblick, sich den Herausforderungen mannhaft zu stellen.

„Das kriegen wir schon hin", flüsterte sein Ministerialdirektor. „Ich habe da ein paar besonders wirksame Kontakte, Sie wissen schon, was ich meine", sprach er und knuffte v. Steinmann konspirativ in die Rippen, was der einigermaßen konsterniert zur Kenntnis nahm, aber nicht kommentierte.

Während die Sitzung noch in vollem Gange war, brütete Steinmanns Hiwi bereits über der Reiseantragsbegründung. Die endgültige Formulierung an den Herrn Minister lautete schließlich:

An den Herrn Minister.

Antrag auf eine Auslandsdienstreisegenehmigung.
„In Nikaragua hat es sich (ausgeschlachtet von hiesigen regierungsfeindlichen Medien, besonders: Bild und SPIEGEL) nach Jahren einer erfolgreichen Zusammenarbeit tatsächlich erwiesen, dass einheimische Expertinnen im Kontakt mit unseren entsandten internationalen Fachkräften, **selbstverständlich nur projektbezogen,** *erhebliche Zielabweichungen unseres Engagements bewirken können. Dies wird, bei allem Respekt gegenüber sämtlichen pluralistisch anerkennenswerten Kräften, wiederum nur projekt- und zielbezogen, kurzfristig eine spürbare negative Nachhaltigkeit in der Darstellung der deutsch-nikara-*

guanischen Entwicklungszusammenarbeit in der Öffentlichkeit erzeugen, die es mit allen zu Gebote stehenden Objektivierungsabsichten zu untersuchen und abzuwenden gilt.

Wir, Herr Staatssekretär v. Steinmann und ich, halten es daher für unumgänglich, die Tatbestände zu dem kritisierten Sachverhalt vor Ort gründlichst sowie unverzüglich zu erfassen, auszuwerten und das Ergebnis mit Vorschlägen zu versehen, die angetan sind, weiteren Schaden vom noch unbefleckten Bild deutscher Entwicklungszusammenarbeit fern zu halten.

Wir, Herr Staatssekretär v. Steinmann und ich, schlagen deshalb vor, falls Ihrerseits als angemessen und ebenfalls unabwendbar betrachtet, neue Dezentralisierungsformen in die Projekte einzuführen und damit sicherzustellen, dass notwendige Indikatoren für eine adäquat darstellbare Erfolgsmessung (unter Einschluss des Ausschlusses benannter Expertinnen) evaluiert werden können, die deutlich machen, dass die Bundesrepublik Deutschland den bilateralen Vereinbarungen mit Nikaragua gerecht wurde.

Angesichts der Tatsache, dass vereinsamte, in Deutschland verbliebene Expertenfrauen unseren Kooperationserfolg nachhaltig in Frage zu stellen in der Lage sind, halten wir es für angebracht, jenen nachzuweisen, dass Nikaraguanerinnen zwar der Solidarität deutscher Expertenfrauen bedürfen, nicht aber ihrer Besuche, von Einzelfällen, die es noch zu definieren gilt, abgesehen.

Wir beantragen daher eine dreiwöchige Dienstreise und bitten Sie um baldigste Genehmigung, da die Regelung der Angelegenheit keinen Aufschub duldet."

Stolz präsentierte er die Formulierung seinem Chef.

„Na, wie finden Sie das?", raunte er v. Steinmann zu und schob seinen Notizblock über den Sitzungstisch.

„Einwandfrei", sagte der, schob das Papier aber heftig angewidert, schnell und lidflatternd zurück.

Draußen vor der Tür erlebte der Saalpförtner unterdessen den für ihn merkwürdigsten Sitzungsverlauf seiner langjährigen Berufslaufbahn. Trotz seines noch immer fehlerfreien Gehörs konnte er diesmal nicht mitbekommen, was drinnen vor sich ging. Er wunderte sich mehr und mehr über durch die Tür dringende Halbsätze. Gerade jetzt wieder. Referatsleiter Brotzki, grüner

SPDler, den er immer nur als brillanten Redner gekannt hatte, stammelte heute des öfteren und begann just erneut:

„Es ist für – Pause – absolut unerlässlich, eine politische Distanz gegenüber den Vereinigten Staaten aufrechtzuerhalten, damit – Pause – seine – Pause – ... nische Identität behält. Wir haben deshalb die verdammte Pflicht und Schuldigkeit – Pause – unsere volle Solidarität zukommen zu lassen, um – Pause – in seinem nun friedlichen Kampf gegen den nordamerikanischen Imperialismus zu unterstützen. Und, meine Damen und Herren, dazu gehört technische und finanzielle Hilfe. Wie bitteschön sollen sich – Pause – ... ner denn wohl sonst gegen die sie überschüttenden Schmähschriften retten? Können Sie mir das, meine Damen und Herren Konservative, bitte einmal erklären?" Enthusiastisch hob er im Schlusssatz die Stimme und schleuderte jetzt offenbar wütend in die Runde: „– Pause – den – Pause – ... anern und – Pause – ... innen!"

„Hervorragend", jubelte ihm der Grüne, Pachulke, zu und warf, von Begeisterung überwältigt, seine Stricknadeln durch den Raum, die den ein bisschen eingenickten CSU-Abgeordneten Braumeister trafen. Der reagierte mit einem grunzenden „ja moi" und „i bin dagegen", nahm aber sonst nicht Stellung zu der Rede von Brotzki.

Drinnen machte sich zunächst angespannte Ruhe breit. Dann aber brach ein Sturm der Entrüstung los und unter die sich manchmal überschlagenden, empörten Stimmen mischte sich lautstarkes Geraschel.

Was ist bloß in die gefahren, überlegte sich der Saalpförtner und schielte, von übermächtiger Neugier geplagt, durch einen winzigen Spalt der heimlich leise geöffneten Tür. Und er konnte nicht glauben, was er sah. In heftige Debatten verstrickt, fuchtelten die ihm sonst als sehr vornehm bekannten Sitzungsteilnehmer, Pachulke ausgenommen, mit Kärtchen, Karten und transparentähnlichen Tafeln herum und fielen sich zuweilen gegenseitig in den Arm, um ein anderes Argument gar nicht erst aufkommen zu lassen.

Ob dies wohl diese neumoderne „Zephanja-Oder-Post-Palliativ"-Methode, ZOPP, ist, fragte er sich beeindruckt? Aber leider konnte er seiner Sehschwäche wegen die Kartenaufschriften nicht lesen und die einschlägige Richtlinie zum Gebrauch der nonverbalen Arbeitsmittel hatte er nicht erhalten. In der hieß es nämlich:

„Wer im Zusammenhang mit der Nicht-Aussprache des Landesnamens aber unter Berücksichtigung des von ihm/ihr vertretenen Kontextes meint, seinen Vortrag verstärkt zum Ausdruck bringen zu müssen, benutzt eine entsprechend größere Karte mit fetterem Aufdruck. Bei ihrer Handhabung ist darauf zu achten, dass andere Sitzungsteilnehmer nicht verletzt werden."

In das Grübeln des Türstehers hinein, darüber, ob sein Dienstherr in diesem Fall wohl seiner Fürsorgepflicht gerecht geworden ist, bimmelte das vor dem Sitzungssaal an der Wand befestigte Telefon.

„Steinmann? Ja, der ist hier in dieser Sitzung. Worum es geht? Weiß ich doch nicht, oder meinen Sie etwa, ich würde lauschen? Aha! Schon gut, schon gut ... aber schließlich sagt mir ja auch nie einer was. Bitte? Ja, klar, wird erledigt. Wie? Ja, ja ... sofort", sprach er in die Muschel und hängte kopfschüttelnd ein. Dienstbeflissen riss er die Tür des Sitzungssaales auf und schrie, um den noch immer erstaunlichen Lärm zu übertönen:

„Herr Staatssekretär v. Steinmann, Herr Professor v. Steinmann!! Dringendes Telefongespräch für Sie ... aus Nikaraaaagua!!"

Steinmanns markerschütternder Schrei beendete Knall auf Fall die Sitzung und machte alle psychosoziologischen Bemühungen auf einen Schlag zunichte. Neben eines zweiwöchigen Sanatoriumsaufenthaltes für den gebeutelten Staatssekretär war das Resultat für den wie vom Donner gerührten Saalpförtner die absolut unverständliche und niederschmetternde Frühpensionierung. Man hielt ihm vor, die einschlägigen Richtlinien nicht beachtet und damit vorsätzlich gesundheitliche Schäden an einem hohen Staatsdiener herbeigeführt zu haben.

Hoffnungen und Nöte

Nikaragua blühte in jenen Tagen auf. Der tropische Winter, die Regenzeit, hatte die Region verlassen. Die Erde, die seit April Unmengen von Wasser schlucken musste, verharrte noch satt und unproduktiv. So wie der Mensch nach einem opulenten Mahl in Trägheit verfällt, war auch sie vorübergehend in den Ruhestand getreten, begann aber nun die gespeicherten Reserven zu mobilisieren. Überall lockte die strahlende Sonne frisches Grün ans Licht. Millionen von Blüten streckten keck ihre farbigen Knospenköpfe aus der Enge ihrer winterlichen Umhüllung und sprengten sie schließlich mit unbändiger Kraft. Wie eine Diva auf der Bühne ihre Arme ausbreitet, um den Applaus ihres Publikums entgegenzunehmen, spreizten sie ungeduldig ihre prächtig in allen Farben schillernden Blätter, um der Welt ihre Schönheit darzubieten. So, als ahnten sie, wie auch die Tänzerin, dass der Vorhang zur letzten Vorstellung irgendwann fällt. Es galt die Zeit zu nutzen.

Das Land lag kurz darauf unter einem Blumenteppich unerschöpflicher Farbnuancen und versprühte, neben dem Duft der Blüten, Hoffnung und Optimismus für noch andere unterdrückte Völker und die eigene Zukunft. Die Menschen hatten die Diktatorenlast abgeschüttelt, gingen aufrecht und sahen selbstbewusst Frieden schaffenden Abkommen entgegen. Eine verhaltene Fröhlichkeit bestimmte das Lebensgefühl der Nation und aller ihrer Bewohner. Die zahlreichen Vulkane benahmen sich anständig, wenn sie, statt drohend dunkelgraue Wolken auszustoßen, nur weiße Häubchen trugen, die sich, wie mit einem übergroßen Pinsel hingetupft, gegen den tiefblauen Himmel abhoben, oder wenn sie beruhigende lange Abendschatten auf das muntere Leben zu ihren Füßen warfen. Selbst die unzählbaren Straßenköter bemühten sich anscheinend friedvoller zu knurren als ehedem.

Die Menschen trugen wieder leuchtendes Weiß, sprachen ihrem Exportschlager, dem weltberühmten Flor de Caña-Rum heftig zu, lachten, tanzten gern und viel und vermehrten sich prächtig, so als gelte es den Weltrekord in Reproduktion zu erringen. Landauf, landab wehten blauweiße oder rotschwarze Fähnchen im frühlingshaften Wind und drückten mit ihrer Bewegung sowie dem leisen Knattern jenes Gefühl aus, das die Bevölkerung in dieser Zeit beherrschte. Jedes Wehen hieß: Versöhnung. Jedes Knattern: Aufbruch. Es waren die Stichworte der Zeit, nachdem auch die USA ihr Trauma hinter sich, und schon fast, sie brauchten dann nur noch zehn Jahre, begriffen hatten, dass Nikaragua mit seinen zwei altersschwachen Kampfhubschraubern nicht über sie herfallen würde.

Trotz alle dem sah sich die nikaraguanische Regierung vor erhebliche Schwierigkeiten gestellt. El Gallo, der Hahn, wie der neue Präsident effektvoll genannt wurde, hatte nämlich soeben eine Gruppe von zweiundzwanzig Experten aus Unterfranken zurückgewiesen und damit eine innere Krise heraufbeschworen. Er musste, nach den gerade beendeten Kriegswirren, schnell für Ordnung sorgen, hatte sich jedoch unmittelbar nach dem Sieg schon sehr gründlich in den Fängen der eigenen Ideologien verheddert. Konsequent bestand er nämlich darauf, Entwicklung unter seinen Revolutionsfarben Rot und Schwarz zu bewerkstelligen.

Doch stieß er damit unmittelbar und unversehens auf die Schwierigkeit, nun auch noch deutsche Experten befrieden zu müssen. Denn die ersten der CSU zugehörigen Welthelfer und die der SPD kriegten sich schon bei ihrer Ankunft am Flughafen in Managua in die Wolle. Die heftige, fast in eine Schlägerei ausartende Diskussion, ob Nikaragua nun ins Deutsche Territorium einzugliedern sei oder nicht, machte den Nicas klar, dass es um ihre Selbstständigkeit noch nicht optimal bestellt war und setzte sie unter Hochdruck, die neuen internationalen Beziehungen unverzüglich zu ordnen.

Nachdem der Präsident die einen mühevoll mit Weißwurst und die anderen mit Labskaus beruhigt und ihre Einsatzpläne unter geographischen Gesichtspunkten neu festgelegt hatte, ließ er die Einreise weiterer Experten vorläufig stoppen, was ihn automatisch zwischen die Fronten seiner Landsleute brachte, denen es im Prinzip ganz egal war, woher die Hilfe kam.

Seine verschlüsselte Anregung war schließlich, Gelbe ins Land zu holen, was Anhänger wie Gegner seiner Politik vollends verwirrte. Weil sich Chinesen nun wieder auf das Festland und Taiwan verteilten – und weil es zwischen ihnen ja auch klitzekleine Unterschiede gab – heulte der Osten auf, denn jeder Teil nahm an, dass der jeweils andere gemeint war. Peking und Taipeh ermunterten ihre Mitbürger deshalb, Protesttelegramme zu schicken – und das taten die dann. Als Managua in einer Milliarde davon versank, war zumindest für „El Gallo" das Problem unerwartet schnell erledigt. Er verstand es, alle seine Kritiker mit der Beantwortung zu beauftragen und hatte für die nächsten drei Jahre Ruhe vor ihnen.

Einzig die FDP meinte den Wink richtig verstanden zu haben und sandte Glückwunschtelegramme, die allerdings noch heute unter den anderen gesucht werden. Grüne, die sich übersehen fühlten, standen birkenstockig mit Palmblättern, hängenden Ohren und Gitarren an den Flughäfen in Deutschland, sangen ununterbrochen die Internationale und warteten auf ihren Abflug.

Doch die Strategie ging auf. Abgelenkt von der eigentlichen Tatsache des Einreisestopps der Experten, grübelten die politischen Größen Nikaraguas darüber, wie es ohne durchzudrehen möglich sei, mit dem Farbensalat klarzukommen und ihn richtig zu interpretieren. In einer eilig einberufenen Sondersitzung wurde der Präsident daher nachdrücklich aufgefordert, sein Handeln zu erklären:

„Es kann doch wohl nicht angehen, Compañeros, dass nach all den Jahren härtester Auseinandersetzungen kleinkarierte Streitereien der Deutschen untereinander unseren in aller Welt gefeierten Erfolg konterkarieren", brüllte er mit hoch erhobener Faust in die Mikrofone und erntete donnernden Beifall von allen Flügeln seiner Partei.

„Die Welt muss deshalb unmissverständlich zur Kenntnis nehmen", setzte er auf Hochtouren gebracht fort, „dass wir Staatsabkommen, internationale Verträge, Überein- und Abkommen grundsätzlich nur in unseren siegreichen Farben Rot oder Schwarz ratifizieren werden, wobei es mir verdammt noch mal nicht egal ist, wer sie vertritt."

Das infernalische Getrampel seiner Anhänger bestätigte ihn. Zwar verstand auch jetzt noch niemand so recht, wohin sich ihr Präsident wandte, doch unter rasendem Beifall verfiel zumindest das kleine Häufchen der gegnerischen Fraktion in Depressionen und setzte die blauweißrhombisch karierten Kreppmützchen ab, die ihnen die Bayern als Gastgeschenke mitgebracht hatten. Sie waren zunächst aus dem Feld geschlagen. Resignation zeichnete ihre Gesichter, als sie klammheimlich und gebeugt im einsetzenden Pfeifkonzert den Versammlungsplatz verließen.

Dies also war die Ausgangslage der deutsch-nikaraguanischen Außenpolitik an dieser, unserer Ecke der Welt. Natürlich wollte die Bonner Regierung der jungfräulich aufstrebenden Nation wegen solcher farbtechnischer Marginalien keine Steine bei ihrer Aufbauarbeit in den Weg legen. Um politisch wieder Fuß zu fassen, gab die Bundesregierung millionenschwere Gutachten an namhafte Analysten und Universitäten in Auftrag. Dem Dilemma zufälliger Polit-Ejakulationen musste ein Ende bereitet werden, was der Kanzler mit markigen Worten beschleunigte.

„Aber ich bitte Sie", drängte er die Fachleute ungeduldig zur Eile, „die Wirklichkeit ist doch oft ganz anders als die Realität."

Die damit gesetzten Signale drangen bis in die Bürozellen der Entwicklungsdienste. Diese wurden unverzüglich veranlasst, sich der Versendung von Material und Personal anzunehmen, dabei aber genauestens auf die Farbgebung zu achten. Dies gelte auch und insbesondere für die Personalauswahl, hieß es inoffiziell. Rothaarige hatten zu dieser Zeit schlechte Karten.

Strategen unter sich

Die Wogen der Diskussion um Nikaragua schlugen im Welthelfer e.V. bereits hoch, als Berger, Referatsleiter Haushalt, zu der Runde des erweiterten Managements stieß. Er hatte die Nacht über gesessen und gerechnet. Mit blutunterlaufenen Augen bestätigte er jetzt die böse Vorahnung aller Anwesenden. In die eisige Stille hinein, die sich bei seinem Erscheinen ausbreitete, verkündete er, dass Haushaltsmittel für nur 684.383 Bleistifte – gespitzt oder ungespitzt wisse er nicht – und auch nur 2.413,27 Mark für 27.771,6 Anspitzer, Skonti einbezogen, in der Kasse lägen, für Radiergummis aber kein prüfungssicherer Haushaltsansatz eingestellt sei und Umwidmungen in den Budgets nicht möglich wären.

„Was aber, bitteschön, sollen die Nicas denn mit ungespitzten Bleistiften und ohne Radiergummi anfangen?", warf die Protokollantin, Frau Benzheim, ungefragt und aufgebracht ein. Sie stammte aus der einschlägigen Bottroper Soli Clique „Freundschaft mit Nikaragua" und war für ihre Direktheit bekannt. Ihr lag daran, unbedingt Klarheit im Protokoll zu haben, denn die Befürchtung, dass auf sie gegebenenfalls wieder die Drecksarbeit zukäme und sie die Bleistifte vielleicht spitzen würde, kam nicht von ungefähr. Schon einmal war sie dazu verdonnert worden, in dreitausend Anweisungskopien das Bearbeitungsdatum mit Tipp-Ex zu korrigieren. Sie wurde damals beauftragt, aus dem Tagesdatum, dem 11.11.1977 die vierte 1 herauszulöschen ohne den Punkt dahinter zu übertünchen, dann das Schriftstück in die Schreibmaschine zu spannen und die kunstvoll geschaffene Lücke mit einer 2 auszufüllen. Dies alles bei der Winz-Schriftgröße von 10p und, weil ihr Abteilungsleiter schon Stunden vor dem eigentlichen Startschuss den Karneval eingeläutet hatte, bereits besoffen gewesen war und einen Scherz machen wollte. Als er sie am Tag darauf bat, die Korrektur wieder zurückzunehmen, traf ihn ein Locher und sie die erste Abmahnung.

„Aber Frau Benzheim, bitte beruhigen Sie sich doch", versuchte Prof. Dr. phil. P. Wieland, einer ihrer zahlreichen Nicht-Vorgesetzten, aber Unterabteilungsleiter für Entwicklungsprogramme und gerade Sitzungsleiter, vornehm einzulenken. „Niemand beabsichtigt ..."

Doch sie war nicht zu stoppen.

„Ach, hören Sie bloß auf", unterbrach sie, „ich kenn' das doch. Schließlich bin ich seit fünfundzwanzig Jahren bei dem Verein und hab' mein Jubiläums-Schlabberwasser schon längst hinter mir, woll. Wir sind wieder mal dabei, Entscheidungen zu treffen, für die am Ende keiner die Verantwortung übernehmen will. Und die, die sich nicht wehren, kriegen immer die Maloche aufgedrückt!"

„Also bitte, Frau Benzheim", mischte sich ihr Chef, Schulze, jetzt ein, „erstens treffen Sie hier keine Entscheidungen und zweitens führt das nun wirklich zu weit, wenn ..."

Doch seine Mitarbeiterin hatte sich in Rage gesteigert und fuhr dazwischen.

„Sie, lieber Herr Schulze, können mich zwar anweisen und ansonsten auch, mir aber nichts erzählen. Ich weiß schon jetzt, wer den Kram bearbeiten, zählen und verpacken darf. An die Männer Ihrer Abteilung trau'n' Sie sich doch nicht ran. Wir Frauen sind es jedes Mal, denen solche verantwortungsvollen Aufgaben zugeteilt werden. Aber diesmal nicht mit mir!"

Ihr Gesicht war puterrot angelaufen und sie zitterte am ganzen Leibe.

„Diesmal geht der Fall an den Frauenbeauftragten und den Betriebsrat. Und wenn diese Schlaffis nicht unverzüglich eingreifen, geht er ans Arbeitsgericht. Das sag' ich Ihnen."

Durchdringend weiter schimpfend schmiss sie den Protokollstift auf den Tisch, schnäuzte sich geräuschvoll und verließ hoch erhobenen Hauptes die Runde, nicht ohne die Tür mit Schmackes hinter sich zuzuknallen.

„Aber das Protokoll ...", rief Sitzungsleiter Wieland hinter ihr her.

In das betretene Schweigen hinein goss Breitbach, Referatsleiter für die Region West-Afrika, noch ein bisschen Öl ins Feuer:

„Hat die zuständige Sachbearbeiterin für Lateinamerika eigentlich schon einmal geprüft, welcher nordamerikanische Multi den aus Oldenburg gelieferten Mist produziert? Und weiß sie überhaupt, dass die PAN-INK, Washington, aus ihren Gewinnen die Contras viele Jahre lang unterstützt hat?", fragte er hämisch grinsend, wohl wissend, dass er der hübschen Dorothea D. kräftig auf die Zehen treten würde. Die reagierte auch prompt, wie ein Thermostat am Nordpol.

„Ich denke", richtete sie sich direkt an ihn, „Sie sollten erst einmal Ihre Computer-Listen in Ordnung bringen, damit Gynäkologenjobs nicht mehr mit Eisenbiegern besetzt werden, bevor Sie hier Indoktrination zu Dingen betreiben, von denen Sie nichts verstehen und sich in die Arbeit anderer Referate einmischen. Im Übrigen möchte ich Sie daran erinnern, dass Sie es waren, der vor zwei Jahren eine Tonne Bedienungsanleitungen für Hochleistungsheizer statt für Tiefkühlfroster in den Niger geliefert hat."

Sichtlich beleidigt murmelte Breitbach etwas von falscher Bestellung des Einkaufs und verbarrikadierte sich muffig hinter seinen Papieren.

Bolberg sah sich indes vor die peinliche Situation gestellt, dass sich seine Mitarbeiter in Gegenwart von Schulze in die Wolle kriegten. Elegant schlug er deshalb den Bogen zum Auftritt der Benzheim zurück. Breit lächelnd ging er seinen Kollegen an:

„Dass es in Ihrer Abteilung, verehrter Herr Kollege, so viele unzufriedene Mitarbeiter gibt, war mir gar nicht bekannt. Vielleicht ist es im Sinne einer besseren Zusammenarbeit einmal erwägenswert, gemeinsam die Führungsphilosophie zu überprüfen, was meinen Sie?"

„Na hör'n Sie mal – ha", brüllte Schulze los, „das ist doch wohl nicht ein Problem der Führung, meiner schon gar nicht, sondern lediglich ein Planungs- und Steuerungsdefizit Ihrer Abteilung – so. Würden Sie nicht ständig mit irgendwelchen Extrawürsten auftauchen, könnten meine Leute ihre Arbeit wesentlich stressfreier erledigen. Ich möchte vielmehr einen Planungskurs für die Abteilung ‚Programme' empfehlen – ha."

Victoria, den alle so nannten, weil er als Fischfangexperte viele Jahre auf dem gleichnamigen See zugebracht hatte, wollte schlichten. Er hatte das kommunikative Verhalten der Victoria-Barsche ausgiebig erforscht und fand, dass es teilweise erfolgreich auf menschliche Konfliktstrategien anzuwenden sei. Da er jedoch zur eher schüchternen Sorte Mensch gehörte, versetzten ihn Augenblicke wie diese auch immer in eine gewisse Aufregung, was mit einem leichten Stottern einherging. Trotzdem warf er sich mutig in die Bresche zwischen die Diskutanten. Ihm war nach unzähligen Sitzungsteilnahmen zwar klar geworden, dass er in der Lage war, jede Diskussion lahm zu legen – aber aufgeben war nicht sein Ding.

„Liebe Ko-ko-kolleginnen und Kol-legen", begann er deshalb, „ich schlage vor das Thema Ni-Ni-Nikara ... gua von der heu-heutigen Tagesordnung abzu-abzu-abzu-setzen und es in einer der fol-fol-folgenden Sitzungen wieder a-a-aufzunehmen, wenn sich die Ge-gemüter beruhigt ha-ha-haben. Mir scheint, wir, wir, wir kommen im Au-augen-blick nicht weiter. Ich bin gerne be-be-bereit hierzu entsprechende Vor-vorbe-rei-reitungen zu treffen. Zum Bei-bei-beispiel könnte uns das Kommuni-ka-tions-verhalten der Victoria-Ba-ba-arsche wertvollen Aufschluss darüber ge-geben, wie ..."

Zustimmung machte sich breit. Das Thema wurde unverzüglich vertagt. Der Saal leerte sich schlagartig. Victoria verachtete einmal mehr diese bürokratischen Quadratschädel ohne Gefühl für Situationen. Wenn er doch nur zu seinen Afrikanern auf den See zurück könnte, träumte er, derweil er sich gedankenverloren und allein gelassen, einen tiefschwarzen kenianischen Mokka brühte. Die Sanftheit seiner afrikanischen Kollegen zog er dem rauen Büroalltag in Deutschland tausendmal vor. Gerade erst vor drei Monaten zurückgekehrt, dachte er schon wieder an eine neue Bewerbung auf den schwarzen Kontinent. Muss ja nicht Kenia sein. In Lesotho gibt's ja vielleicht auch hoch gewachsene, gut gebaute Burschen. Mal sehen ... nur mit dem Fischen ist es da ein bisschen schwieriger. Und diese Sprache ... huch ... schon allein diese Härte in ihr.

Die folgenden Tage verliefen ohne besondere Aufregungen. Die Debatte zu Nikaragua schmorte, weil niemand so recht wusste, wie mit der Akuthilfe-Anweisung der ministeriellen Großkopferten umzugehen sei. Andere Ereignisse bestimmten den Tagesablauf. Probleme bereitete noch eine Weile lang die Protokollführung.

„Wie soll ich denn Victorias Beitrag aufnehmen?", fragte Wieland, der das Protokoll selbst übernommen hatte, Bolberg gleich nach der Sitzung.

„Na, so natürlich, wie er ihn eingebracht hat", war die knappe Antwort. Bolberg verzog ungeduldig das Gesicht.

„Wie ... mit all den die-die-die's, ga-ga-ga's und da-da-da's?"

Doch MdB war schon auf dem Weg in eine weitere Sitzung und hatte die Frage kaum noch mitbekommen.

„Machen Sie es möglichst genau, sonst gibt es nachher wieder unendlich lange Debatten", rief er über die Schulter zurück. „Ich habe jetzt keine Zeit, mich auch noch um diesen Kleinkram zu kümmern."

„Na gut", brummte Wieland. „Bitte schreiben Sie das Protokoll vom Band bis spätestens morgen Nachmittag", trug er seiner Sekretärin auf. Ich möchte, dass Bolberg es so schnell wie möglich abnimmt, sonst kann er sich nachher wieder an nichts erinnern."

„Selbstverständlich, Herr Professor." Sie senkte scheu den Blick und begann unverzüglich sich einzuhören. Nach einer halben Stunde rief sie Wieland an:

„Soll ich den ga-ga-ganzen Text so eingeben, wie Sie ihn ge-ge-gesprochen ha-haben?", versuchte sie ihm einen Hinweis zu geben.

„Natürlich, sonst gibt's am Ende bloß wieder unendlich lange Diskussionen über den Inhalt", kam es schroff durch die Leitung.

Eine Woche später wurde das Protokoll verteilt. Bolberg hatte es schnell überflogen und dann mit seinem Namenskürzel gegengezeichnet.

„Hast du das Protokoll schon gelesen, Victoria?", fragte ihn ein Kollege.

„Ja, hab ich", gab der lächelnd zurück. „Wieland hat wirklich messerscharf berichtet."

„Aber gegen so was muss man doch etwas unternehmen!" Ehrliche Empörung schwang in der Antwort mit.

Wie ein Lauffeuer um sich greift, so schnell bildeten sich Gruppen des Protestes und andere gegen die Verfälschung der deutschen Sprache in der freien Rede. Die Authentizitisten bestanden auf genaueste Wortwiedergabe und die Semasiologen unterstützten deren Meinung mit dem Hinweis auf den so vertieften Wortnachdruck. Die Abordnung „Moderne Sprachgeographie" erarbeitete ein Gutachten, mit dem belegt wurde, dass die Wiederholung einzelner Wortlaute und Vokale in anderen Weltgegenden gang und gäbe sei und warf der Gruppe „Zeitgenössische Logopädie" vor, genau das zu ignorieren, um ihre Arbeitsplätze zu retten. Dies wiederum rief die Etymologen, Textillinguisten und Onomatologen auf den Plan, die gemeinsam eine Verfälschung von Begriffsdefinitionen und Namensgebungen befürchteten. Auch sie wiesen die Protokollführung aufs Schärfste zurück.

Kurzum: ein dreitägiges Seminar „Professionelle Protokollerstellung", durchgeführt von einer international anerkannten und sündhaft teuren Unternehmensberatung für alle Mitarbeiter ab Vergütungsgruppe IVa aufwärts, beendete den zwei Monate anhaltenden Streit.

Das Ergebnis war ein tragbarer Kompromiss für alle Seiten. Zukünftig würde man mit Fußnoten arbeiten, in denen die Wiederholungslaute nachzuweisen seien. In einer diesbezüglichen Richtlinie und der dazugehörigen Musterliste hieß es:

„Das Verb „geben" (hier als Beispiel für viele andere stehend) wird in Protokollen, sofern es von einem oder einer Sprachverdeutungsvertiefer/-in – früher: Sprachgehemm-te/-r – benutzt wird, fortan wie folgt wiedergegeben:

Protokollbeispiel:
„............... Protokolltext .... geben[1] .... Protokolltext"
Fußnote: [1]ge-ge-geben

Anmerkung: Es ist darauf zu achten, dass die Anzahl der sprachvertiefenden Wiederholungslaute stimmt."

Victoria selbst kommentierte die ganze Aufregung gelassen.

„Der ‚Spiegel' hat in seiner letzten Ausgabe ein anerkanntes und viel beachtetes Untersuchungsergebnis herausgebracht, demzufolge rund 60% der Leitenden öffentlicher Unternehmen Versager im Sinne ihrer Zielstellungen sind", zitierte er unbeeindruckt. „Davon ist unser Haus nicht ausgenommen. Für diese mindestens sechzig von hundert ist es somit nachgewiesenermaßen erforderlich, dass Tatsachen und Fakten mehrfach genannt werden, damit sie sie einmal begreifen", ergänzte er ohne Sprachbedeutungsvertiefung und fügte schmunzelnd hinzu:

„Offenbar ha-haben sie bisher noch nicht mitbekommen, dass sie uns dringend brauchen. Soll ich's wie-wie-wiederholen?"

Fortschritte

Angela hatte einen Spanisch-Intensiv-Kurs belegt. Sie wollte sich sobald als möglich auf eine Stelle in Mittel- oder Südamerika bewerben und musste dafür entsprechende Qualifikationen vorweisen. Die morgendlichen, turmhohen Papierberge im Büro langweilten, ja nervten geradezu, ihre Aufgabe war ihr zu anspruchslos und das Gehalt auch nicht das Gelbe vom Ei. Veränderungen, die irgendwie „anmachten", waren erforderlich. Besonnen entwickelte sie deshalb einen Plan für den beruflichen Wechsel. Sie ging seltener aus, traf weniger Leute und machte es sich stattdessen bei einem guten chilenischen Rotwein in ihrer Zweizimmerwohnung gemütlich. Bei verträumten Klängen von spanischer Guitarra widmete sie sich dem Sprachstudium und der lateinamerikanischen Geschichte.

Um Rehmann musste sie sich nicht kümmern. Er war häufiger in ihrer Nähe, als es ihr beinahe lieb war. Jedes Mal hatte er für das rein zufällige Zusammentreffen mit ihr plausible Gründe, benahm sich in der Erfüllung seiner Angelegenheiten aber auch reichlich kauzig, dachte sie und lachte vor sich hin. Seinen letzten spektakulären Auftritt hatte er bei der Einschreibung an ihrer Abendschule. Sie stand gerade im Nebenzimmer des Sekretariats und schwatzte bei einer Tasse Kaffee mit einer Angestellten, als er nebenan in den Raum stürmte. Ohne sie zu bemerken ging er zielstrebig auf die Sekretärin los und forderte seine Registrierung für einen Englisch-Kurs, Montag, Mittwoch und Freitag von 18.30 bis 21.00 Uhr, zu den Zeiten, an denen auch sie die Schule besuchte.

„An diesen Tagen und um diese Uhrzeit gibt es keinen Englisch-Kurs bei uns", teilte ihm die Dame hinter dem Schreibtisch freundlich mit. „Ich könnte Ihnen noch ..."

„Danke, nein, es muss an diesen Tagen und um diese Uhrzeit sein", unterbrach er sie.

„Aber da kann ich Ihnen wirklich nicht helfen. Vielleicht sollten Sie eine andere Schu ..."

„Nein, nein, das geht nicht. Es muss diese Schule sein", unterbrach er sie erneut.

„Junger Mann! Ich habe Ihnen doch gerade schon erklärt ..."

„Dann richten Sie halt einen ein."

„Was? Einen ein?", fragte sie verständnislos.

„Na, einen Kurs, natürlich."

„Wie stellen Sie sich das denn vor? Da könnte ja jeder kommen und ..."

„Ich bin ja auch jeder", versprach er, „aber, wenn Sie das nicht hinkriegen, dann nehm' ich halt einen anderen."

„Was, einen anderen? Anderen Tag, eine andere Uhrzeit oder einen anderen Kurs?"

„Irgendeinen anderen Kurs selbstverständlich!"

„Was wollen Sie eigentlich? Englisch lernen, kochen oder stricken?"

„Was geht Sie das denn an? Also, noch einmal, ganz langsam zum Mitschreiben: Ich möchte einen Kurs, ausschließlich an den genannten Tagen und zur genannten Zeit, notiert?"

Tief durchatmend und sichtlich angesäuert blätterte sie in dem Katalog der Abend-Lehrgangsangebote.

„Wir hätten da noch ‚Atemübung für mitschwangere Väter', einen Kochkurs der lateinamerikanischen Küche, da könnten Sie wenigstens ... oder hier ..."

„Ja, ja, das ist er. Wo ist das Anmeldeformular?"

„Welcher ist es? Der für mitschwangere ...?"

„Nein, der Kochkurs, um Himmels willen!"

„Hier, bitteschön, das Anmeldeformular", sagte sie pikiert und schob das Papier über den Schreibtisch.

„Na also, man muss nur präzise Auskünfte geben", meinte er wieder aufgeheitert, nachdem er ihr das ausgefüllte Formular zurückgegeben hatte, „dann ist das Leben gleich viel unkomplizierter, finden Sie nicht auch? Wann beginnt der Kurs?"

„Steht am schwarzen Brett, draußen im Gang", kam es frostig zurück.

Damit war er abgefertigt. Er wandte sich schulterzuckend der Tür zu, blieb auf dem Weg dahin aber wie angenagelt stehen, weil er Angela entdeckt hatte.

Irgendwie fühlte er sich erwischt. Wie ein Schuljunge, der dem bestgehassten Lehrer gerade eine Reißzwecke auf den Stuhl legt und genau in diesem Augenblick die schwere Hand des Meisters auf seiner Schulter fühlt. Was mochte sie wohl denken, fragte er sich. Er hatte sich ja ganz bewusst nicht für Spanisch eingeschrieben, um ihr nicht zu dicht auf die Pelle zu rücken. Wenn sie nun aber diesen Wortwechsel mitbekommen hatte? Verlegen trat er zu ihr.

„Welch ein Zufall, Sie hier zu treffen!"

„Ja, schön", erwiderte sie. „Wo wir uns doch so selten sehen! Was haben Sie denn gebucht?"

„Ach, das ist eine lange Geschichte. Seit frühester Kindheit habe ich täglich das quälende Gefühl verhungern zu müssen. Mein Therapeut hat mir deshalb geraten einen Kochkurs zu belegen. Er meint, wenn ich in Bezug auf die kulinarische Selbstversorgung ein wenig mehr an Sicherheit gewänne, würde sich das Trauma schnell legen."

„Dann sollte sich Ihr Therapeut für seine Praxis mal eine Waage anschaffen", neckte sie mit Blick auf seinen Bauch und fügte hinzu: „Und ich hätte schwören können, Sie würden sich für Englisch einschreiben wollen."

„Ach was, Englisch muss heute jeder schon draufhaben, bevor er aus den Windeln steigt." Unsicher kratzte er sich den Kopf, wagte jedoch nicht, ihr geradewegs in die Augen zu schauen. „Und was machen Sie hier?", lenkte er von sich ab.

„Spanisch."

„Nee, das ist ja ein Zufall. Ich wende mich der Latino-Küche zu und Sie der Sprache. Ist doch eine fabelhafte Ergänzung. Ich könnte Sie ab und zu bekochen und Sie würden mir ‚te quiero' oder so was beibringen. Was halten Sie davon?"

„Ich denke mal darüber nach", erwiderte Sie etwas kühler, als es ihm lieb war. „Jetzt muss ich aber in die Klasse, mein Unterricht fängt gleich an. Tschüss, bis morgen."

„Hasta luego", rief er hinter ihr her, glücklich, der peinlichen Lage auf diese Weise zu entkommen. Sein nächstes Projekt würde eine Paella mit allen Schikanen sein, versprach er ihr insgeheim feierlich.

Sie war sich ihrer Gefühle für ihn noch gar nicht so sicher. Zwar fand sie ihn nett, höflich und zuvorkommend, auch unterhaltsam und streckenweise sogar witzig. Charme und Dynamik vereinigten sich bei ihm in sehr angenehmer Weise, ohne übermäßig druckvoll zu sein. Doch wenn sie in sich hineinhörte, kam die bewusste Saite nicht zum Klingen, die so etwas wie Zuneigung oder Stärkeres in Schwingungen bringen würde. Manchmal sah sie ihn zudem mit einer anderen jungen Frau. Ungefähr in ihrem Alter und sogar ganz ansehnlich. Er ging liebevoll mit ihr um, hatte ihr auch schon einmal eine schwarze Rose geschenkt und sie lachten viel miteinander. Nicht, dass ihr das etwas ausmachen würde, aber so richtig passte die gar nicht zu ihm. Sie war so ... so ... hmm ... na, so unpassend jedenfalls! Was sie nachdenklich machte, war, dass sie über sein putziges Äußeres hinwegzusehen begann. Da kam doch nicht etwa Interesse auf? Ich muss mich bei unseren nächsten Zusammentreffen genauer beobachten, nahm sie sich vor.

Als Angelas Kurs längst begonnen hatte, saßen die vielen Chefs im WH e.V. noch immer an ihren Schreibtischen und trafen, wie jeden Tag, Entscheidungen. Alljährlich waren letztlich viele Millionen Mark für den guten Zweck auszugeben und ganz nach Pfadfindermanier war jeder Tag ein guter Tag, an dem eine gute Tat getan war, so die Haltung von MdB. Was die bornierten Haushalts-Fuzzis allerdings ständig dagegen hatten, war für ihn nur selten einsichtig.

Da hatte die Abrechnungsprüfung doch glatt moniert, dass von ihm siebenhundertzwölf Mark und ein paar Gequetschte für die Untersuchung eines von Finnland aus geplanten Bewässerungsprojektes ausgegeben wurden. Klar, es war in der Tat ein tot geborenes Kind gewesen, aber die Geschäftsleitung hatte ihn nun einmal nach Inari geschickt. Mit dem Kollegen des dortigen Entwicklungsdienstes, Kannioonii, sollte er eine ruandische Emigrantengruppe besuchen, die aus dem hohen Norden eine rohrlose Wasserleitung in ihre Heimat verlegen wollte. Direkt aus dem gleichnamigen See sollte reinstes Finnwasser die heimischen Felder überfluten. Das Projekt hörte sich zunächst viel versprechend an – und nur deshalb war er auf Weisung des Hauptgeschäftsführers gereist.

Es blieb letztlich aber festzustellen, dass die Afrikaner weit von der technischen Lösung des Vorhabens entfernt waren und das Ganze nur ein Flop werden konnte. Doch für die saubere Begründung der Ablehnung hatte er fünfhundertdreiundzwanzig finnische Markkaa investiert. Den Rest musste er für die Sekretariatsarbeiten der drei blonden, hoch gewachsenen und modellhaft gut proportionierten Hostessen ausgeben, die Kannioonii ihm für allerlei Handreichungen zur Verfügung gestellt hatte. Mein Gott, erinnerte er sich, habe ich geschuftet. Und dafür machten mir damals diese Erbsenzähler im eigenen Haus das Leben sauer.

Doch das Schlimmste war schließlich die eigens zur Aufklärung der Angelegenheit durchgeführte Projektprüfungsreise des AA. Das Auswärtige Amt hatte mal wieder nichts kapiert, sah aber seine Kompetenzen unzulässig berührt. Es nahm die Überschreitung derselben ernst und eben diese als willkommenen Anlass, sich selbst in Finnland genauer umzusehen. Nachdem auch noch Dr. Wernitz von der Bundesvorprüfstelle vehement und schriftlich Bedenken gegen das Vorhaben geäußert hatte, war doch tatsächlich sein Ruf in Bedrängnis geraten. Er hätte die Reise nicht antreten dürfen, hieß es, weil vorhersehbar war, dass die Finnen, bekanntermaßen ununterbrochen besoffen, eine Pipeline niemals geradeaus verlegen könnten. Und die von den Ruanda gewählte Alternative war auch nicht so doll gewesen.

Ergebnis war letztlich: Bolberg musste vor einem extra gebildeten Untersuchungsausschuss zur Beantwortung peinlicher Fragen antreten.

„Ich würde von Ihnen gerne wissen, welchen praktischen Nutzen die nach Mombasa geschleppten Eisberge für das Projekt haben sollten", ging der Vorsitzende auf ihn los.

„Nun, die afrikanischen Kollegen haben irgendwann festgestellt, dass das mit der rohrlosen Wasserleitung aus technischen Gründen nicht klappen kann und schlugen sozusagen vor, die finnischen Gletscher nach Ruanda zu verbringen. Ich selbst habe mich als Schlepper allerdings nie betä …"

„Aber sind denn Sie, sehr geehrter Herr von Bolberg, als deren unmittelbarer Berater, nie auf die Idee gekommen, die Höhe der Einfuhrzölle zu überprüfen?", wurde er unterbrochen. Der Ausschuss-Vorsitzende grinste in die Runde seiner Kollegen, um klar zu machen, was für ein Dilettant am Werk gewesen sein musste und fügte hinzu:

„Jedes Kind weiß doch, dass die in Kenia, verglichen mit Dar es Salaam, Malawi – nur zur Orientierung – im internationalen Vergleich viel zu hoch liegen."

„Dies war nicht meine Sorge", versicherte MdB. „Vielmehr hatte ich befürchtet, dass sie schmelzen könnten."

„Technisches Papperlapapp", fuhr ihn der Vorsitzende an. „Ich glaube, ich habe mich nicht deutlich genug ausgedrückt." Er hob die Stimme: „Ich mache Ihnen zum Vorwurf, Herr Bolberg, dass Sie, Herr von Bolberg, nicht richtliniengemäß abgewogen haben, auf welchem Wege diese Ressourcen am kostengünstigsten an den Projektort gelangt wären. Beispielsweise über Uganda! Da kostet der Einfuhrzoll für den Kubikmeter Polareis erheblich weniger. Was sagen Sie denn dazu?" Süffisant lächelnd nickte er seinen Kollegen des Tribunals zu und lehnte sich befriedigt zurück.

„Aber die Transportkosten ...", wollte Bolberg erwidern, „sind viel zu h ..."

„Kommen Sie mir bloß nicht mit den Transportkosten", unterbrach ihn der Vorsitzende erneut und noch eine Spur überlegener. „Ich habe das genauestens prüfen lassen. Auf den letzten Kilometern bis zum Zielort wäre lediglich ein Handkarren erforderlich gewesen! Billiger geht's bei den dortigen Transportlöhnen ja wohl nicht mehr, oder?"

Bolberg musste ihm Recht geben. Eine markerschütternde Rüge des Bundesbuchprüferhofs folgte dem und Bolberg war wochenlang verschnupft, denn Bagger, von dem er Unterstützung erwartetet hatte, war hinter seinen grünen Tintenfässern verschwunden.

Die einzige Entlastung verschaffte sich Bolberg selbst, indem er Kontakt mit Kikikkii, finnischer Außen-Vizeminister und sein Schwager vierten Grades, aufnahm. In der Hoffnung, dass der sich noch an ihr gemeinsames Pinguin-Bowling erinnern konnte, bat er ihn um Hilfe und erhielt postwendend Kopien des Schriftwechsels auf höchster diplomatischer Ebene mit Bonn. Kikikkii verwahrte sich strengstens dagegen, jemals Projektgelder unrechtmäßig erhalten zu haben und drohte ernste außenpolitische Verwicklungen an, falls die Behauptung aufrechterhalten bliebe. Der Schachzug war gelungen. Die Bundesregierung entschuldigte sich in aller Form mit mehrseitigen Noten, wies den Fachkräfte-Versendungsdienst an, diese zu singen, und bat den Bundesbuchprüferhof, alle Nachforschungen zu dem Betrag einzustellen. So etwas würde, verdammt noch mal, nie wieder vorkommen, schwor Bolberg.

Die Schlappe ging ihm dennoch seit Tagen nicht aus dem Kopf. Mürrisch, noch müde von den Anstrengungen des Vortages, an dem ein Empfang den anderen gejagt hatte, erreichte er sein Büro in aller Herrgottsfrühe.

Den Schneid würde ihm trotzdem keiner abkaufen können. Er war eine imposante Persönlichkeit von knapp fünfzig Jahren und stand mitten im Saft der frühen Vorruhestandsjahre. Einmeterzweiundachtzig waren fest mit Ruderermuskeln verpackt und selbst wenn er jetzt nicht mehr aktiv war, sah man ihm an, dass er den Sport intensiv betrieben hatte. Obwohl der mittlerweile angewachsene Bauchansatz und das schon sehr abgewachsene Haupthaar ihn hin und wieder ärgerten, war er mit sich und seiner Erscheinung zufrieden. Er wusste dererlei Abträglichkeiten zu kaschieren, wenn er wie abgefedert aber gemessenen Schrittes durch seine Büroetage schlenderte und dabei eine Wolke „Toro Eau de Toilette" hinter sich herzog. Die Hände während seiner Motivierungsreisen, wie er seine Mitarbeiterbesuche nannte, tief in den Hosentaschen vergraben, den teuren Wildleder-Blouson lässig um die breiten Schultern geworfen und pfiffig über die Porschebrille blickend, grinste er morgens seinen Mitarbeitern, lieber noch seinen Mitarbeiterinnen entgegen.

„Na, heute schon über den Gehaltsbogen gelacht?", oder Ähnliches waren gewöhnlich seine herben Spezialitäten zur Steigerung der Leistungsfähigkeit seiner Schäfchen.

Er konnte dann herzhaft zu seinem eigenen Witze wiehern und war sich seiner Führungsqualitäten einmal mehr bewusst, wenn sein Team sich erheitert auf die Schenkel schlug oder genussvoll in die Schreibtischkante biss. Sobald jedoch ein ärgerlicher Umstand seine Kreise störte, erhob sich eine mächtige, tiefe Stimme aus der gewaltigen Brust und warnte die Missetäter. So, als würde der König der Savanne die verscheuchen, die sich vor ihm an das erlegte Wild wagten, verzogen sich die Gewarnten blitzschnell in ihre Bürohöhlen und ließen sich eine Weile nicht mehr sehen.

Obgleich er durch und durch Deutscher war, ließ sich so etwas wie ein Latino-Temperament kaum übersehen. Wann immer die Rede auf Südamerika kam, erstrahlten seine Augen und seine Referentenrunde hörte von irgendwoher unwirkliche Klänge der Samba. Niemand erfuhr jemals, wie er es fertig brachte, eine so außergewöhnliche Stimmung in die von ihm geleiteten Sitzungen zu übertragen.

Prof. Dr. Phil. Peter Wieland, sein Stellvertreter und hoffnungsschwangerer Nachfolger, hatte jedes Mal Probleme sich auf das Sitzungsthema zu konzentrieren. Er versuchte sich die Führungselegenz seines Bosses anzueignen, bekam die Angelegenheit aber nicht in den Griff. Wenn er während der Vertretungsperioden den roten Stift benutzen durfte, gelangen ihm weder die treffenden Scherze, noch der federnde Gang seines Abteilungsleiters. Wippenden Schrittes machte er sich trotzdem manchmal auf, seine zeitweiligen Untertanen zu besuchen.

„Sie haben hier ein Komma vergessen", rief er ab und an streng in den Flur, bis alle seine Mitarbeiter den Kopf aus ihren Bürotüren steckten und fragten: „Wer, ich?"

„Natürlich, Sie!", meinte er dann hoch erhobenen Zeigefingers und setzte hinzu: „Dass mir das nicht noch einmal vorkommt."

Sich der Aufmerksamkeit aller bewusst, kehrte er den ratlos dreinblickenden Gesichtern den Rücken zu und verließ betont nackengesteift den Flur.

Jetzt, in der überraschend einberufenen Sitzung zu Nikaragua, saß er mit stark verklärtem Blick am Tisch und trommelte, soweit es seine eher britisch geprägte Mentalität zuließ, leise mit den Fingernägeln Lambada-Rhythmen auf die Platte. Langbeinige Girls, in unverschämt kurzen Röckchen, ähnlich denen seiner Sekretärin, umtanzten gerade seine Gedanken, als Bolberg ihn aus der Traumwelt riss.

„Wieland", rief der respektlos auf die Titel verzichtend, „vielleicht können Sie uns sagen, ob wir noch irgendwo aus dem Haushalt ein paar Mark für adäquate Kommunikationssysteme für die Nicas locker machen können? Ich denke, diesen Bleistift-Quatsch legen wir zu den Akten und suchen besser vernünftige Alternativen."

„Selbstverständlich, wird sofort erledigt", stammelte Wieland erschreckt, ohne zu wissen, worum es ging, setzte aber beflissen sogleich hinzu, dass er äußerst wirkungsvolle Kontakte zur GGEZ hätte, seine Verbindungen unverzüglich spielen lassen und er dies augenblicklich überprüfen wolle. In seinen gestochen ordentlich geführten Terminkalender trug er ein: Kommunikationssysteme für NIC.

Annäherung

Rehmann und Angela machten Fortschritte. Er in der Kochkunst, sie im Spanischen. Sie trafen sich ziemlich regelmäßig in den Kurspausen, scherzten oder vertieften sich in ernsthaftere Gespräche, die aber, der kurzen Unterbrechungen wegen, nicht zu einem wirklich intensiven Austausch führen konnten. Im WH e.V. vermieden sie unabgesprochen zusammen gesehen zu werden, um kein kompromittierendes Gerede zu provozieren. Trotzdem, man wusste viel mehr voneinander. Musik stellte unverhoffte Gemeinsamkeiten her, Politik war bis auf Weiteres ein noch unbeackertes Feld und in Sachen Sport lag das Vergnügen ganz auf ihrer Seite. Belustigt beobachtete sie jedenfalls, dass er stets den Bauch einzog, wenn sie sich begegneten.

Sie dachte zurzeit öfter an ihn, als sie sich einzugestehen bereit war, führte dies aber auf eine eben beendete Katastrophenbeziehung mit einem total von sich eingenommenen Werbefilmer zurück. Zweimal hatte dieser verrückte Henry sie zu Probeaufnahmen in sein Atelier eingeladen. Doch immer, wenn sie sich im Bild genüsslich rekelte, um das Wohlgefühl des gerade platzierten neuen Tampons der Marke „4u-softer back-stopper" zu demonstrieren, war er dem Kameramann ins Bild gesprungen, weil ohne ihn – wie er es professionell begründete – das männliche Element in dem Spot fehlen würde. Allein durch seinen unerwarteten und spontanen Einsprung am Set sei das erforderliche maskuline Esprit gesichert, fachsimpelte und versprach er. Ein halbes Jahr hatte sie es mit ihm ausgehalten.

Nun genoss sie die in ihr Leben eingekehrte Ruhe. Die Gespräche mit Rehmann, sein Witz und die romantischen Züge seines Wesens fehlten ihr an manchen Tagen, doch war sie sich keinesfalls im Klaren darüber, ob sie die frisch gewonnenen Freiräume schon wieder aufgeben wollte.

Er dagegen war nach wie vor völlig weg von ihr. Wenn anfänglich noch der Eindruck vorgeherrscht hatte, er würde sich um ein fabelwesenhaftes

Lustweibchen bemühen, so war ihm mittlerweile deutlich geworden, dass sie allerhand „drauf" hatte. Trotzdem war es ihm ab und zu gelungen, ihr in den Mantel zu helfen oder ihr die Tür zu öffnen, ohne mit den Worten „Das kann ich selbst!" zurechtgewiesen zu werden. Die Erkenntnis, hier einer Frau begegnet zu sein, die das Rollenspiel zwischen den Geschlechtern vergnügungsadäquat beherrschte, um einer Beziehung den nötigen „Kick" zu geben, stachelte den Ehrgeiz, sie für sich zu gewinnen, mehr und mehr an.

Einmal war es ihm bisher gelungen, sie nach dem Unterricht in ein Restaurant einzuladen. Was für ein Abend! Kerzenschein, funkelnder Burgunder, verträumte italienische Musik der Toskana, zu hart gekochte Gnocchis und verdrehte Kellner, die ihr zu Füßen lagen, sobald sie auch nur einen Zeh bewegte. Jede ihrer verführerischen Bewegungen hatte er, wie der Bildhauer die Konturen seines Modells, eingesogen, ganz gleich, ob sie nur eine Haarsträhne zurückstrich oder mit dem Zahnstocher einen Scampi erlegte. Der Tonfall ihrer Stimme war für ihn eine geniale Sinfonie unbekannter Meister und ihr Lachen Champagner für seine Seele. Sekunden wurden zu Ewigkeiten im Rausch des Verliebtseins. Er verwechselte und verdrehte alles, malte grinsende Strichmännchen auf offizielle Dokumente und bedrängte seine Kochkurs-Lehrerin fast handgreiflich, ihm nun endlich die Kunst der Paella-Herstellung und -Präsentation beizubringen. Die anderen Kursteilnehmer tuschelten über ihn, weil ihnen sein putziges Werben nicht verborgen blieb. Sie verfolgten den Gang der Dinge wie eine Seifenoper und freuten sich auf die nächste Episode.

Eine Antwort, ob sie seine nächste Einladung annehmen würde, stand noch aus. Auf dem Weg in die Mittagspause wollte er sie danach fragen, doch leider kam ihm ein winziges Missgeschick dazwischen. Als sich die Tür zum Aufzug öffnete, in dem sie zufällig stand, hatte er noch ein paar Meter zurückzulegen. Kein Problem, dachte er, als er sie sah und spurtete los. Seit einer Woche im Fitness-Studio an schwerem Gerät trainierend, war ein bisher unbekanntes Gefühl von Spannkraft und Energie in ihm aufgestiegen, welches ihn nun bewegte, die kurze Distanz in sportlichen Sprüngen zu überwinden. Die locker gedachten Hüpfer blieben jedoch im Ansatz stecken, weil er seinen gewaltigen Muskelkater unterschätzt hatte, der sich im ersten übermütigen Schritt wiedermeldete und seine Bewegungen zu einer verkrampften Pirouette verkommen ließ.

Merkwürdig verdreht humpelte er, vom genommenen Schwung immer schneller werdend, stöhnend auf die Lifttür zu, stolperte ihr mehr entgegen, als er lief und wäre beinahe in den Aufzug gehechtet, wenn sich die Tür nicht schon fast geschlossen hätte. Gegen den Aufprall den Arm vorstreckend griff er durch sie hindurch ins Leere und blieb zwischen den sich schließenden Türen stecken. Ebenso wie der Fahrstuhl, der sich aus Sicherheitsgründen keinen Millimeter bewegte. Irgendein technischer Defekt verhinderte zudem, dass sich die Türen wieder öffneten.

„Huch", vernahm er aus dem Inneren des Aufzugs, „was hat der Rehmann denn jetzt schon wieder angestellt?"

„Weiß' nicht", kam die Antwort, „vermutlich kann er gar nichts dafür. Die neuen Fahrstühle haben doch so Sensoren gegen Übergewicht und schließen automatisch, bevor das Problem eintritt – buchstäblich, meine ich."

„Das ist gemein", hörte er Angela sagen, „dann dürftest du hier nur allein fahren, Melba."

Melba war sauer. Ohne ein Wort der Erwiderung versuchte sie die Türen aufzustemmen und hielt sich dabei an Rehmanns Arm fest, was nur dazu führte, dass sie ihm fast den Ärmel aus dem Jackett riss und mit Getöse auf ihren dicken Hintern fiel, als der sich aus dem Schultergelenk löste. Er, der draußen zerrte, flog rücklings auf den Gang und starrte in die Gesichter zweier Kollegen, die gerade vorbeikamen.

„Mensch, Rehmann", sagte der eine, der Melbas Stimme erkannt hatte, „du bist ja echt kolossal. Wer die Melba aufs Kreuz legt, muss schon allerhand zu bieten haben."

„Danke", gab Rehmann trocken zurück, „aber, wie du weißt, widme ich mich grundsätzlich immer erst den schweren Dingen."

Benommen blieb er einen Augenblick gegenüber der Fahrstuhltür stehen und betrachtete das Jackett-Malheur. Die anderen hatten sich gerade kichernd verzogen, als die Aufzugtür erneut aufging und Angela heraustrat.

„Haben Sie sich verletzt?", fragte sie mit besorgter Stimme.

„Nein, nein, alles klar, danke der Nachfrage." Ihm war die Situation, und überhaupt so vieles, peinlich. Er riss sich jedoch unverzüglich zusammen und sie gingen ein Stück gemeinsam.

„Aber, Sie stöhnen ja ganz entsetzlich und humpeln tun Sie auch!"

„Ach das, das ist vom Training", erwiderte er so leichthin es ging. „Ich will im März in den Skiurlaub und mach' schon mal ein bisschen Gymnastik", log er.

Ihm schien es völlig unmöglich, sie in seine Bodybuilding-Affäre einzuweihen.

„Das wusste ich ja gar nicht, dass Sie Skifahren können, meine ich."

„Doch, doch, ich bin gut in Abfahrt", schnitt er auf.

„Ja, das hat man gerade gesehen, als der Aufzug abfuhr", spottete sie anzüglich, ersparte ihm aber weitere Kommentare.

„Sind Sie nachher auch bei der Sitzung?", erkundigte sie sich.

„Ja, gleich, ich muss jetzt nur erst mal mein Sakko richten. War übrigens richtig nett von Ihnen, der Melba die passende Antwort zu geben. Vielen Dank."

Er sah ihr in die Augen. Ihr dunkler Teint färbte sich ins Rötliche.

„Der dicke Mops hatte es nicht anders verdient", erwiderte sie betont lässig, um ihre Verlegenheit zu überspielen.

„Na ja, mopsig bin ich auch."

„Aber viel netter. Also, ich gehe jetzt zum Essen", wandte sie sich rasch ab und ließ ihn stehen.

„Bis nachher in der Sitzung", rief er ihr hinterher.

Da ist was, da ist was – ich spüre es ganz genau. Da ist Interesse, ich hab's in ihren Augen gesehen. Beseelt ging er an die Reparatur seiner Jacke. Mit viel Material setze er erneut die Tesa-Technik ein. Das auffällige Knistern, das aus der Achselhöhle kam, wenn er den Arm bewegte, störte ihn nicht.

Bolberg war in Hochform und hatte eine Idee. Er nahm sich vor, einen Vermerk an Schulze, diesen gallegrünen Zwerg Allwissend, wie er ihn insgeheim nannte, zu diktieren. Für seine Abteilung benötigte er ein anwenderfreundliches, komfortables und mittelgroßes Computer-System, dessen Beschaffung er nun beantragen würde. Den ganzen Karteikartenmist wollte er endgültig aus seiner Abteilung schmeißen. Und überhaupt ist es an der Zeit Neuerungen einzuführen. Elektronische Datenverarbeitung ist der Renner und ein Muss. Ganz klar, dass sich dem niemand verweigern konnte, denn schließlich arbeiten wir ja hier noch hinterm Mond, dachte er sich in Rage. An seinem Schreibtisch, Größe Abteilungsleiter, diktierte er einen langen, energisch gehaltenen Vermerk an seinen Kollegen.

„Kopie an DV1, Hr. Kabel, mit der Bitte um Stellungnahme", schloss er und legte das Mikro beiseite.

Kabel, Organisator und Datenverarbeitungsknecht, sollte mir die nötige Unterstützung geben können. In einem anschließend geführten Telefonat bereitete Bolberg ihn deshalb auf den Posteingang vor und bat darum, zu der Maßnahme alle möglichen Nutzeffekte zu dokumentieren.

Dem wiederum war mehr als einmal klar geworden, dass Schulze ihn nicht mochte und er war deshalb froh, in Bolberg so etwas wie einen Verbündeten zu haben. Er analysierte besonders gründlich, nervte die Kolleginnen und Kollegen mit tausend Fragen, begab sich dann an seinen Schreibtisch, Größe Hauptsachbearbeiter, und verfasste eine zwölfseitige Stellungnahme, in der er begründete, weshalb Bolbergs Antrag bedient werden sollte.

Die Sekretärinnen wurden angewiesen, die Vorlagen möglichst schnell fertig zu stellen. Beide tippten in ihre Schreibsysteme, Größe Hilfs-Sachberarbeiter, was die Drucker hergaben, korrigierten, schrieben wieder, korrigierten, schrieben nochmals, fotokopierten mehrfach und beglückten Magnus, den Hauspostboten, endlich mit ein paar Kilogramm Schriftsätzen. Der trug selbige artig von einem Zimmer in das andere und murrte im Schweiße seines Angesichts:

„Diese Schreiberlinge müssten das ganze Gelumpe wirklich mal selbst schleppen."

Ergeben zuckte er aber mit den Schultern und schmiss das Paket in den Eingangskorb von Bagger.

Angewidert vom täglichen Kleinkram verpasste Bagger der Vorlage in grüner Tinte die Kennzeichen K.g. (Kenntnis genommen) und zeigte so seinem Imperium, dass ihm nichts entging und er im Haus – und überhaupt – alles unter Kontrolle hatte.

Auf seiner nächsten Tour schleppte Magnus die Akten erneut, nur diesmal ein paar Kopien mehr. Bagger wollte sich beim Hausjuristen, dem Einkäufer und dem Revisor zusätzlich absichern. Auf dem Weg in die zweite Etage wurde Magnus zusehends verdrießlicher. Warum muss hier eigentlich jeder alles wissen, fragte er sich grimmig und beschloss bei nächster Gelegenheit den Vorgang genauer unter die Lupe zu nehmen. Dass er unfreiwillig bald dazu gezwungen sein würde, ahnte er zu diesem Zeitpunkt noch nicht.

Dr. Gerd Schulze saß am Geldhahn und wusste genau, dass er ihn auf- und zudrehen konnte, wie immer es ihm gefiel. Welche Macht sich damit verband, war ihm völlig klar. Sein eigentlicher Titel war „Abteilungsleiter Verwaltung".

Im Hause hatte man ihm allerdings den Spitznamen ALF (Abteilungsleiter für Finanzen) verliehen. Außerdem bekleidete er das Amt des Beauftragten für den Haushalt, kurz „BfH", und musste, wenn es ums Geldausgeben ging, besonders streng schauen.

Als er jetzt den Beschaffungsantrag von Bolberg und den Vermerk von Kabel in die Hände bekam, die unverschämterweise schon das grüne K.g. von Bagger trugen, war er stinksauer, weil er sich übergangen fühlte. Diesen Kartoffelbrei-kochbuch-Autoren werde ich helfen. Ich lass' mich doch nicht unter Kaufdruck setzen. Allein er als Multiberufler konnte wissen, was in dieser Branche zu beschaffen war. Also werde ich dieser Laiendarstellung ein schnelles Ende bereiten, beschloss er.

Aufgeregt lief er in seinem Büro auf und ab und schrieb dann in winzigen roten Lettern seine Beschaffungsablehnung, nicht ohne in Randnotizen auf die Inkompetenz des Beantragenden und dessen Organisations-Vasallen hinzuweisen. Dass seine Anmerkungen niemand lesen konnte, da sie unleserlich klein abgefasst waren, machte die Angelegenheit für ihn nur amüsanter. Er hielt eine deutliche Schreibweise auch überhaupt nicht für erforderlich, denn erstens hätten die anderen seinen professionellen Ergüssen sowieso nicht folgen können und zweitens war er ohnehin der wichtigste Mann in der weltumspannenden Organisation. Was soll's also, dachte er.

Am vergnüglichsten empfand er Briefe oder Vermerke, die er von schwarz schreibenden Sachbearbeitern erhielt, welche von seinem Finanzkontrolleur bereits blau markiert und vom Innenrevisor schon lila kommentiert worden waren. Sobald er diese als stellvertretender Geschäftsführer mit grüner Tinte befürworten durfte aber schließlich als BfH in rot ablehnen konnte, ging ihm das Herz auf. Dann fühlte er, wie farbig so ein Arbeitstag sein konnte und vom Stolz bemächtigt ging er kerzengerade aufrecht, was ihm sonst nicht immer gelang. Noch bösere Zungen hatten sein BfH deshalb schon in „Buckliger für den Hauptgeschäftsführer" umgetauft.

Ungeachtet dessen verlieh ihm sein Amt grundsätzlich besonderen Einfluss und unqualifizierte Kommentare prallten an ihm ab, wie Wassertropfen vom Lotusblatt. Wenn er gelegentlich in Ablehnungs-Verlegenheiten gegenüber seinen Kollegen kam, aber nicht so genau wusste, wie und warum, verwies er schlau auf Paragraph 123, Ziffer 4, Absatz 7, Satz 9 in Verbindung mit

Protokollnotiz Nummer 793 zur Reichskassenordnung aus dem Jahre 1943 und ...

... geblendet von seinem offenbar gewaltigen Fachwissen, gaben die anderen meist auf. Wenn nichts mehr half, legte Schulze Widerspruch als BfH ein und der Geschäftsführer die Stirn in sorgenvolle Falten. Das Risiko gegen den zu entscheiden, war selbst für ihn bedrohlich hoch, denn, wenn die Sache schief ging, würden sie ihm die Hammelbeine lang ziehen und Schulze könnte sagen:

„Ich hab's Ihnen doch gesagt!"

Doch, er war ein mächtiger Mann. Und weil er das wusste, hatte er sich bereits ganz auf die Geschäftsführerfarbe Grün eingestellt. Schon morgens, wenn er sein lindgrün tapeziertes Büro betrat, zum grasgrünen Telefon griff und sich den ersten grünen Tee bei seiner sich oft grün ärgernden Sekretärin bestellte, war für ihn die Welt in Ordnung – auch, wenn er sich zuweilen darüber beschwerte, dass man sie „der blaue Planet" nannte. Obwohl er sich vor ihm ekelte, niemals ließ er Spinat aus, der auf irgendeiner Speisekarte stand. Ihm konnte keiner etwas vormachen. Er war der heimliche Unternehmensleiter, das war mal klar, ob er noch rot schreiben musste oder nicht. Die anderen, Schwächlinge und Nichtskönner, waren ihm naturgemäß nicht gewachsen.

Somit war es kein Wunder, dass es den gleichrangigen Kollegen nie gelang, wasserdichte Beschaffungsanträge zu schreiben. Den Beweis hatte Bolberg soeben einmal mehr angetreten. Dabei waren die Dinge so einfach. Sobald er selbst neue froschgrüne Leder-Konferenzsessel benötigte, brauchte er nur seinem Einkäufer zu winken und, ratzfatz, standen sie auf dem buschgrünen Teppichboden. Kein Problem. Selten erhob jemand Einspruch. Wenn doch, schaute er nur ernst über seine schimmelgrün behauchte Brille und machte ihnen klar, dass er schon von Amts wegen alles besser wissen müsse.

Die gesammelten Unterlagen, die nun bedauerlicherweise nur seine rot geschriebenen Bemerkungen tragen durften, weil der Geschäftsführer gerade mal anwesend war, legte er befriedigt lächelnd in den salatgrünen Ausgangskorb, der gleich neben dem tannengrünen Eingangskorb stand. Süffisant schmunzelnd fügte er dem Organisationsmann das Fachbuch „Wie schreibe ich einen Vermerk im Öffentlichen Dienst – Ratgeber auf nur 1000 Seiten" hinzu und betrachtete sein Tagewerk für heute als abgeschlossen. Vor dem Spiegel in der rotbraunen Mahagoni-Schrankwand, die er innigst hasste, rückte er seine hechtgrüne Fliege zurecht. Sie stand ihm hervorragend. Sein einziges Bedauern war, dass er den richtigen Grün-Ton für sein rotblondes Kraushaar und den spärlichen Kinnbart noch nicht gefunden hatte. Aber diese Chemiefritzen haben eben auch keine Ahnung, dachte er böse.

Dermaßen positiv eingestimmt nahm er sich vor, die letzte halbe Stunde des Arbeitstages mit seinen Mädchen vom Schreibdienst zu schäkern. Er wusste, dass Frauen von Macht normalerweise tief beeindruckt sind – und davon hatte er mehr als genug anzubieten. Vornübergebeugt schlich er, in den Kniekehlen leicht wippend, lauernd über die Flure. Die peruanische Weste war weit geöffnet und er bereit, sich auf das nächste Opfer zu stürzen, um seine sprühende Intelligenz an die Frau zu bringen.

Magnus beförderte unterdessen ächzend und zunehmend stinkiger auf seiner Nachmittagsrunde nun schon zwei Ordner und ein dickes Fachbuch durch die Gegend und versuchte sich rachelüstern an die Telefonnummer seines Orthopäden zu erinnern, der ihn schon beim letzten Besuch wegen Überlastung seiner Wirbelsäule krankschreiben wollte. Während er die Unterlagen in die verschiedensten Eingangskörbe pfefferte, formulierte er im Geiste bereits den Antrag auf Zulage für Papier-Schwertransporte. Wenn das nicht klappt, ist ja vielleicht dieses Mal eine Kur drin, dachte er verschmitzt.

„Aber der großen weiten Welt helfen wollen, das haben wir gerne", ließ er unvermittelt säuerlich hören, als Gerd Schulze ihm auf seiner Opfertour begegnete. Der wusste damit allerdings überhaupt nichts anzufangen, machte sich aber höchst vorsorglich ein paar Notizen in grün.

Heiße Eisen

Die Sitzung war eröffnet. Der einzige Tagesordnungspunkt: Wachtiere. Nach mehreren schmerzhaften Erfahrungen mit Goliath, die Rehmann inzwischen mit anderen teilte, hatte er darum gebeten die Angelegenheit zu behandeln und würde nun als zuletzt Betroffener die Einführung geben.

Natürlich war Conrad anwesend, Personalchef Kümmerlich, Bürobote Magnus, der die öfter gebissenen externen Kollegen von der Post vertrat, Melba als Vertreterin der Frauengruppe, Gundolf Graf, Betriebsratsvorsitzender und Angela Adorno, die heute das Protokoll schrieb. Nicht zuletzt Goliath, an eine schwere Kette gelegt und mit einem Maulkorb unschädlich gemacht. Rehmann begann völlig gelöst und in sich ruhend:

„Sehr geehrte Damen und Herren, liebe Kolleginnen und Kollegen. Als stellvertretender Leiter der Abteilung Verwaltung und Finanzen habe ich heute die missliche Aufgabe, Maßnahmen gegen unseren herzigen Goliath ergreifen zu müssen, da er nun schon mehrfach Mitarbeiterinnen und Mitarbeiter angefallen und ihnen schwerste Verletzungen an Leib und Hose zugefügt hat. Ich ..."

Er sprach absichtlich ein wenig geschwollen, um der Geschichte eine auch heitere Note zu geben, hatte aber nicht mit Conrads Bierernst gerechnet.

„Was heißt hier Maßnahmen", schrie der gequält auf, „Sie haben ihn doch schließlich getreten – und mich dazu!"

„Waaas? Dich hat er auch getreten?", sprang Graf ihm zur Seite. „Das kann doch wohl nicht wahr sein!"

„Das spielt doch gar keine Rolle", fuhr Melba dazwischen, die Hunde hasste. „Ich möchte dafür plädieren, dass ..."

Wofür sie plädierte, hörte Rehmann nicht mehr. Für ihn war der Himmel voller Geigen, wenn er Angela zusah. Wie vollendet ihr Schreibstil, wenn sie mit schlanken Fingern den Stift über das Papier fliegen ließ. Wie unvergleichlich ihre Sitzhaltung, wenn sie ihre schönen Beine, heute in knallenge Hosen gehüllt, übereinander schlug und wie herrlich ihr Busen, den sie in einem weiten Pulli verborgen hatte und doch mit Klasse präsentierte. Für ihn war der gerade ablaufende Streit in weite Ferne gerückt. Die aufgeregten Beiträge vernahm er wie durch einen dichten Vorhang blühender Orchideen, der kaum noch Laute durchließ und dessen Duft ihn mit schwerer Süße einschloss – der sie beide abschirmte vom nervösen Allerlei der Welt und ihrer Sitzungen.

Er bekam nicht mehr mit, dass Melba ein Frettchen als Abwehrwaffe gegen Goliath beantragte und nahm auch nicht wahr, dass die als Gäste anwesenden Tierschützer ein „Rennverbot" für Angestellte im Regen durchsetzen wollten. Für ihn galt nur noch ihre Gegenwart und er fieberte dem Augenblick entgegen, in dem sie gemeinsam das Protokoll fertig stellen würden.

„Ich denke, Frau Adorno sollte für uns jetzt einmal zusammenfassen, was sie notiert hat." Irgendwer hatte dies gefordert und holte ihn damit unsanft auf den Boden der Tatsachen zurück.

„Ja, bitte", bat er Angela.

Sie verlas also ihre Aufzeichnungen. Das Ergebnis war für alle Seiten ein tragbarer Kompromiss. Man würde Goliath an eine 600 Meter lange Laufleine legen, die ihn kurz vor dem Haupteingang zum Gebäude stoppte. Oder, als Alternative, ihm von einem handverlesenen Tierarzt, wie versichert wurde, die Reißzähne entfernen lassen, ihm im Gegenzug dafür aber vorgekaute Kost anbieten. Conrad stünde es frei, eine dieser Optionen zu wählen. Als Entschädigung für den kleinen Racker sollte außerdem ein abgerichtetes Doggenweibchen beschafft werden. Man verband damit die Hoffnung, dass seine Beißwut infolge einsetzender Liebesspiele und der damit einhergehenden physischen Entspannung nachlassen würde. Conrad machte sich große Sorgen um seinen Liebling, musste aber akzeptieren. Langsam leerte sich der Sitzungssaal. Angela blieb noch und vervollständigte kopfschüttelnd und in sich hineinkichernd ihre Notizen.

„Sollen wir die Reinschrift gleich verfassen?", fragte Rehmann, „oder wollen Sie erst …?"

„Ja, das wäre mir recht, dann haben wir den Quatsch hinter uns", meinte sie.

Die Arbeit war schnell erledigt. Anschließend erzählte sie ihm von ihren Veränderungsplänen. Rehmann war bestürzt. Ihn erfasste die tiefe Sorge, sie bald aus den Augen zu verlieren. Schade, dachte er betrübt, es geht zu Ende, noch bevor es begonnen hat. Abgesehen davon hatte er eigentlich vorgehabt, mit ihr über das Projekt zu sprechen. Aber nun …?

Bolberg musste sich einen Tag später anderen Problemen stellen. Die wöchentliche Referenten-Schlacht war in vollem Gange und drohte aus den Fugen zu geraten. Das Nikaragua-Thema hatte unerwartet die Tagesordnung erobert. Zwei Koalitionen waren zu dem Projekt entstanden, nachdem die Haushaltslage bekannt geworden war.

Die eine Gruppe verfocht die Idee, statt Bleistifte, Radiergummis und anderem Gelumpe, wie sie sich ausdrückte, nun Schiefertafeln und Kreide zu schicken, die andere plädierte für schweres Gerät zum Abbau von Anthrazit und für das Roden von 200 Hektar Tropenwald. Die Nicas könnten sich die Bleistifte dann selbst herstellen, hieß es, und überhaupt könne ihnen nur noch auf diesem Wege geholfen werden. Den Ausschlag für einen erforderlichen Meinungstrend gab Bolberg, der das Problem politisch anging.

„Ein schon einmal abgelehnter Antrag hat kaum eine Chance noch durchzugehen", sagte er und setzte fort: „Alle, die ihn schon abgelehnt haben, werden nur wieder miesepetrig drin rumpopeln und nach Gründen für eine erneute Ablehnung suchen. Wir müssen jetzt klotzen statt kleckern und der Angelegenheit erst einmal den notwendigen publikumswirksamen und professionellen Anstrich geben."

Er führte dann aus, dass diverse Arbeitsplätze in der Holz verarbeitenden Industrie entstehen könnten. Wenn die Rodungsflächen nur weit genug von Industrieansiedlungen und Städten entfernt lägen, wären Straßenbauer und Transportunternehmen erforderlich. Vor allem aber ließen sich mindestens 17 Experten versenden, die dafür sorgen würden, dass eine ordentliche Projekt-Infrastruktur entsteht. Später würde man dieselbe mit weiteren Welthelfern komplettieren.

Bolberg spürte die positive Energie in seiner Runde beinahe körperlich und war höchst zufrieden. Um die Sache konstruktiv voranzutreiben, entzog er sich jeder weiteren Diskussion mit der Forderung:

„Dazu gehört zunächst mal ein neuer Projektname, in dem der Begriff Bleistift oder ähnlicher Blödsinn überhaupt nicht mehr auftaucht. Dass wir das Projekt dann auf kleiner Flamme weiterkochen, braucht ja vorerst niemand zu wissen. Ich bitte um Ihre Vorschläge."

Roten Gesichts und über die Maßen erregt fuchtelte der Referent für Landwirtschaft und Ressourcensicherung, Bauer, schon mehrere Minuten mit den Armen in der Luft herum, um endlich Gehör zu finden. Ganz außer Atem haspelte er, als er endlich an die Reihe kam:

„Ja, ja ... und ääh ... sobald die Rodungsarbeiten abgeschlossen sind, können wir ein hochwertiges Aufforstungsprogramm starten und zusätzlich ein paar Förster rausschicken."

Stolz sah er in die Runde, die zwar kaum Notiz von seinem Beitrag nahm, sich mit ihm aber freute.

„Schon gut, schon gut", kommentierte Bolberg laut und ein wenig ungeduldig, „aber wir wollten doch ein neues Logo für das Projekt finden. Wie steht's damit, meine Damen und Herren?"

Nach aufreibenden Diskussionen um Projektnamen, wie „RAFF" (Rettet Alles For Fernichtung) oder „KfW" (Kohle für den Waldbau) einigte man sich schließlich auf die simple Formel „BagGeR-HGfN" (Bei allen guten Geistern einer Revolution-HGfN). Der Hauptgeschäftsführer war begeistert. Nur mit HGfN war er nicht einverstanden. Er wollte es als Haupt-Geschäftsführer für Nikaragua ausgedeutet wissen, konnte sich damit aber nicht durchsetzen. Sein Antrag wurde brutal abgeschmettert. Es blieb bei: Hauptsache Geld für Nikaragua.

Die gesamte Mann- und Frauschaft befand sich jedenfalls in hellster Aufregung und war schier aus dem Häuschen ob der ungeahnten Perspektive, die sich hier ergab. Dem Magnus, der stöhnend gerade Unmengen von Unterlagen in die Sitzung schleppte, die niemand mehr sehen wollte, wurde überschwänglich auf die Schulter geklopft. Er wusste zwar nicht, warum, quittierte aber den Hinweis, dass es diesmal einen löblichen Eintrag wegen tadellos zugestellter Dokumente in die Personalakte gäbe, mit verständnislosem Grinsen und nahm es als Aufforderung, der Sitzung weiterhin beizuwohnen.

Von der Tafel-Kreide-Front, die noch versuchte, mit ökologischen Argumenten zu kommen, bröckelten einige Vertreter verschämt ab. Abseits der Projekt-Opposition, der sie sich eben noch zugehörig fühlten, jubelten sie jetzt verhalten mit den anderen und achteten darauf, damit nicht aufzufallen. Die letzten zwei Bremser wurden als Altvordere niedergeschrien und verließen empört den Saal.

Frau Benzheim strahlte über das ganze Gesicht, denn an ihr war der Krug der erwarteten Arbeit vorübergegangen. Trotzdem verließ sie den Raum ebenfalls, um telefonisch ihre Anzeige beim Arbeitsgericht im letzten Augenblick zurückzuziehen, den Frauenbeauftragten über ihren Erfolg zu informieren und sich beim Betriebsrat für dessen entschlossenes Eintreten zu bedanken.

„Aber, wir wissen doch gar nicht, was ...!?", begann der Vorsitzende Graf seine Antwort mit verwirrtem Staunen, als die Tür seines Büros schon wieder krachend ins Schloss fiel.

Aus der Telefonzelle im hinteren Teil des Gebäudes konnte sie dann ungestört endlich den so dringenden Anruf tätigen. Bei Gericht war leider nur noch ein schwerhöriger Telefonist am Apparat, der sie irrtümlich mit der Gerichtspsychiatrie verband, die sogleich einen schweren Fall vermutete. Der Dienst habende Psychiater verstand nur Bahnhof, weil die Benzheim ihn in ihrer überschäumenden Freude überhaupt nicht zu Wort kommen ließ. Ihr verdutzter Gesprächspartner vernahm lediglich Wortfetzen und konnte sich auf Bruchstücke, wie Bleianspitzer, glückliche Landarbeiter, Anthrazitbergwerke und Förster so gar keinen Reim machen, nahm aber an, dass hier jemand dem Wahn verfallen war, einige Förster und glückliche EG-Bauern in den Unter-Tage-Bau schicken zu wollen. Allein die Anspitzer gaben ihm noch Rätsel auf. Vorsichtshalber beschloss er ein Telefonprotokoll zu fertigen und es in den Geschäftsgang zu geben. Man weiß ja nie!

In der Sitzung brodelte es unterdessen weiter. Es hatte sich eine unglaubliche Hochstimmung breit gemacht, die sämtliche Teilnehmer ergriff und ihre Phantasien in alle Richtungen beflügelte. MdB hatte alle Mühe, sie zielgerichtet zu konzentrieren. Der sonst so stille Bauer besorgte voller Tatendrang einen Kassettenrecorder und heiße südamerikanische Rhythmen untermalten nun die unaufhaltsame Betriebsamkeit.

Die Benzheim hatte von ihrem Ausflug zur Telefonzelle ein paar Liter weißen Rum, Coca Cola und Zitronen mitgebracht und Bolberg bat außerdem Angela zur Sitzung, um der Veranstaltung eine besonders schöne Note zu geben. Nach einigen Gläschen begann sie mit Rehmann heftig zu flirten, der seine Träume wenigstens für kurze Zeit aufblühen sah. Sie hatte sich extra umgezogen und sah süßer und sexyer aus denn je.

Rehmann war im wohltuenden Schock schon wieder die Brille beschlagen, während Angela, vom vierten Rum schon ziemlich beschwipst, immer näher rückte und geschäftsmäßig auf den Katamaran zurückkam.

„Vielleicht können wir uns ihn ja einmal für ein verlängertes Wochenende ausleihen", gurrte sie mit halb geschlossenen Augen und aus leicht geöffneten, feucht schimmernden Lippen. Beiläufig strich ihre Hand über seinen Unterarm, wobei ihr Knie das seine berührte, während sich ihre Schenkel leicht spreizten und sie ihm so nahe rückte, dass ihr Cloé-geschwängerter Körperduft ihn einschloss. Zuerst waren es nur die Glocken einer kleinen Dorfkapelle, dann die der Gedächtniskirche und wenig später die des Kölner Doms, die ihn zu durchdröhnen schienen und ihn bewegungsunfähig machten.

Statt zum Schnaps griff Rehmann vor lauter Aufregung und in seiner Sehbehinderung zum seit drei Tagen herumstehenden Blumenwasser (die Betriebsökologen bestanden darauf, die Hausblumen stets mit der abgestandenen Köstlichkeit zu versorgen) und kippte es hinunter, worauf ihm unverzüglich schlecht wurde. Überstürzt verließ er den Saal, was Angela, die seine Flucht auf ihr erstmalig offensives Verhalten zurückführte, schwer beleidigte. Rehmann war für die Sitzung bis auf weiteres verloren, aber Rum war noch reichlich vorhanden und floss in Strömen.

Nach dem Verzehr etlicher Liter brachen dann unterschwellig auch vorhandene Widerstände gegen das Projekt auf.

„Isch weiß ja nisch, Micki", lallte die Halbtags-Telefonisten, an Bolbergs Schulter gelehnt, in sein Ohr: „Ob das was wird, denn der ALF ..."

„Welcher ALF?", gluckste Bolberg dazwischen, „der aus dem Fernsehen?"

„Nee, nee, der natürlisch nich, aber son' ähnlischer, ich meine unsern ALF. Also unser ALF", fuhr sie kichernd fort, „der hat das Pro ... das Pro ... also das Vor ... ha ... ben mit seiner Mutti disku ... ääh ... be ... spro ... chen, ehrlich ich hab's rein zufällig mitgehört, am Telefon. Und die war dagegen. Und, wenn die nisch will, Micki, dann läuft höchstens noch ...", sie suchte schwer atmend nach Worten, „das Wasser die Spree lang ... he, he, he!"

Sie machte eine weit ausholende Bewegung, um anzudeuten, wie lang die Spree ist, kam in Schwung, drehte sich von ihm angetrieben um die eigene Achse und fiel in den nächstbesten Stuhl, in dem sie fast augenblicklich einschlief.

Auf diesen Augenblick hatte Hächler aus Schulzes Abteilung nur gewartet.

„Ääh, Herr Bolberg, ich wollte Sie schon die ganze Zeit mal wieder darauf ansprechen." Er flüsterte und sah sich während des Redens ständig in alle Richtungen um. „Sie wissen doch, dass ich Ihre Programmpolitik für ausgezeichnet halte und Ihren Führungsstil für immens ... ääh ... wichtig. Ja ... ich denke mal, wichtig ist der wohl treffendste Ausdruck für unser gemeinsames Anliegen", bestätigte er sich selbst und fuhr dann fort: „Ganz im Gegensatz zu Schulze, der über Ihre Management-Methoden ewig nur dumme Witze reißt – und mit ihm der Wendemann, der sich doch auch für die Dominikanische Republik beworben hat. Dass zwei so intelligente Leute Ihren ..." Er brach ab, und meinte: „Na ja, ich will ja nicht über sie herziehen, dazu bin ich viel zu offen, aber irgendwie gehöre ich auch nicht in diese Pfennigfuchser-Abteilung. Doch das wollte ich alles gar nicht antippen – ich kann eben nur nicht vertragen, wenn hinter dem Rücken der anderen so rumgemacht wird. Ich bin sicher, Sie nehmen mir eine so gradlinige Haltung nicht übel", vollendete er mit noch gesenkterer Stimme und sah sich erneut nach allen Seiten um.

„I wo", sagte Bolberg nur.

Hächler nahm den Faden glücklich und glänzenden Auges wieder auf. Seine Mundwinkel zuckten vor Aufregung:

„Was ich eigentlich wollte, Herr Bolberg, mir wäre es sehr wichtig, important oder importante, wie Sie wollen, Ihre ganz persönliche Einschätzung zu meiner eigenen Bewerbung kennen zu lernen. Nächste Woche findet doch die Personalentscheidung dazu statt. Ich meine, als Ihr verlängerter Arm könnte ich Ihren Erfolg doch noch mehr festigen ... und ... darf ich Ihnen noch ein Gläschen einschenken?"

„Lieber Herr Hächler, ich glaube es wird mir ein ganz besonderes Vergnügen sein, Ihnen unsere Entscheidung mitzuteilen", entgegnete Bolberg. „Seien Sie sicher, wir werden für einen wertvollen Mitarbeiter wie Sie eine angemessene Lösung finden."

„Ach, das ist ja schön", freute sich Hächler. „Es wird zweifellos eine fruchtvolle Zusammenarbeit werden."

Bolberg wurde bereits von anderen Mitarbeitern belagert und war froh, das Gespräch nicht fortsetzen zu müssen. Derweil sie ihn in weitere Diskussionen verstrickten, suchte Hächler Bagger in der Menge – und fand ihn.

„Ääh ... Herr Bagger, ich wollte Sie schon lange mal wieder darauf ansprechen. Sie wissen ja, ich bin seit langem ein Bewunderer Ihrer Führungsqualitäten und, na ja ... mit Bolbergs Vorgehen muss man nicht immer einverstanden sein, aber ...", zischelte er, sich vorsichtig nach allen Seiten umschauend.

Zu später Stunde erst kam die illustre Runde ein wenig zur Ruhe und man begann einen Operationsplan zu entwerfen, der nichts auslassen sollte. Zwischenzeitlich war auch Gerd Schulze eingetroffen. Der Flurfunk hatte ihn darüber informiert, dass die Programmabteilung eine höchst interessante Sitzung abhielt. Er war eigentlich gekommen, um auf die Allgemeine Dienstanweisung zu pochen und den unprofessionellen Rummel abzubrechen, überlegte es sich aber anders, weil er meinte, mehr Material gegen Bolberg sammeln zu können. Nach anfänglichem Ärger über die Ausgelassenheit der Bolberg-Leute besann er sich und blieb besonders gerne, als ihm allerhand über seinen Abteilungsleiter-Kollegen zugetragen wurde. Wollen doch mal sehen, dachte er, was der Bolberg in Bezug auf den Computervorgang im Schilde führt. Im Hochgenuss dessen, was er im Allgemeinen so mitbekam, sprach er dem Rum reichlich zu und war nach knapp zwei Stunden total besoffen.

Rehmann, dem es ein bisschen besser ging, als noch vor Stunden, war ebenfalls zurückgekehrt. Er bedauerte sehr, dass Angela mittlerweile gegangen war. Enttäuscht dachte er deshalb ebenfalls daran, sich zu verabschieden, als ihm einfiel, dass er Schulze noch einen wichtigen Vorgang zur Unterschrift vorlegen wollte. So verschwand er eiligst, kam nach einer viertel Stunde jedoch mit einem ganzen Stoß an Unterlagen zurück.

„Herr Schulze, wir müssen unbedingt noch die paar Vorgänge durchgehen. Tut mir Leid, dass dies jetzt sein muss, aber da Sie auf Reisen gehen, brauche ich unaufschiebbar die Unterschriften des BfH." Rehmann war nervös, unsicher und schwitzte am ganzen Körper, was Schulze aber nicht mehr wahrnahm.

Stattdessen, geschmeichelt von dem Ersuchen seines Schwarz-Schreiberlings, grinste Schulze Rehmann mit glasigen Augen an, griff herzhaft zu und nuschelte so laut es noch ging:

„Türlich, türlich, türlich ... hick ... mein lieber Rehmann. Kein Problem – ha. Immer ... immer ... immerhin weiß ich doch, dass ich mich auf Sie verlassen kann. Wollen wir zwei Profis dem Sauhaufen hier doch einm ... hick ... einmal vorführen, wie Entscheidungen getroffen werden, nich wahr!" Krachend schlug er Rehmann auf die Schulter und sagte: „So!"

„Genau, wenn wir es nicht in die Hand nehmen, passiert hier doch überhaupt nichts", munterte Rehmann ihn auf und reichte ihm einen teuren grün gestreiften Füllfederhalter, was sein Abteilungsleiter mit wohlgefälligem Grunzen zur Kenntnis nahm.

Zackig, nur nicht mehr ganz sicher im Schriftzug, weil er von ständigen „Hicks" unterbrochen wurde und hin und her schwankte, setzte Dr. Gerd Schulze seine Unterschrift auf mehrere Vermerke und Unterlagen.

Rehmann verließ danach unverzüglich den Sitzungssaal. Ihm war beinahe schon wieder übel geworden. Schweißüberströmt lehnte er sich draußen gegen die Flurwand und atmete mehrmals tief durch. Das hätte auch verdammt schief gehen können, dachte er erleichtert.

Drinnen hatte Bolberg alles wieder im Griff. Von der international geplanten Pressekonferenz über Werbekampagnen zur Akquirierung zusätzlicher Mittel aus der Wirtschaft, bis hin zur Planung einer vorauseilenden Evaluierungsreise einer zwölfköpfigen Delegation zwecks Überprüfung kontinental-interdisziplinärer Arbeitsansätze in Chile, war alles Voraussehbare enthalten. Bis tief in die Nacht hinein wurde getagt.

Magnus, der ja nur aus Versehen in das Geschehen geraten war, fand man am nächsten Morgen noch vor Dienstantritt über einem Stapel von Latino-Literatur in der Bibliothek schnarchend vor.

„No importa", murmelte er, als er geweckt wurde. Auch er war jetzt überzeugt davon, Experte zu sein und hatte sich in einer Spontanentscheidung dazu entschlossen, das Postverteilungs-System der Nicas zu studieren, um dort neue Strategien des Hauspost-Transportwesens einzusetzen. Dann sollen die hier mal sehen, wie sie ihre Pinselei von einem Zimmer in das andere kriegen, dachte er genüsslich in sich hinein, derweil er sich sacht wiegende Palmenwedel und bunte Cocktails an der Atlantikküste vorstellte.

Der folgende Tag stand denen davor in nichts nach und war alles andere als ernüchternd. Bolberg hatte es verstanden, sein Team in eine noch überdrehtere Dynamik zu versetzen. Alle arbeiteten wie besessen, im Haus brummte es wie in einem Bienenstock. Die Telefondrähte glühten, Presseagenturen nahmen Hab-Acht-Stellung ein und in Bonn erhoben sich erste warnende Stimmen, von wegen der guten Beziehungen zu den USA. Man dürfe sie nicht überdehnen, hieß es. Jeder Schritt wäre sorgfältigst mit Innen-, Außen-, Entwicklungs- und Finanzministerium abzustimmen. Dennoch war der Optimismus bei allen Beteiligten ungebrochen. Die Arbeitsaufträge waren verteilt, die davon betroffenen Mitarbeiter stürzten sich mit Feuereifer in die Vorbereitung des Projekts.

Programm-Unterabteilungsleiter Wieland kontaktierte unterdessen die GGEZ-Schwesterorganisation und stieß mit seiner Kalendernotiz „Kommunikationssysteme, NIC" auf offene Ohren.

„Wollten wir schon lange angehen", teilte man ihm mit. „Wir schicken die Anlagen, ihr das Personal, einverstanden?"

„O.k.", die Sache war abgemacht. Über Einzelheiten wollte man später ausführlich reden.

„Wenn das alles die GGEZ finanziert, sind wir fein raus", hatte Bolberg gesagt.

Wieland war zwar noch immer unklar, welcher Vorgang gemeint war, machte sich aber vorsichtshalber auf die Suche nach einer Klärung. Als jedoch selbst Rehmann antworte: „Keine Ahnung", stand für ihn fest, dass ein Irrtum vorliegen müsste. Also hakte er die Sache als erledigt ab.

Attacken

Rehmann lief Angela kurz nach der Mittagspause über den Weg.

„Hallo", sagte er sie anstrahlend und seine Schritte stoppend. Die ihr entgegengestreckte Hand übersah sie kühl und abweisend.

Kurz und heftig blitzte sie ihn an.

„Tut mir Leid, Alex, ich habe heute keine Zeit für ein Schwätzchen. Zu viel Arbeit", fügte sie hinzu und ließ ihn verblüfft stehen.

„Aber ich wollte doch nur wissen, ob ...", versuchte er sie aufzuhalten, brach seine Frage aber ab, als er merkte, dass er keine Antwort bekommen würde.

Was hat sie nur, fragte er sich? Hab' ich mich auf der Fete unanständig benommen? Ob sie sich verliebt hat, und nun jeden weiteren Annäherungsversuch im Keim ersticken will? Und heute ist schon Dienstag, überlegte er. Sie hat mir immer noch nicht gesagt, ob sie meine Einladung für Samstag annehmen möchte. Grüblerisch machte er sich zu Schulze auf, der ihn zu sich hatte rufen lassen.

„Herr Rehmann", knurrte der ihn an, „ich habe eine Nachricht für Sie – ha. Sie werden als Mitglied einer Delegation nach Nikaragua reisen, um das absehbar erfolglose Bleistift-Projekt zu evaluieren. Die wie immer von jeder Sachkenntnis unbeleckte Geschäftsführung hat entschieden, dass Sie für diese Zeit dem Bolberg unterstellt sein werden, was ich persönlich zwar für ausgemachten Blödsinn halte, aber so liegen die Dinge nun mal – so. Diese Tatsache entbindet Sie allerdings in keiner Weise davon, die Angelegenheit haushaltsrechtlich, und in diesem Sinne angemessen kritisch, zu überprüfen. Ich hoffe, wir haben uns verstanden. Die Reise beginnt am Samstag dieser Woche – so."

Zack! Der nächste Schock. Jetzt hatte er weder Zeit mit Angela ein klärendes Gespräch zu führen, noch konnte er auf das gemeinsame Essen hoffen. So ein Mist, dachte er, augenblicklich geht aber auch alles schief. Zu Schulze gewandt sagte er:

„Ziemlich kurzfristig."

„Ja ... und ... was soll das heißen?", fragte Schulze zurück.

„Na ja, ich wollte am Wochenende meine Wohnung begrünen", antwortete Rehmann „und da ..."

„So weit kommt's noch – ha", fiel Schulze ihm giftig ins Wort, „wenn überhaupt sollten Sie lediglich an blätterlose Astern denken. Aber das gehört jetzt nicht hierher – so! Ich kann und werde Sie von der Reise nicht entbinden!"

Rehmann wollte noch fragen, ob die Aktion mit dem Beschaffungsvorgang in Verbindung stehen würde, der kurz nach seinem Urlaubsende auf seinem Schreibtisch gelegen, und den Schulze während der Feier unterzeichnet hatte, unterdrückte seine Neugier jedoch. Er würde der Angelegenheit nachgehen und es herausfinden. Wenig später führte er ein langes Telefongespräch.

„Habe gerade mitgekriegt, dass es anscheinend ein ziemlich profundes Missverständnis um unsere Beschaffungen gibt", flüsterte er in die Muschel. „Klemm' mich aber gleich dahinter, um herauszufinden, worum es genau geht. Scheint jedoch in unsere Planung zu passen. Wie? Ja, klar, werde mich hüten, dagegen was zu unternehmen. Ganz im Gegenteil. Aber hör' mal, noch was anderes. Ich habe da eine Frau für diese Genderei im Auge, die uns helfen könnte. Was? Ja, du kennst sie sogar. Wie? Nein, nicht so im Auge, wie du denkst – oder na ja, vielleicht ein bisschen. Nee, den Namen verrate ich dir später, wenn ich sicherer bin. Aber ich pass' schon auf. Logo, bevor ich sie einweihe, unterziehe ich sie noch einer speziellen Auswahltagung. Ich sag' Bescheid. Klar. Und an der Beschaffung bleibe ich dran. Läuft offenbar ganz ohne unser Zutun hervorragend. Musste nur ein bisschen Farbe dazugegeben werden. Wie ich das meine? Ist jetzt egal. Ja, ja, kannst dich drauf verlassen ... wir werden sehen. Also, bis bald. Ich melde mich wieder. Tschüss."

Zu derselben Zeit saß Angela bei MdB, der eingehend ihre schlanken Waden und ästhetischen Oberschenkel bewunderte. Ganz in deren Anblick versunken, teilte er mit:

„Frau Adorno, ich habe das besondere Vergnügen, Ihnen mitteilen zu können, dass Sie, wenn Sie wollen und können, mich nach Nikaragua begleiten werden. Ich habe gehört, dass Sie einen Spanisch-Intensivkurs belegt haben und bereits zu den Fortgeschrittenen gehören. Im Rahmen unserer Mitarbeiter-Förderung besteht die Möglichkeit, nach drei Jahren Betriebszugehörigkeit eine Bildungsreise zu beantragen. Was halten Sie davon, wenn wir diese mit ein bisschen Projektarbeit kuppeln ... äh, koppeln, meine ich natürlich. Die Reise würde Ihnen zweifellos genehmigt werden, wenn ich sie befürworte. Na ... wie wär's?"

„Ist ja toll", entfuhr es ihr. „Natürlich bin ich dabei. Wann soll's denn losgehen?"

„An diesem Samstag schon, kommt sicher ein wenig plötzlich aber hoffentlich nicht ungelegen. Und da Sie doch ungebunden sind ...?! Sind Sie doch, oder?"

„Ja, ja, bin ich. Toll", wiederholte sie, „ich stelle gleich den nötigen Sonder-Urlaubsantrag."

„Wie mich das freut", lüsterte er, „Sie sehen, wir tun alles, um Ihnen den Drauf ..., ähh ... Verzeihung, Aufstieg zu sichern. Bis Samstag also. Das Ticket erhalten Sie dann am Freitagvormittag von der Reisestelle."

Dass der unter Aufstieg Draufstieg versteht und sich nicht nur versprochen hatte, war ihr schon klar. Aber daraus würde nichts werden. Vor der Tür von Bolbergs Büro plauderte sie noch ein Weilchen mit dessen Sekretärin und erzählte ihr von ihrem Glück.

„Der hat's auf dich abgesehen", meinte die prompt. „Pass bloß auf!"

Kurz kamen sie noch auf die Feier vom Vortag zu sprechen.

„Hast du gestern die Story vom Rehmann mitgekriegt?"

„Was für eine Story?", fragte Angela.

„Na, der hat doch vor Schreck das Blumenwasser getrunken, als du ihm in deinem kurzen Fummel zu nahe gekommen bist. Du hast vielleicht ne' Wirkung auf Männer! Und dann war ihm so kotzübel, dass er total ausfiel. Er war danach ewig nicht mehr vom Klo zu kriegen, hat mir die Becker erzählt. Schau' ihn dir doch mal an. Wie der heute aussieht!"

Angela bemächtigte sich unvermittelt ein schlechtes Gewissen. Wie habe ich mich heute Mittag ihm gegenüber nur so verhalten können, dachte sie. Mehrmalige Versuche, ihn telefonisch zu erreichen, scheiterten. Sie wollte ihm sagen, dass sie Samstag gerne gekommen wäre, aber nun die Reise dazwischen läge und, dass es ihr Leid täte, seine Einladung nicht annehmen zu können. Doch es hieß, er hätte das Haus bereits verlassen. Auch bis Freitag ergab sich keine Gelegenheit mehr ihn zu sprechen.

Gerd Schulze wartete mittlerweile zunehmend neugieriger und ungeduldig auf Bolbergs nächste Aktion in Sachen Datenverarbeitung. An sich hatte er gar nichts gegen die Beschaffung des Informations-Systems. Doch er vermutete, dass letztlich hinter der Geschichte dieser Orga-Mann stecken würde. Kabel wollte nämlich sein eigenes Konzept weiterentwickeln und Bolberg für seine Ziele einspannen, der natürlich nicht schnallt, worum es im Kern geht. Dies meinte Schulze erkannt zu haben und weil sich für die beiden damit ein beachtlicher Erfolg verbinden würde, widerstrebte es ihm im Innersten, dieser Beschaffung zuzustimmen. Was die da veranstalten, muss mir auch nützen, dachte er grimmig.

Abgesehen davon war ihm dieser unverschämte Organisator schon lange ein Dorn im Auge. Zu häufig hatte Kabel es verstanden seine eigenen Pläne zu durchkreuzen. Stets konnte man damit rechnen, dass er sich in Angelegenheiten einmischte, die ihn tatsächlich etwas angingen. Und dies, obwohl er nur irgendwo in der Struktur sein erbärmliches BAT III-Berufsleben fristete. So was ist ja wohl das Letzte, grübelte Schulze. Acht Jahre ärgere ich mich nun schon über diesen Bit-Knecht.

Schulze hatte Recht. Erst vor kurzem hatte Kabel ihm wider einmal die Tour vermasselt, als er für nur eine schlappe halbe Million ein klitzekleines Informationssystem bestellen wollte.

„Ich werde überall blinkende kleine Datenendgeräte – so nannte er die PCs nach neuester Sprachregelung allerhöchster Fachkreise – einsetzen, und dann sollt ihr mal sehen, wie unser Laden flutscht", hatte er schon lauthals überall in den Abteilungen verkündet.

Doch dann, ja dann tauchte dieser Schwarz-Schreiberling, Kabel, mit seinem Gutachten aus der Versenkung auf – und aus war der Traum. Mit dem Groß-Computer war's Essig. Bagger hatte das große Flattern bekommen und das gesamte Vorhaben abgeblasen. Wie peinlich, dachte Schulze.

Dunkelgrüne Gedanken bewegten sich deshalb schon lange in seinem Kopf. Irgendwann ... irgendwann! In vielen schlaflosen Nächten hatte er nach Wegen gesucht, Kabel das Leben sauer zu machen. Plötzlich, er brütete gerade noch vor dem Schlafengehen über dem sorgfältig blassgrün eingeschlagenen Ratgeber „Geschäftsführer in zehn Minuten – unser Wissen, Ihr Erfolg", kam ihm die erleuchtende Idee. Ich beauftrage ganz einfach eine Unternehmensberatung, das Konzept zu überprüfen, lachte er sich ins Fäustchen. Wer das Geld hat bestimmt den Kurs. Sehr beeindruckt von sich, fiel er in den erlösenden Tiefschlaf und am folgenden Morgen über seine Sekretärin her.

Noch vor dem ersten Tee musste sie einen zwölfseitigen Vermerk schreiben, ihn neunfach kopieren und direkt, unter Umgehung von Magnus, verteilen.

„Bin ich denn hier die Hauspostbotin", beschwerte sie sich bei einer Kollegin, die sich sofort solidarisch erklärte und über den ahnungslosen Magnus herfiel.

„Haste Recht", meinte sie ebenfalls erbost, „der macht doch den lieben langen Tag nichts weiter, als den Kolleginnen unter die Röcke zu schielen. Ist dir schon mal aufgefallen, dass ihm vor der Bückner aus dem zweiten Stock, rein zufällig aber immer wieder, die Vorgänge aus der Hand fallen? Rat' mal, warum!"

„Na, umsonst heißt die aber auch nicht Bückner", kreischte Schulzes Sekretärin und wollte sich vor Lachen ausschütten, wurde sofort aber wieder ernst und maulte:

„Jedenfalls mach' ich hier die Arbeit vom Magnus, weil der ALF Angst davor hat, dass der gleich wieder krankgeschrieben wird", bekräftigte sie verschwörerisch und zog mit den dicken Papierstapeln mürrisch davon.

Magnus, der ihr auf seinem Rundgang begegnete, schleuderte sie ein vernichtendes „Schmarotzer" entgegen, was der aber nicht hören konnte, weil er neuerdings bei der Postverteilung Kopfhörer trug. Seit er an der stimulierenden Planungsrunde teilgenommen hatte, lernte er unermüdlich Spanisch. Ständig brabbelte oder sang er, je nach Lektion, den Text der Kassetten mit. Augenblicklich konnte ihn nichts erschüttern. Im Tangoschritt tänzelte er über die Flure, warf die Vorgänge in eleganten Bögen in die Postkörbe und war schon wieder verschwunden. Dass einer der Vorgangscontainer Bolbergs Schienbein traf und der gequält aufschrie, nahm er gar nicht wahr, weil ihn Santanas Samba Patí gerade zudröhnte und er im Augenblick des Abwurfs einen schwungvollen Sidestep übte. Bis zum Abend, dem Beginn der dritten Stunde des Kurses für lateinamerikanische Tänze, musste er den Schritt gepackt haben.

Bolberg, der den am Schienbein gelandeten Container gründlich auf dessen Inhalt untersuchte, stellte fest, dass es um den Datenverarbeitungsvorgang ging. Mit zunehmender Kenntnis des Schulze-Papiers verfinsterte sich seine Mine. Nachdem er den Text gelesen hatte, war er weder über seinen Schienbein-

Schmerz, den er jetzt Schulze zuwies, noch über dessen Antwort glücklich. Die eigroße Schwellung unter seinem Knie verbesserte seine Laune schon gar nicht. Nach einer Beratung mit Kabel humpelte er in sein Büro zurück und machte sich missgestimmt an eine Antwort. Auf Schulzes, wie er meinte, semiprofessionelles Gelabere, wollte er eine gepfefferte Antwort geben, denn inzwischen hatte er, abseits der Sache, auch das Gefühl, das zweite Mal auf seinen Ruf als Macher achten zu müssen.

Das ramponierte Bein auf einen Beistuhl gelegt, fluchte er wild vor sich hin, brummte etwas von „Grünkohl versalzen" und machte schließlich seine Sekretärin heftig nieder, als die ihm in bester und fürsorglicher Laune Vanilleeis mit Feigen und grünem Pfeffer servierte. Sie steckte den Kopf durch die Tür und trällerte fröhlich:

„Überraschung! Hier ist was Kaltes gegen die Beule oder für die Verdauung. Wie geht es denn dem Verletzten?"

„Kommen Sie mir bloß nicht mit solchem grünen Kram", schnauzte er sie an.

„Aber ich wollte doch nur ...", begann sie schwer schluckend, wobei sich ihre Augen mit Tränen füllten.

„Hier wollen immer nur alle", tobte er weiter. „Aber jetzt will ich mal. Nämlich niemanden sehen und hören. Und was dieses grüne Zeug da auf dem Teller angeht, das will ich auch nicht. Mir wird schon immer ganz schlecht, wenn ich an der Ampel stehe und dann fahren muss, weil irgendwelche Grünlinge hinter mir hupen", schrie er.

„Was kann ich denn dafür, dass Sie Grünlinge nicht abkönnen", warf sie mit tränenerstickter Stimme ein.

„Gar nichts", brüllte er, „aber halten Sie mir diesen Grünspan und alle seine Ingredienzien bloß vom Hals."

Wortlos machte sie auf dem Absatz kehrt, knallte die Tür hinter sich zu und griff zum Wodka, den sie für solche und andere Anlässe immer im Schreibtisch stehen hatte. Der kann mich mal, dachte sie wütend und verletzt. Jetzt werde ich dem mal zeigen, was es heißt, wenn eine Sekretärin ausflippt. Das erste Wasserglas voll Gorbatschow war Medizin und bekam ihr gut. Mit dem zweiten hob sich ihre Stimmung zusehends. Ab dem dritten wurde sie wieder wütend.

Während sie sich dopte, beantwortete Bolberg missmutig Schulzes dämliche Fragen und Vorschläge. Dann saß er minutenlang untätig da und hatte ein schlechtes Gewissen. Ich sollte einen Schnellkurs „Wie beherrsche ich mich" mitmachen, dachte er. Sein Ausbruch tat ihm Leid. Schließlich beschloss er seine Untat mit einer Schachtel Drops wieder gutzumachen. Er lutschte sie täglich selbst und eine seiner Schreibtisch-Schubladen wies einen beträchtlichen Vorrat davon auf. Weil er nichts Besseres zur Hand hatte, wickelte er eine Schachtel davon in eine Zeitungsseite, riss eine Blüte aus der einzigen in seinem Büro vorhandenen Topfpflanze und klebte sie auf das Päckchen. Humpelnd betrat er sein Vorzimmer.

Vom Schnaps schon ziemlich benebelt, hackte seine Sekretärin auf der Tastatur ihres Schreibsystems herum und schaute nicht einmal auf.

„Ich wollte mich entschul ...", begann er.

„Könn' se vergessen, Herr Ab ... tei ... lungs ... lei ... ter", fiel sie ihm ins Wort. „Ihr Typn' habt alle ein Ge ... müt wie eine hyper ... sensib ... le Pla ... pla ... nierraupe. Und ... und, wenn ihr einen platt gemacht habt, wollt ihr auch noch, dass man euch die Wal ... ze kühlt. Gebn' Se mir das Band und lassen Se mich ar ... ar ... beiten", fertigte sie ihn mit schwerer Zunge ab.

Er trat von einem Bein auf das andere, wollte noch etwas sagen, machte dann aber ein schuldbewusstes Dackelgesicht und legte das Päckchen wortlos neben das Band auf ihren Schreibtisch. Leise schloss er seine Bürotür.

Sie heulte danach wieder, jetzt aber vor Wut. Eine halbe Stunde später knallte sie Bolberg die fertig gestellte Arbeit auf den Tisch, wartete schwankend auf seine Unterschrift und verschwand mit einem verächtlichen „Dik ... – hick – ... ta-tor" in den Feierabend. Noch immer tränenverschleiert stürmte sie den Gang entlang und stieß, als sie scharfkantig in den nächsten Flur einbog, mit Magnus zusammen, der sich unbeobachtet glaubte und der bei halb geschlossenen Augen, einen Lambada brüllend, auf seiner letzten Tour swingend um dieselbe Ecke bog. Die Papiere, die sie auf dem Nachhauseweg Schulze noch zustellen sollte, flogen durch die Luft und segelten in völliger Unordnung zu Boden.

„Diós mio", stammelte Magnus. Er fühlte sich erwischt und sammelte eilfertig die Unterlagen vom Boden auf. Auf Spanisch stotterte er dann, dass er die Dinge schon in Ordnung bringen würde und dass sie doch deshalb nicht so herzerweichend weinen müsse, was sie zwar nicht verstand, wofür sie sich aber trotzdem bedankte. Aufatmend nahm sie ihn in den Arm, küsste ihm die Wange und sagte:

„Mensch, Magnus, Sie sind ein Schatz. Wir sollten zusammen mal ausgehen. Ich bin schon lange scharf auf dich."

„Nee, nee", stotterte der. Der Vorschlag kam ihm zu plötzlich. „Ich hab' zwei Hunde und einen Goldfisch zu versorgen, da kann ich abends nich' weg."

„Is ja schon gut, du Fla ... sche", gurrte sie, winkte ab und torkelte durch den rettenden Ausgang.

Zum Glück für Magnus übersah sie dabei, dass sich dessen Feldflasche, die er neuerdings mit karibischem Rum-Punsch gefüllt bei sich trug, über den Papieren entleert hatte und allerlei Unleserliches zurückließ. Weil dem Hauspostboten das Missgeschick unendlich peinlich war, entschied er, die Unterlagen zunächst im Keller zu verstauen und sich später darum zu kümmern. Mit Castello, dem Hausdrucker und seinem besten Kumpel, verband ihn seit langem eine verlässliche Freundschaft. Er weihte ihn deshalb in sein Pech ein und der Drucker fand schnell ein vorübergehend verschwiegenes Plätzchen für das Corpus Delicti.

Am anderen Morgen fand Bolberg ebenfalls ein Päckchen auf seinem Schreibtisch vor. Es war mit einer Seite der „Bild" umgewickelt. In großen Lettern stand da: „Bosse werden immer fetter". Er grinste, als er es sah, kam aber nicht sofort auf eine Erklärung. Erst nachdem er die noch immer verpackte Dropsschachtel entdeckte, die sie ihm auf den Schreibtisch zurückgelegt hatte, kannte er den Grund der Retourkutsche. Ohne darauf zu achten, hatte er tags zuvor eine FAZ-Seite benutzt, deren Überschrift lautete: „Deutsche Sekretärinnen – Schrecken der Vorzimmer?". Er musste lachen, stand auf und ging mit finsterer Mine hinaus, wortlos vorbei an ihr, die mit unsicherer Gespanntheit auf seine Reaktion wartete. Minuten später kam er zurück, hatte zwei Tassen Kaffee gebrüht und hielt ihr eine davon hin.

„Wie wär's mit einem Friedenspfeifchen?", fragte er.

Sie nahm an.

v. Steinmann erledigt seinen Job

Obwohl von ihm selbst beantragt, traf Staatssekretär v. Steinmann die Dienstreiseabordnung völlig unvorbereitet und mit aller Härte. Sein Ministerialdirektor hatte sie ohne großes Federlesen perfekt begründet, aber nur noch Steinmanns Namen auf das Reiseantragsformular gesetzt. Er selbst hatte beschlossen Wichtigeres vorzuhaben und nahm daher Abstand von der ihm inzwischen irgendwie gefährlich erscheinenden Aktion. Seine Nichtteilnahme begründete er mit einer attestierten temporären Flug-Phobie.

Nun gut, dachte Steinmann, ich stehe das durch – auch ohne den Drückeberger. Nach seiner erfolgreich durchgeführten Therapie war der Name „Nikaragua" nur noch sein geringeres Problem, wenngleich ihm klar war, dass er es nicht überstanden hatte. Im Augenblick schien es ihm viel schwieriger zu sein, seiner Frau die Reise zu erklären.

Die nämlich stand den häufigen Abordnungen außerordentlich kritisch gegenüber, seitdem ihr Mann vor ein paar Jahren die 22-jährige Miss Venezuela mitgebracht und sie als heimatloses Findelkind ausgegeben hatte. Nun versuchte Steinmann seiner Frau glaubhaft zu versichern, er müsse in dieses schmuddelige Nikaragua, um den baumkletternden Indianern beizubringen, dass Kokosnüsse nicht nur Weihnachtsschmuck, sondern ein hochwertiger Rohstoff zur Gewinnung von Nähmaschinenöl seien. Er wertete die Reise absichtlich ab und wusste auch nicht, ob die Nüsse zur Produktion von Maschinenöl taugten. Aber er brauchte eine Begründung und hoffte ängstlich, dass seine bezaubernde Marianne sie ihm abnehmen würde. Doch die war noch nicht so weit.

„Wieso musst du denn schon wieder derjenige sein?", fragte sie empört und misstrauisch. „Da sitzen doch genug andere bei euch herum!"

„Verstehe ich ja auch nicht", er versuchte betrübt auszusehen. „Aber du weißt doch auch, dass ich viel Erfahrung habe und außerdem kurz vor meiner letzten Beförderung stehe. Da kann ich einfach nicht ablehnen. Bitte versteh' das doch!"

„Die ersitzt man sich doch automatisch", meinte sie ärgerlich. „Hoffentlich kannst du diesmal wenigstens die Aufnahme eines Findelkindes verhindern." Sie spielte wieder einmal auf die bewusste Reise an, die sie damals in eine lange Krise gestürzt hatte und noch nicht vergessen war.

„Mein Gott, jetzt fang doch nicht schon wieder damit an", wehrte er sich gequält. „Das liegt nun Jahre zurück. Und damals wollten wir doch ein Kind adoptieren, wenn du dich recht erinnerst. Carmen schien mir sehr geeignet."

„Fragt sich nur wofür. Es bleibt noch immer höchst merkwürdig, dass sie uns nur besucht, wenn ich für ein paar Tage bei meiner Mutter bin."

„Du hast sie eben von Anfang an abgelehnt und das hat das arme Mädchen nie verkraftet. Es muss sie hart getroffen haben. Deshalb!" Er hatte sie da, wo er sie haben wollte.

„Meinst du wirklich?", fragte sie schuldbewusst.

„Natürlich. Aber nun ist sie ja schon alt genug und kann sich alleine durchschlagen. Mach dir darüber keine Gedanken mehr." Fürsorglich nahm er seine Frau in die Arme und flüsterte ihr in Ohr: „Denk doch mal an die Zeit zurück, in der wir noch Jogurt von einem Löffel aßen."

„Hhmm ...", machte sie. Dieses Problem war gelöst.

Viel schwieriger fiel es ihm, die Fotos des Bild-Reiseführers aus dem Kopf zu verscheuchen. Braun gebrannte, von der Natur üppig ausgestattete Nicas servierten darin in knappsten Bikinis fotoserienweise bunte Drinks der Karibik und mit den Worten „Schau mir in die Augen, Kleines" sah er sich persönlich jede Einzelne von ihnen aus den für Experten gefährlichen Gebieten evakuieren. Nun, wir werden sehen, sprach er sich Mut zu, während sich seine Rückenhaut zu einer gänsegleichen zusammenzog.

Unterschätzt hatte er allerdings die heilsame Wirkung seiner Therapie. Im Frankfurter Flughafen fiel er unter heftigen Atembeschwerden beinahe in Ohnmacht, als man seinen Flug über Singapur nach Managua aufrief. Im Verlauf der Reise stellten sich weitere gesundheitliche Komplikationen ein und Singapore Airlines lehnte infolge seines sich ständig verschlechternden Zustands die Verantwortung für den Weitertransport ab. Die Fluglinie überließ ihn bei einer Zwischenlandung auf Tasmanien der dortigen ärztlichen Obhut.

Als er nach ein paar Tagen stationärer Behandlung entlassen wurde, in der sie ihn mit Testosteron voll gepumpt hatten, nahm er seinen Dienst wieder auf und erprobte, irgendwie glückselig aber ein wenig wirr um den haarlosen Scheitel herum, seine mühsam im Schnellkurs erworbenen Sprachbrocken.

„¿Donde estan las expertas locales?", radebrechte er zunächst matt aber dann mit immer mehr Nachdruck. „¿Don-de es-tan las ex-per-tas lo-ca-les?", versuchte er es wieder, stieß aber nur auf verständnislos grinsende Gesichter. Niemand wusste zu erklären, wo die einheimischen Expertinnen, die er meinte, sich aufhielten. Wahrscheinlich muss ich die Akzente mitsprechen, grübelte er. Jede Silbe betonend begann er seufzend von vorn:

„¿Dòn-dé és-tán las éx-pér-tas?"

Jetzt hat's geschnackelt, freute er sich, als die ihn umstehenden Tasmanier erleichtert auflachten, freudig mit dem Kopf nickten und erkennende Zeichen gaben. Er nickte erlöst zurück, dachte aber: Du mein lieber Himmel, das nimmt mir ja zu Hause niemand ab, wenn ich erzähle, dass die hier ein erbärmlicheres Spanisch sprechen als ich selbst. Kein Wunder, dass sie hier noch auf dem Stand von 1938 sind. Doch er war heilfroh, die Situation so professionell gemanagt zu haben und trottete der kleinen Gruppe hinterher, die sich vor dem Hospital aus reiner Hilfsbereitschaft um ihn versammelt hatte, und die er für eine offizielle Abordnung hielt. Als sie ihm glücklich lachend nach einem Kilometer Fußweg ein gestrandetes deutsches U-Boot präsentierten, war er mit sich und der Welt versöhnt. Donnerwetter, dachte er ehrfürchtig, so weit ist unsere Zivilisation doch schon vorgedrungen.

Alles war demnach im Lot. Die Maori-Musik, die man ihm im Fackelschein darbot, hielt er verzückt für Maya-Charts und niemand auf der Welt hätte vermocht, ihn dahingehend umzustimmen, dass er nicht in Managua gelandet sei.

Ein letztes Lebenszeichen von ihm vernahm man, als er mit einem Einbaum im Schlepptau westlich von Tennant-Creek, in der großen Sandwüste Australiens, auftauchte, um dort mit der Wünschelrute die Quelle des nicaraguansich-hondurenischen Río Coco aufzuspüren, an dessen Ufern er die einheimischen Expertinnen vermutete. Mit dem Versuch, das Aborigines-Reservat von seinem sexistischen Einfluss auf versandte Fachkräfte zu säubern, machte er Schlagzeilen, die im Helgoländer Boten bis nach Deutschland drangen. Danach war Schweigen um ihn.

Die Evakuierungsaktion wurde in aller Stille abgebrochen. Der Ministerialdirektor erhielt eine leistungsbezogene Kreativitätszulage, da er das Problem „v. Steinmann" zwar auf spektakuläre Weise, aber höchst diskret und dauerhaft nachhaltig gelöst hatte, musste sich im Gegenzug aber verpflichten, Steinmanns Gattin bis zum Lebensende zu versorgen. In der abschließenden Vereinbarung zu dem Fall hieß es:

„Ein etwaiges vorzeitiges Ableben des hierdurch zur Leistung Verpflichteten ändert seine Unterhaltslasten in keinster Weise. Ein Anspruch der Frau Staatssekretär v. Steinmann richtet sich in diesem Fall gegen das zweite und gegebenenfalls dritte Glied des Ministerialdirektors."

Der sah erstaunt an sich herab und forschte erfreut, ob er eventuell Bedeutendes übersehen hätte. Doch obgleich seine Enttäuschung maßlos war, befiel ihn ersatzweise ein heimlicher Zweckoptimismus. Sollte ich jemals in der Angelegenheit in einen Streit geraten, dachte er, dann haben diese überheblichen Rechtsverdreher hier den ersten und entscheidenden Fehler gemacht. Bei passender Gelegenheit werde ich ihnen nachweisen, dass ich nicht gemeint sein kann. So, schon viel gelassener, unterschrieb er, dessen Name hier nicht genannt sein soll, den Vertrag.

Magnus' Dreh

Ächzend holte Magnus die noch immer etwas nach Rum-Punsch duftenden aber getrockneten Unterlagen aus dem Versteck in der Druckerei. Er und Castello trennten die zum Teil aneinander klebenden Einzelblätter vorsichtig und sorgfältig voneinander, konnten allerdings nicht verhindern, dass sich die Blattoberfläche an einigen Stellen ablöste und die Tinte mitnahm.

„Au, au", meinte Magnus, „das gibt wohl noch ein ziemliches Theater, wenn der Schwindel rauskommt."

„Ach, komm", tröstete Castello seinen Freund, „das kriegen wir schon wieder hin. Warts mal ab. Schließlich hast du das Schwein, einen Top-Spezialisten der Druck- und Grafik-Technik zum Freund zu haben", grinste er Magnus an.

Sie unterzogen die beschädigten Belege einer genauen fachmännischen Prüfung und waren froh, feststellen zu können, dass annähernd alles reparabel sein würde.

„Die etwas komplizierteren Korrekturen ... mmh ...", murmelte Castello, der tief in Gedanken versunken mit einer Lupe die Belege betrachtete und sonst schweigend alle möglichen Reparaturkniffe abwog. Nach ein paar Minuten erlöste er Magnus, dem der kalte Angstschweiß auf der Stirn stand, von dessen Gespanntheit.

„Das lässt sich mit ein bisschen Phantasie und Fachkenntnissen schon hinfummeln. Sieh' mal", begann er Magnus zu erklären, „der Schulze schreibt für alle sowieso grundsätzlich unleserlich und wird nach ein paar Tagen kaum noch selbst entziffern können, welche genialen Kommentare er abgegeben hat. Seine Farbe kennen wir auch. Ich brauche jetzt also nur die Papieroberfläche zu glätten und fototechnisch die Kugelschreiber-Drucklinien nachzuzeichnen. Danach stellen wir die Papier-Abgegriffenheit wieder her und schon ist das Ding geritzt."

Magnus atmete erleichtert auf und bewunderte die Ruhe seines Freundes. Castello indes fühlte sich an seiner Berufsehre gepackt und legte allen Ehrgeiz eines Vollprofis in die Umsetzung der geheimnisvollen Aktion. Beide, der eine noch mit Unbehagen, der andere schon mit freudiger Ungeduld, begannen die Arbeit und schufen in kleinteiligen Schritten unter dem Motto „aus Alt mach Neu und wieder Alt" ein zweites Mal die Originalbelege. Nach Stunden harten und aufregenden Schaffens war die Sache gelaufen.

„Mensch", versicherte Castello, als er stolz sein Werk betrachtete, „ich sollte wirklich Geldfälscher werden – meine Mutter hatte schon Recht."

„Klasse hast du das gemacht, das muss dir der Neid lassen." Immer wieder strich Magnus gefühlvoll über das Papier, wie sonst nur über das Silberhaar seiner geliebten Großmutter. Ehrfurchtsvoll und von höchster Anerkennung bewegt klopfte er seinem Kumpel dann begeistert auf die Schulter und setzte hinzu:

„Das werde ich dir nie vergessen."

„Vergiss es gleich und gib lieber einen aus", entgegnete Castello.

Da der Feierabend schon längst eingesetzt hatte und das Arbeitsergebnis nicht besser hätte sein können, bestanden keinerlei Hinderungsgründe, den Abend zünftig abzuschließen.

Mit brummendem Schädel, den er durch laute Mariachi-Musik unter seinen Kopfhörern zu übertönen suchte und mit einigem Herzklopfen verteilte Magnus am folgenden Morgen die Hauspost. Dabei bemühte er sich ganz unbefangen auch die „bearbeiteten" Belege darunter zu mischen. Einige davon waren von ihm sicherheitshalber in verschiedene Umlaufmappen gelegt worden. Sie würde er, vorbei an Schulze, schon mal verteilen, die anderen später, damit nicht alle reparierten Papiere beieinander lagen und letztlich doch noch auffällig würden. Unter den Vermerken war auch ein reparierter, der von Bagger bereits abgezeichnet war, erinnerte er sich. Dieser geht gleich über Rehmanns Tisch – die anderen ... Der liebe Gott sei mir gnädig, betete er still.

Er hatte diverse Post gerade in den Eingangskorb von Gerd Schulze gelegt, da begann er sich zu wundern. Irgendetwas stimmte hier nicht mehr. Magnus sah auf den Schreibtisch zurück und legte die Stirn in Dackelfalten. Bis heute standen doch da immer nur zwei rote Eingangskörbe, sann er nach. Und jetzt sind es plötzlich vier, oder besser, je einer hellrot, rot, orange und dunkelrot.

„Diese selbstherrlichen Manager machen wirklich, was sie wollen", brummte Magnus vor sich hin. Aber, verdammt noch mal, wenn die die Organisationsfarben ändern, müssen sie doch wenigstens Bescheid geben, stellte er missmutig fest.

Ich werde das einmal ansprechen, nahm er sich vor und legte verwirrt die Unterlagen seitenverkehrt in die Körbe. Die seiner Meinung nach roten Durchschläge in die seiner Meinung nach roten Körbe und die seiner Meinung nach grünen einfach auf den Schreibtisch, weil er grüne Körbe nicht mehr vorfand.

Das Rätsel um die Verwechselung der Postfächer ist schnell gelöst. Magnus war rot-grün-blind, was er, nachdem man es im Kindesalter entdeckt hatte, schon längst als unwichtig abtat. Er sah also öfter mal rot, wenn etwas grün war und meinte stets, dass alle eine ganz besonders gesunde Gesichtsfarbe hätten, wenn es ihnen gerade so richtig dreckig ging. Vor allem Kolleginnen, die häufiger Solar-Center besuchten, gingen ihm gerne aus dem Weg, da er ihnen mit seinem „Sie sehen heute aber schlecht aus, meine Liebe – so schrecklich blass" fürchterlich auf den Keks ging. In seiner Personalakte war der Umstand seiner Farbblindheit nicht vermerkt und seine Kollegen, die von seinem Leiden wussten, nahmen ihm diesbezügliche Postverteilungsfehler schon lange nicht mehr übel.

Gerd Schulze indes hatte sich überlegt, dass eine Grün-Farbabstufung der Postkörbe seine Mehrfachkompetenz, vor allem aber seine Bedeutung, sichtbar steigern könnte. Er hatte deshalb die zwei vorhandenen Roten gegen Grüne ausgetauscht und schließlich diese noch um zwei weitere ergänzt. Palmfarben, blassgelbgrün, spinat- und blaugrün glänzte ihm nun morgens sein Sortiment entgegen. Den spinatgrünen mochte er besonders, weil er ihn nicht verspeisen musste. Sodann hatte er die Körbe mit dick schreibenden Filzstiften funktionsgerecht markiert und seiner heute lindgrün schillernden Sekretärin eingeschärft, dass alle im zweiten Korb von links liegenden Schriftstücke unverzüglich weitergeleitet werden könnten, da sie durch den Beauftragten des Haushalts, also ihn, bereits bearbeitet seien. In ausnahmsweise dicken roten Lettern stand auf ihm: BfH.

Magnus interpretierte dies später als „Briefe vom Hauptgeschäftsführer" und amüsierte sich köstlich darüber, dass sein Super-Abteilungsleiter „vom" mit Fogeleff schrieb. Doch strikt angewiesen von der Sekretärin Schulzes, sorgte er gewissenhaft und unverzüglich für den Weitertransport der darin liegenden

Papiere. Die seinem Farbsinn nach grüne Markierung „BfH" unterstrich für ihn die Dringlichkeit der Vorgänge. Sie gab ihm das Recht, ohne viel Fragerei zu handeln. Ansonsten hielt er von solchen Karriere-Finessen herzlich wenig und es war ihm vergleichsweise schnurz, wer was war oder werden wollte. Für ihn konnte nur wichtig sein, dass er ein Posteingangs- und ein Postausgangsfach vorfand. Dass Schulze ihm jedoch die Arbeit durch seine pfaugleiche Statusgier erschwerte, machte ihn sauer. Außerdem war er seit der Teilnahme an der Nikaragua-Sitzung der unerschütterlichen Meinung, dass die Zentrale viel zu abgehoben von der Basis arbeitete. Infolge dieser bestechenden Logik verlegte er sich darauf, die Vorgangsverteilung etwas entwicklungslandmäßiger zu gestalten.

Er hatte in dem nikaraguanischen Fachbuch „Hintergründe der Verzweiflung heimischer Hauspostboten" gelesen, dass es nicht nur darauf ankäme, Vorgänge in die richtigen Postkörbe zu werfen, sondern dass ein Manager in der Lage sein müsse, Akten nach „bearbeitet" und „nicht bearbeitet" auseinander halten zu können. Dies traf auf seine vollste Zustimmung, da die ja auch entsprechend bezahlt würden.

So völlig neu motiviert und weil er der spanischen Sprache noch nicht so ganz mächtig war, wie er glaubte, hatte er einiges in der ihm eigenen pragmatischen Weise übersetzt und messerscharf geschlossen, eine lockere lateinamerikanische Arbeitshaltung einnehmen zu müssen. Besonders erinnerte er sich an einen Absatz des Fachbuchs. In ihm hieß es:

„Wenn Sie Ihrem Chefs zeitweilig vor Augen führen wollen, wie wichtig Ihre Aufgabe ist, legen Sie eine Akte ruhig einmal in ein anderes Fach. Er wird Ihnen dankbar sein, wenn Sie beim nächsten Mal wieder das richtige wählen."

Also dann, dachte er, als sein Walkman soeben eine neue Lektion einspielte. Beflügelt von der Latino-Musik und in bester Stimmung, zählte er an seinen Hemdknöpfen ab, welcher Postkorb heute drankäme.

*Ich hab hier bloß
ein Amt
und keine Meinung
(Schiller)*

2. Buch

Wenn geschrieben wird:
„Es lebe der Fortschritt!" –
frage stets: „Fortschritt wessen?"

(Stanislaw Jerzy Lec)

Jelepate

In Managua bereitete man sich auf den Empfang der Deutschen vor. Das nicaraguanische Auswärtige Amt hatte die Anweisung ausgegeben, den Gästen in jeder Hinsicht eine wohl ausgewogene Kost zu bieten und entsprechend ausgefeilt war das Programm.

Tanzgruppen übten farbenprächtig geschmückt und kostümiert ihre überlieferten Tänze, doch die Knaller sollten Spreewalzer und Schuhplattler sein. Die Chefköche der Banketts wurden angewiesen von irgendwoher Sauerkraut und Weißwürstchen zu besorgen und die durch ein wochenlanges Casting gelangten hübschesten Serviererinnen des Landes stopften Riesenportionen Mais in sich hinein, um in die nach deutschen Standardgrößen angefertigten Dirndl zu passen. Zwei Drittel von ihnen gaben kurz vor dem Eintreffen der Delegation jedoch auf. Sie schafften es nicht, auf die erforderlichen Kilos zu kommen.

Die zwei besten Hotels der Hauptstadt schmückten sich schwarz-rot-gold und stellten mannshohe Modelle vom Ulmer Münster und dem Brandenburger Tor auf. Eine der volkstümlichen Gesangsgruppen übte tagelang „Wie schön blüht uns der Maien". Die Gäste sollten sich wohl fühlen und die deutschen Banken keine Sekunde lang vergessen, welch ein enormes Investitionspotenzial das Land bot. Großes aber feines Protokoll war angesagt.

Während in Managua heillose Aufregung herrschte, saß tief im Dschungel, ruhig und gelassen, Jelepate, übersetzt „insecto chupador de sangre" oder kurz: hagerer Blutegel. Genauso sah er auch aus.

Für hiesige Verhältnisse viel zu hoch aufgeschossen, maß er gut einmeterfünfundachtzig und überragte die in dieser Gegend ansässigen Misquitos damit um reichlich eine Haupteslänge. Von Kopf bis Fuß spindeldürr, wirkte er größer, als er tatsächlich war. Seine beinahe bis an die Kniekehlen reichenden Arme gaben ihm das groteske Aussehen eines herumlaufenden dunklen Spargels mit menschlichen Extremitäten und wenn er ging schlackerten sie, als wären sie lediglich mit einem Fädchen an seine Schultern gebunden. Der Kopf passte zum Körper. Er war, proportional gesehen, ebenso lang und hatte durch die weit herausstehende Nase und die tief in den Höhlen liegenden Augen etwas Gespenstisches. Der breite Mund, der wie eine auf dem Rücken liegende Mondsichel sein Gesicht durchzog, verbarg hinter den beinahe konturlosen Lippen nur noch wenige Zähne. Die Ähnlichkeit mit einem lang gewachsenen, präparierten Halloween-Kürbis war frappierend, besonders, wenn er lachte. Was noch entfernt an seine afrikanische Herkunft erinnerte, war die Dunkelheit seiner Haut und sein schwarzer Haarschopf, der in dichten, schweren Korkenzieherlocken seinem Schädel immerhin noch etwas Weiches gab, weil sie ihn schulterlang und glänzend einfassten. Wären seine wachen, merkwürdigerweise hellblauen Augen nicht ständig auf der Suche nach irgendetwas, hätte man meinen können, einer Totenmaske zu begegnen.

Als er vor Jahren hier ankam, um sich, wie er meinte, am schönsten Platz der Erde niederzulassen, hatten alle Bewohner rund um Cabo Gracias a Diós Angst vor ihm gehabt. Kinder schrien, wenn sie ihn nur von weitem sahen und auch Erwachsene machten einen großen, respektvollen Bogen um ihn.

Nach und nach gelang es ihm jedoch, einen festen Platz in der Gemeinschaft zu erringen, was nicht zuletzt auf seinen unerschöpflichen Humor zurückzuführen war. Kaum eine Situation verging, ohne dass sein Witz die Nachbarn zum Kichern oder Brüllen brachte. Entgegen allen Erwartungen stellten seine Mitmenschen fest, dass er höflich, zuvorkommend, hilfsbereit, die Kinder sogar, dass er zärtlich sein konnte.

Er hatte in Dresden studiert, sprach hervorragend Sächsisch und war ein begnadeter Arzt. So manchen Schwerkranken aus der Gegend, der von den Familien schon aufgegebenen war, hatte er dem Tod von der Schippe geholt und sich damit einen weit über die Grenzen der Region hinausreichenden phantastischen Ruf erworben. Als er damals seine Volksgruppe, die Garifuna, verließ und aus der Laguna de Perlas abwanderte, erntete er nur Unverständnis und Kopfschütteln bei seinen Leuten. Mittlerweile jedoch waren seine medizinischen Erfolge bekannt geworden und zu Hause war man stolz auf ihn. Seitdem bekam er jede Menge Familienbesuch und verstand es, die Lebensgewohnheiten der unterschiedlichen Stämme zu vermitteln. Nicht zuletzt deshalb kam ihm hohe Anerkennung internationaler Entwicklungsorganisationen entgegen.

Als Garifuna, Buschdoktor und in neuzeitlicher Medizin ausgebildeter Arzt, der sich nun weit oben im Nordosten Nikaraguas, am Mündungsdelta des Rió Coco in den Atlantik, niedergelassen hatte, waren ihm weder moderne Weißkittel- noch Voodoo-Heilungsriten fremd. Niemand der von ihm Behandelten konnte im Nachhinein die rituellen Formeln der aus dem Südosten Ghanas, dem Süden Togos oder der aus Benin kommenden Ewe-Sprache deuten. Während ein Huhn gackernd sein Leben ließ, murmelte er unverständlich Geheimnisvolles vor sich hin und beschwor im Rauch brennender feuchter Zweige beschützende Geister, sich des Kranken anzunehmen. Niemand wusste zu berichten, aus welchen Wurzeln oder Blättern er verabreichte Tropfen oder Pulver herstellte oder warum er manchmal einfach nur Tabletten verordnete und Spritzen setzte.

Die Angst einflößenden Zeremonien nahm er stets in einem kleinen, nur von Kerzenschein erhellten Hinterzimmer seines bescheidenen Hauses vor, welchem sich die Dorfbewohner und Besucher allenfalls ehrfürchtig näherten oder es im sicheren Abstand umkreisten. Wollte irgendwer seinen Rat, ihm sein Leid klagen oder von einem Schwerkranken berichten, blieb er in respektvoller Haltung vor dem kleinen Holzgebäude stehen und wartete ab, bis Jelepate herauskam.

Für solche Zwecke standen nicht weit von der Hütte entfernt ein strohdachgeschützter Tisch und ein paar wacklige Stühle. Hier durfte der Besucher Platz nehmen und seine Geschichte erzählen. Nur wenige hatten sein Haus von innen gesehen. Sollte ein Kranker behandelt werden, durfte er das Hinterzimmer durch einen separaten Eingang betreten.

Heute aber saß Jelepate allein an dem Tisch unter dem Strohdach. Er blickte gedankenverloren auf das kleine Flüsschen unterhalb des Hügels, auf dem er wohnte und genoss dessen träge Bewegungen, die ihm Ruhe und Frieden gaben. Manchmal hatte sich von dort aus ein Krokodil zu ihm aufgemacht, blieb aber jedes Mal faul am Fuß des Hügels liegen, so als wüsste es, dass an Jelepate nicht viel Fleisch war. Auch Affen oder Jaguare verirrten sich ab und zu in seine Gegend, umkreisten sein Haus, aber ebenso wie die Menschen, nur in sicherndem Abstand.

Klein- und Kriechtiere gehörten zur Kollektion seiner medizinischen Ausstattung genauso wie Wurzeln oder Blätter verschiedenster Farben und Sorten, die er zu unbekannten Mixturen verarbeitete. Bestimmte Reptilien, darunter hoch giftige Korallenschlangen, waren ihm hoch willkommen. Er fing sie mit bloßer Hand so sicher, wie ein Derwisch zwischen rasierklingenscharfen Säbeln tanzt. Dies war, alles in allem, seine Welt. Immer wieder war er froh, aus Managua, wo er monatlich ein paar Tage verbrachte, oder von Kongressen aus aller Welt zurückkommend, sich hier entspannen zu können.

So, so, es würden uns also Leute aus Deutschland besuchen, dachte er. Sie wollen die Zukunft in diesen Winkel der Welt bringen, Computer installieren, stinkende Autos durch den Dschungel steuern, Mac Nuggets frittieren, Hotels nebst dickbäuchigen Touristen anlocken und ähnliche Kulturgüter absetzen.

Nicht etwa, dass er solcherlei Vergnüglichkeiten nicht zu schätzen wüsste. Sein Aufenthalt in Deutschland war zufrieden stellend und von all diesen Dingen bereichert gewesen. Aber wachen Auges hatte er auch den Verfall von Menschlichkeit wahrgenommen. Das dortige Luxusleben, gegen seine Welt und ihre Gewohnheiten gesetzt, reizte ihn nicht. Er wusste ohne es auszukommen und hielt die mitgebrachten Nachteile einer modernen Entwicklung für schädlicher als deren Fortschritte. Ihm war natürlich klar, dass sie nicht aufzuhalten sein würden und bestimmte Teile davon begrüßte er auch.

Für sich und seine Mitmenschen wollte er jedoch versuchen, das Tempo der Entwicklung erträglich zu gestalten. Immer wieder hatte er in Europa, Nordamerika oder sonst wo in den so genannten hoch entwickelten Staaten festgestellt, wie Menschen von Technik, Terminplänen oder dem Konkurrenzdruck beherrscht und gestresst durch ihr Leben hetzten. Während seiner fünf Studienjahre in Deutschland konnte er beobachten, wie Freunde und Bekannte sich zu ihrem Nachteil veränderten oder nervös wurden, beziehungsweise kränkelten, wenn sie den Ansprüchen des dortigen Lebens nicht in jeder Minute des Tages gerecht wurden. Die Jagd nach materiellem Wohlstand verfügte über sie. Zeit zum Genießen, für Gespräche oder gelassene Beobachtungen, der Natur beispielsweise, hatte kaum einer. Trotzdem wusste Jelepate zu objektivieren. Augenscheinlich war für ihn, dass jene Länder nur aus all diesen Gründen wirtschaftliche Vormachtstellungen errungen hatten. Aber der Preis war ihm zu hoch, weil er wusste, dass sich auch dort die Schere zwischen Reich und Arm immer mehr öffnete. Und schließlich standen seiner Meinung nach hinter der Entwicklungspolitik viele derer, die einen persönlichen Nutzen von all dem hatten. Besonders diese bei ihren Vorhaben zu unterstützen fiel ihm nicht im Traum ein.

„Weißt du", diskutierte er erst letzte Woche das Thema mit einem Studienfreund, „ich nehme vielen Experten sogar ab, dass sie es ehrlich mit uns meinen. Aber spätestens, wenn sie mit ihrer ideologischen Haltung in Zielkonflikte mit der eigenen Versendeorganisation geraten und sie deren Wünsche nicht erfüllen, ist's aus mit der ganzen schönen Helferei. Dann geht's für sie selbst nämlich nur noch um Kopf und Kragen. Keine Institution würde ihnen erlauben, sich zugunsten unsereins gegen die eigenen Interessen zu stellen. Aus so genannten Sachzwängen entsteht schließlich aber das, was als Entwicklungsruinen in aller Welt rumsteht oder in Tonnen von Papier verstaubt. Ich habe die Strukturen von Industriestaaten fünf Jahre lang erlebt und weiß, wovon ich rede", schloss er.

„Sicher", erwiderte sein Freund. „Und, wenn du dann noch vor der eigenen Tür kehrst, kann dir ganz schlecht werden. Millionen Dollar fließen durch unsere Ministerien und Organisationen. Wo bleiben sie, frage ich dich? Hast du nicht auch den Eindruck, dass die Geber-Institutionen und die der Nehmer längst so eng miteinander verflochten und voneinander abhängig sind, dass sie gar nicht mehr anders können, als sich gegenseitig zu stützen? Stell dir bloß einmal vor, wir würden als Empfänger nicht mehr existieren! Dann brächen überall auf der Nordhalbkugel ganze Märkte zusammen."

Sie hatten ihr Gespräch noch eine Weile fortgesetzt, die Welt aber nicht ändern können.

Jelepate saß noch immer an seinem Tisch unter dem Strohdach und dachte an das bevorstehende Treffen, ließ sich aber ablenken und genoss das Leben in der augenblicklichen Stille. Rings um ihn herum wurde sie nur von piepsenden wunderschönen Singvögeln oder krächzenden, bunt gefiederte Papageien unterbrochen, die ihre Warnungen vor der herabfallenden Nacht in den Abendhimmel riefen. Weit entfernt kreischte aufgeregt eine Affenhorde. Vielleicht schlich irgendwo in ihrer Nähe auch ein Jaguar durch das Geäst herrlich breiter Baumkronen. Das Geschnatter der Vögel würde noch ungefähr eine halbe Stunde anhalten und plötzlich verstummen, wenn die Sonne den Tag hinter sich ließ, das Licht mit sich nahm und die Dunkelheit Regie führte. Dann war es Zeit für sie, still und möglichst gut versteckt auf einem Ast zu hocken und schlafend den nächsten Morgen zu erwarten, den sie hoffentlich erleben durften.

Einer frisst den anderen, dachte Jelepate. Die menschlichen Gesellschaften unterscheiden sich da nur wenig von seinen Tierfreunden. Nur, dass sie seit ungefähr drei Millionen Jahren aufrecht gingen und in der Lage waren, sich Tricks auszuknobeln, andere von der Bildfläche verschwinden zu lassen. Das Fatale daran ist, dass Entwicklungsakteure es nicht darauf anlegen, wie ein Varieté-Künstler das Kaninchen in den oder aus dem Hut zu zaubern, und dabei darauf achten, dass ihm nichts geschieht. Effekthascherei und harte Dollars sind zum Leitbild dieser Politik geworden und die, die sich daran bereichern, scheren sich den Teufel darum, wie es den davon Betroffenen geht. Wo großartige Entwicklungen heutiger Zeit zuschlugen, blieb Humanität für seinen Geschmack zu häufig auf der Strecke. Dass die eigenen Leute dabei eine so herausragende, traurige Rolle spielten, schmerzte ihn um so mehr.

Seufzend entwirrte er seine unter den Tisch gesteckten Beine, koordinierte die Bewegungen der Arme und brachte sein fast hörbar klapperndes Knochengerüst in die Senkrechte, um ins Haus zu gehen. Er würde ein Zauberer-Kaninchen sein, beschloss er, und die, die ihm hier ans Herz gewachsen waren, ebenfalls. Sie würden Entwicklung begrüßen – auf seine Art und nach ihren Vorstellungen. Da er ein wichtiges Mitglied des Empfangs-Komitees der Deutschen war, hatte er nicht wenig Einfluss auf das Ergebnis des Besuchs.

Wielands Erbe

Schulzes Stimmung war unter dem Nullpunkt. In einer für seinen Geschmack äußerst unprofessionell geleiteten Sitzung hatte Bagger die Gebäudebegrünung rund um seine Bürofenster abgelehnt. Außerdem hatte sich seine Sekretärin krank gemeldet. Sie musste sich in psychotherapeutische Behandlung begeben, weil sie unerwartet eine Phobie gegen grün gefärbte Strumpfhosen überfallen hatte. Dass ihre Vertretung fast ausschließlich schwarz trug und nicht bereit war, sich für den Dienst umzukleiden, trug nicht zur Verbesserung seiner Laune bei. Während er durch sein Vorzimmer stürmte, herrschte er sie an:

„Tee, grün, drei Minuten."

Dann war er in seinem Büro verschwunden, aus dem unmittelbar nach dem Zufallen der Tür ein ohrenbetäubendes Getöse drang. Schulze war über seine neue Zimmerpalme gestolpert, die die Putzfrau als kleine Aufmerksamkeit dekorativ in die Mitte des Raumes gerückt hatte, und mit Schwung zwischen den Postkörben gelandet, die sich von seinem Schreibtisch aus wie Ufos im Raum verteilten.

Das zweite Mal innerhalb von wenigen Tagen waren die darin liegenden Papiere gut gemischt worden. Wilde Flüche ausstoßend rappelte er sich auf und versuchte Ordnung in das Chaos zu bringen. Dabei fiel ihm auf, dass er Postkörbe zwar für seine vielfältigen Funktionen hatte, die aber nicht mit „Eingang" beziehungsweise „Ausgang" beschriftet waren. Dieser organisatorische Mangel würde morgen unverzüglich behoben sein, schwor er sich.

Unablässig von Telefonaten gestört, blätterte er die vom Fußboden aufgesammelten Unterlagen fahrig durch und fand, was er so dringend erwartet hatte: Bolbergs Computer-Beschaffungsantrag. Seine Miene hellte sich auf. Aha, so, dachte er, neue Nachrichten aus dem Tal der Ahnungslosen. Weil ihm angesichts der zu erwartenden Freude alles andere nicht wichtig erschien, stapelte er den Rest der Papiere auf den Haufen, den Magnus schon angelegt hatte. Bolbergs neuer Vorstoß würde ihn versöhnen, nahm er an, bis seine Sekretärin ihm den Tee brachte und er feststellen musste, dass es sich um „Schwarzer Frieser" handelte. Schlagartig schlug seine Stimmung um und voller Hoffnung, dass Bolberg einen weiteren Fehler gemacht haben möge, sog er gierig dessen Zeilen ein.

Der Antrag war diesmal wesentlich nachdrücklicher begründet worden, für Schulze jedoch längst nicht zwingend. Immerhin, Bolberg scheint angesäuert zu sein, dachte er – mein verehrter Kollege beginnt Fehler zu machen. Der Tee, die schwarz gekleidete Sekretärin, seine momentane Stimmung und ein Tippfehler reichten aus, um den Antrag zurückzugeben. Statt „verschaffen" hatte Bolbergs Sekretärin „verschiffen" geschrieben. Für Schulze Anlass genug, den Antrag in seiner Minischrift mit der Bemerkung „keine Frachtpapiere beigelegt" zu verzieren und das ganze Material aus seinem Blickfeld zu befördern. Dass das Bestellformular den Unterlagen nicht mehr beigefügt war, übersah er. Angesichts von Bolbergs Fehler verbesserte sich seine Laune zusehends. Leuchtend rot markierte er das Wort „verschiffen" und legte den Vermerk obenauf in den Korb, der mit „BfH-Ausgang" beschriftet war. Anschließend optimierte er seine Postkorborganisation und eilte fröhlich pfeifend ins Wochenende.

Am folgenden Montag stand Magnus fassungslos vor nunmehr acht Postkörben in acht unterschiedlichen „Rottönen", säuberlich beschriftet. Doch sein innerlicher Protest war mit einem gebrabbelten „loco", verrückt, abgetan. Da er weder Lust hatte, sich für Schulze den Kopf darüber zu zerbrechen, ob der mit seiner eigenen Organisation zurechtkäme, noch bereit war, das Verfahren zu vereinfachen (ihm kam gerade recht, dass Schulze diese Verwirrung erzeugte), entschied er sich erneut für seine Knopf-Abzähl-Methode. Unversehens hatte ihm dies sogar einige Belobigungen eingebracht, weil die Hauspost nun so manches Mal an Stellen ging, die man vorher nie bedachte. Mitarbeiter, die dadurch neuerdings umfassend informiert wurden, freuten sich über die unerwartete Beteiligung und hielten dies für die Umsetzung der Entscheidung Baggers, für mehr Transparenz im Haus zu sorgen. Eifrig kommentierten sie deshalb auch zuweilen Vorgänge, die das Siegel der Vertraulichkeit trugen. Magnus nahm die Entscheidung des Hauptgeschäftsführers ebenfalls sehr ernst und legte sie auf seine Weise aus. Immer, wenn er meinte, dass zusätzlich irgendwer den Vorgang zur Stellungnahme erhalten müsste, vervollständigte er den Verteiler mit: Kopie an: ... – und machte diverse Kollegen glücklich. So kam es dann auch, dass die Svoboda, Mitarbeiterin einer externen polnischen Reinigungsfirma, ihre Kollegin fragte:

„Hast du Geigers Antrag auf Gehaltserhöhung schon gegengezeichnet?"

„Nee", meinte die, „der hat wohl nen Vogel. Wer sein Büro so versaut, wie der – und überall Zigarettenasche rumstreut, hat bei mir keine Chance. Ich hab's auf dem Antrag vermerkt."

Personalchef Kümmerlich rief Geiger daraufhin zu sich und machte ihn zur Schnecke.

„Mensch, Geiger", giftete er, „ist Ihnen denn nicht klar, dass der Chef militanter Nichtraucher ist und Sie sich damit jede Aufstiegsmöglichkeit versauen? Außerdem muss ich nun wieder eine ellenlange Stellungnahme schreiben. Mann, reißen Sie sich mal zusammen. Ich habe keine Lust auf Ärger."

„Aber das hat doch nur die Svoboda vermerkt", wandte Geiger schüchtern ein. „Geht so was denn auch an den HGF?"

„Na klar, was glauben Sie denn? Wir haben uns Transparenz und Vernetzung auf die Fahnen geschrieben. Bitte nehmen Sie unsere Beschlüsse gefälligst ernst. Sie wissen doch, dass die mindestens zwei Wochen gültig sind!"

Damit war Geiger aus dem Gespräch entlassen. Mit hängenden Ohren schlich er an seinen Schreibtisch zurück und erwog Marlboro auf 30 Millionen Schadensersatz zu verklagen, falls er eine Abmahnung erhalten sollte.

Heute Morgen lieferte Magnus aber keine Eingänge für Schulze, sondern hatte nur Ausgänge von ihm. Darunter den aus dem BfH-Ausgang, der leuchtend „grün" markert den Hinweis „verschiffen" trug. Also ab damit zum Einkauf, dachte er und war froh, dass nun offenbar Bagger das letzte Wort dazu gesprochen hatte. Insgeheim bedankte er sich noch einmal bei Castello. Der Schwindel war bisher also nicht aufgeflogen. Ihm fiel zwar auf, dass der Beschaffungsauftrag nicht mehr dabei lag, doch nahm er an, dass der bei Rehmann noch immer in den besten Händen war. Mit einem letzten Blick auf das Postkorb-Inferno verließ er kopfschüttelnd das Zimmer.

Dieses blöde Pingpong-Spiel würde er jetzt nicht mehr mitmachen, brüllte Bolberg hinter seiner geschlossenen Bürotür so laut, dass draußen seine Sekretärin zusammenfuhr. Was hat der denn bloß wieder, überlegte sie, und stellte die Wodkaflasche schon mal in greifbare Nähe.

„Wo ist der Wieland?", knurrte er sie an, den Kopf durch die einen Spalt breit geöffnete Tür gesteckt.

„Der hat sich bei mir nicht abgemeldet", giftete sie, griff aber schon zum Telefon, um ihn über die Hausrufanlage suchen zu lassen.

„Professor Dr. Wieland, Herr Wieland, bitte begeben Sie sich unverzüglich in das Büro von Herrn Bolberg", schallte es kurz danach über alle Flure.

Der saß gerade auf dem Klo, als ihm der Schreck in buchstäblich alle Glieder fuhr, was vorübergehend zu unangenehmen öffentlich-rechtlichen Versteifungen führte. Da muss ja etwas Fürchterliches passiert sein, wenn die mich über die Anlage rufen, vermutete er. So schnell er konnte rannte er mit schlackernden Hosenträgern und merkwürdig unbeholfenen Schritten schnurstracks in Bolbergs Büro.

„Wie sehen Sie denn aus?", fragte Bolberg, wartete aber die Antwort nicht ab. „Herr Wieland, Sie wissen, dass ich morgen unsere Delegation nach Nikaragua führen werde. Ich habe infolgedessen also keine Zeit mehr, mich um den Pipikram zu kümmern, der hier rumliegt und werde Ihnen deshalb jetzt verschiedene Arbeitsaufträge erteilen. Darunter ist auch der Computer-Beschaffungsvorgang. Sie wissen, welchen ich meine?!"

„Selbstredend", erwiderte Wieland.

„Bitte unterbrechen Sie mich nicht ständig, ich hab's eilig."

„Selbstverständlich", stotterte Wieland reflexartig und musste dafür ein erbostes Stirnrunzeln seines Bosses einstecken.

„Ich erwarte", setzte Bolberg fort, „dass Sie die Angelegenheit schnellstens zum Ende führen – und bitte mit allem Nachdruck, den Sie aufbringen können", schärfte er ihm ein. „Ich hätte ja schon längst ...", fügte er hinzu. „Aber Sie wissen ja ...!"

Wieland wusste überhaupt nicht – ganz im Gegenteil –, antwortete aber dienstfertig:

„Ja, ja klar, ich denke, das kriege ich schon hin. Seien Sie unbesorgt. Habe meine Beziehungen schon spielen lassen."

„Na prima", meinte Bolberg befriedigt, lud Wieland Berge von Papier auf, schob ihn aus dem Büro und verabschiedete ihn mit den Worten: „So, dann sind Sie jetzt mal wieder Chef – alles Gute!"

„Danke, gute Reise und viel Erfolg", wünschte Wieland. Vor der Tür, ein Hosenträger hing noch immer an ihm herab, grinste er Bolbergs Sekretärin an. „So, ich bin ab morgen Ihr Chef. Dann weht mal wieder ein frischer Wind, denn ich werde vorübergehend ein anderes Zepter schwingen!"

„Das freut mich aber", gab sie trocken zurück, während sie an seinem Hosenträger schnippte. „Dann können Sie ja gleich mal Anweisungen geben, wenn Sie die eiligste Tagespost verteilen", ergänzte sie und türmte den Papierberg auf Wielands Armen noch ein bisschen höher auf.

„Ist mir das reinste Vergnügen", antwortete der. Mit dem Gefühl, als wären hier gerade die Rollen vertauscht, zog er davon.

In seinem Zimmer angekommen, sichtete er das Material und suchte zunächst die Computer-Akte, die Bolberg so wichtig war. Bisher hatte er angenommen, dass es um das von ihm verschlafene Sitzungsthema „Kommunikations-Systeme NIC" gehen würde, stellte nun aber fest, dass ein anderer Vorgang gemeint sein müsse, der sich nur auf ihre eigene Abteilung bezieht. Ziemlich verwirrt legte er die Unterlagen erst einmal beiseite und überlegte sich gründlich das weitere Vorgehen. Was will der denn nun eigentlich?, fragte er sich. Das Zeug für Nicaland oder für uns – oder beides?

Viel weiß ich von der ganzen Angelegenheit nicht, dachte er verunsichert. Den gesamten Sachverhalt aufzuarbeiten, würde zu lange dauern. Bis ich so weit bin, ist der Bolberg schon wieder zurück und macht mir die Hölle heiß, wenn der Kram nicht in die Gänge gebracht ist. Geht also nicht. Wer weiß wohl noch davon, überlegte er weiter. Kabel, der Organisator – aber der ist im Urlaub. Der Hauptgeschäftsführer ist in Vietnam, wahrscheinlich in irgendwelchen Bumslokalen, der Zweite beim Kirchentag in Timbuktu. Dem Dritten ist der Vertrag ausgelaufen und Schulze ist überraschend erkrankt. Seine Mutter hatte ihn wegen eines einsetzenden Schnupfens zu Hause behalten. So ein Mist, dachte Wieland.

Derweil er in Gedanken auf das vor ihm kontinuierlich rotierende Mobile starrte, von dessen stets gleich bleibenden Schwingungen er sich in kniffligen Situationen immer beruhigen ließ, kam ihm blitzartig die Erkenntnis. Menschenskind, dann bin ich ja ab morgen Haupt-Geschäftsführer, durchzuckte es ihn siedend heiß.

In dem Gefühl, Millimeter über der Sitzfläche seines Sessels zu schweben, machte er sich an die Arbeit. 1. Schritt, notierte er: Daten sammeln lassen. 2. Schritt: Informationen auswerten lassen. 3. Schritt: Entscheiden. 5. Schritt: Den Erfolg publizieren. 6. Schritt: Beförderung beantragen. Ist doch kinderleicht, sprach er sich Mut zu. Schritt 4. hielt er sich für den Fall offen, dass schwer wiegende Personalentscheidungen erforderlich sein würden. Die Einführung der Datenverarbeitung und die Umsetzung des Projekts mögen andere übernehmen – wozu bin ich Chef? Strategie und Taktik lagen also fest.

„Wie weit sind Sie denn mit den Info-Systemen für Nikaragua?", fragte er seinen Kollegen bei der GGEZ.

„Die sind schon längst unterwegs", erhielt er prompt als Antwort. „Ich habe die Verschiffung unmittelbar veranlasst, nachdem hier die Nachricht eingegangen war, dass am 17.11., also morgen, 13 Experten Ihrer Organisation nach Nicaland reisen."

„Um Gottes Willen", erschreckte sich Wieland. „Das ist viel zu früh! Die Leute sind erst einmal nur eine hochkarätige Voraus-Delegation ... so Großkopferte, wenn Sie verstehen, was ich meine. Und außerdem wollten wir über Details doch noch sprechen."

„Hhmm ... schlecht", grübelte sein Gesprächspartner. „Zurückrufen kann ich die Ladung nicht mehr. Der Pott hat vor ungefähr zwei Wochen in Bremerhaven abgelegt. Aber ich schau' mal nach, ob ich die Auslieferung ein wenig verzögern kann. Übrigens, gesprochen haben wir darüber. Anyhow, Sie hören von mir."

Wieland wollte noch fragen, mit wem darüber gesprochen worden war, aber da klickte es schon in der Leitung. Schweißgebadet hängte er ein und dachte: Das geht hoffentlich noch gut. Die würden mir glatt Pfusch unterstellen, wenn ich nicht angemessen eingegriffen hätte. Schließlich wäre es meine Schuld, wenn das Zeug ungenutzt rumsteht und unter der Tropensonne schimmelt. Er richtete ein Stoßgebet zum Himmel, dass die Ladung nicht zugleich mit der Delegation eintreffen möge. So, und jetzt zu dem anderen Computer-Vorgang. Wieder nahm er den Telefonhörer ab.

„Baum hier", hörte er vom anderen Ende den Einkäufer.

„Herr Baum, sagen Sie mal, ist Ihnen irgendetwas von einer Computerbeschaffung bekannt?"

„Sicher", entgegnete Baum und staunte, weil Wieland offenbar nicht wusste, was in seiner Abteilung vor sich geht. „Ist längst erledigt", setzte er hinzu. „Der Auftrag ist vorige Woche rausgegangen, sofort nachdem ich den Bestellschein erhalten habe."

„Na prima", freute sich Wieland, „so hab ich's gern."

Jetzt war es an ihm sich zu wundern. Er kam nicht dahinter, warum sein Boss so ein Gewese um eine Angelegenheit gemacht hatte, die längst erledigt war. Na, mir soll's recht sein, dachte er. Somit bedarf es nur noch der Herausstellung der eigenen Erfolgsanteile. Und dies wird mir nicht schwer fallen, schloss er seinen Gedanken ab. Zu Baum sprach er in die Muschel:

„Wissen Sie, Herr Baum, ich bin zurzeit der Geschäftsführer und erwarte, dass die Dinge zur Zufriedenheit aller geregelt sind. Wann können wir denn mit der Lieferung rechnen?"

„Einundfünfzigste Woche", kam es wie aus der Pistole geschossen.

„Hervorragend", lobte Wieland und fügte hinzu: „Weiß Schulze eigentlich, was für eine Spitzenkraft er mit Ihnen an seiner Seite hat?"

„Ich glaube kaum", versetzte Baum, „immer, wenn ich von Hoch-Gruppierung rede, fällt ihm ein ..."

„Ich werde mich mal darum kümmern", unterbrach Wieland und legte auf.

Was hat der Bolberg da bloß wieder für einen Wirbel veranstaltet, grübelte er, fasste sich an den Kopf und freute sich darüber, dass wenigstens diese Geschichte für ihn so glimpflich ausgehen würde. Eigentlich brauche ich nur noch die Früchte aufzusammeln. Glück gehabt, dachte er und hielt es für durchaus gerechtfertigt, dass ihm diesmal die Lorbeeren zufielen.

Was freilich weder der Einkäufer noch Wieland wussten, war, dass die Unterlagen von Magnus und Castello bearbeitet worden waren. In seiner Farbblindheit griff Magnus dabei, nachdem Castello die Bestell-Stückzahl fachmännisch erneuert hatte, zum Grünstift der Hauptgeschäftsführung, um Schulzes Kommentar auf dem Antrag nachzuzeichnen. In der Korrekturaufregung übersah er jedoch, dass der ALF geschrieben hatte: „Somit liegt von mir (und vom Herrn BfH aus) keine Zustimmung für die Beschaffung vor!" Magnus unterschlug versehentlich leider das „k". Statt „keine" hatte er schlicht „eine" geschrieben und beendete damit Bolbergs heroischen Kampf um das gewünschte System, ohne dass der oder Wieland auch nur die geringste Ahnung davon hatten.

Anschließend trennte Magnus bekanntlich die Unterlagen voneinander und leitete das Auftrags-Bestell-Formular über Rehmanns Schreibtisch direkt an den Einkäufer Baum, der die leuchtend grüne Schrift als Aufforderung von oberster Stelle für sofortiges Handeln nahm. Somit standen die Dinge für Bolberg und Wieland zum Besten.

Dass aus der Bestellmengen-Angabe 01 auf wundersame Weise noch 201 werden sollte, konnte aber auch Magnus nicht ahnen.

Abreise

Im Ticket war die Abflugzeit mit sieben Uhr zwanzig angegeben. In aller Herrgottsfrühe, um drei Uhr dreißig, rasselte der Wecker, als wolle er ganz Berlin aus dem Tiefschlaf reißen. Rehmann schreckte wie von einer Tarantel gebissen hoch und schlug wütend nach ihm, traf aber leider nur die neue Brille. Knacks, machte es trocken.

„So ein Mist", knurrte er schlaftrunken, doch unverletzt, „dreihundertundfünfzig Mark im Eimer." Seine Ersatzbrille war ziemlich zerkratzt, aber es würde schon gehen. Es musste, denn welcher Optiker würde um diese Zeit ...? – Vergiss es. Taumelnd begab er sich ins Badezimmer, nachdem er Wagners Götterdämmerung aufgelegt hatte und damit sofort die Nachbarn auf den Plan rief.

Ob ihm nicht gut sei, war die wohl zurückhaltendste Frage, die über den Innenhof des mehrgeschossigen Wohnhauses schallte. Ob dies dem unbekannten Rufer nicht egal sein könne, brüllte er zurück und drehte die Musik etwas lauter. Weil sich in den erhitzten Wortwechsel aber mehr und mehr empörte Stimmen mischten, riss er schließlich die Wohnungstür auf und rief in den Treppenflur:

„Oder würdet ihr vielleicht einen Notarztwagen für mich bestellen – he? Ähh ... ich meine einen Techniker", verbesserte er sich. Vor der Tür stand der Zimmermann aus der fünften Etage. Annähernd zwei Meter groß und fast den gesamten Rahmen ausfüllend. Geradeaus schauend blickte Rehmann ihm direkt auf die Brustwarzen. In seiner Verlegenheit nahm er eine davon zwischen spitze Finger und drehte sie behutsam so, als würde er seinen alten Empfänger ausschalten wollen.

„Meine Anlage ist nämlich kaputt", fügte er kleinlaut hinzu. „Ich krieg' sie einfach nicht leiser gestellt."

„Das haben wir gleich", versicherte der Nachbar, hob ihn mühelos zur Seite und stapfte barfuß in Rehmanns Wohnzimmer. Ein deftiger Hieb auf den CD-Player machte dem Spektakel ein schnelles Ende.

„Siehste Junge, so was kann ich unverzüglich reparieren", meinte er. „Falls sie jetzt wieder angeht, sind wirklich sensiblere Hände gefragt. Ich meine, dann wäre eventuell so was wie ein Chirurg erforderlich."

Rehmann verstand den Wink, bedankte sich eilig für die schnelle Hilfe und bereitete sich in aller Stille auf seinen Abgang vor. Ein bärenstarker Kaffee weckte seine Lebensgeister, stimmte ihn versöhnlich und mutig.

„Dich hebe ich doch aus dem Anzug", brummte er sein Spiegelbild mit Furcht erregender Grimasse an, dachte aber an den Zimmermann von oben. „Erstaunlich", bemerkte er und spannte die Bizeps. Nach ungefähr zwanzig Bodybuilding-Stunden hatte sich bereits das Gefühl eingestellt, bestens in Form zu sein und die Welt aus den Angeln reißen zu können.

Dies änderte sich sofort, als er mit schwerem Gepäck den Hausgang hinunterpolterte und erneut einen fürchterlichen Radau machte.

„Haben Sie noch mehr zu reparieren?", erkundigte sich eine bekannte Stimme von oben.

„Ja", meinte er, „die Rollen meiner Koffer drehen sich nicht."

„Moment …", kam die Erwiderung, eine Tür fiel ins Schloss und Schritte auf der Treppe mahnten ihn zur Eile.

Zum Glück stand das bestellte Taxi schon vor dem Haus.

„Zum Flughafen", rief er dem Fahrer zu, nervös auf die Haustür schauend, „aber schnell bitte, ich bin schon spät dran."

Als das Taxi anfuhr, ließ er sich entspannt in den Sitz fallen, drehte die Fensterscheibe herunter und sog tief den erfrischenden Fahrtwind des noch nachtgefärbten Morgens ein. Verkehr hatte zu dieser frühen Stunde nur spärlich eingesetzt. Fast alle Straßen waren leer und sauber. Gerade musste es zu regnen aufgehört haben. Die Laternen warfen ein beruhigendes Licht auf die nasse Fahrbahn und die noch nicht versickerten Pfützen. Schön, so eine Stadt, solange sie die verrückten Bewohner nicht beleben, dachte Rehmann. Friedlich war es um ihn herum. Der Diesel brummte einschläfernd, im Radio klimperte Richard Kleidermann vor sich hin und der Taxifahrer quatschte ihn nicht voll. Eine Sekunde Glück meinte er zu verspüren.

Angela fiel ihm ein. Er bedauerte sehr, sie bis zu seiner Abreise nicht mehr getroffen zu haben, denn irgendetwas lag schief zwischen ihnen. Nur was? Auf Schulze war er sauer. Der hatte ihm das Wochenende mit ihr verpatzt. Überhaupt, der Job stank ihm. Auf Dauer war er höchst unbefriedigend. Dieses ewige Gekaue auf denselben Richtlinien und Argumenten! Hilfe für die Dritte Welt – pha! Im Grunde ging es den meisten doch sowieso nur um die eigene Knete, um exhibitionistische Zurschaustellung ihrer selbst oder um Macht. Entwicklungszusammenarbeit als Vehikel – das ist es, mehr nicht –, von Ausnahmen abgesehen, natürlich. Mal sehen, grübelte er. Bin mal gespannt, ob ich das Nica-Ding gut über die Bühne kriege und was die Sesselfurzer dazu sagen, wenn sich der Projektwind dreht. Aber noch fehlten ihm jede Menge Informationen, um sicher sein zu können, dass alles klappt. Seufzend kramte er seine Reisedokumente zusammen, als der Flughafen in Sicht kam.

„Guten Flug", sagte der Taxifahrer und fügte, während er die Koffer aus dem Auto wuchtete hinzu: „Übrigens, Sie haben zwei unterschiedliche Schuhe an. Ist das schick, da wo sie hinfliegen?"

Blödmann, dachte Rehmann, sah an sich herunter und gab ihm ein fürstliches Trinkgeld, weil er Recht hatte.

„Nicht gerade schick", ging er auf den Spaß ein, „aber wirtschaftlich. Der Linke ist ein Gastgeschenk."

„Für wen?"

„Für den Bürgermeister von Single-Leg. Noch nie davon gehört?"

Rehmann buckelte die schweren Koffer zum Check-in. Unterwegs kaufte er eine Morgenzeitung und stellte sich dann in die Reihe der Wartenden vor dem Abfertigungsschalter. Nebenbei beobachtete er, teils belustigt, teils mitleidig, die hetzenden Menschen. Warum kommen die nur so spät, dachte er. Jetzt sind sie fertig mit der Welt und springen herum wie aufgeregte Hühner. Er vertiefte sich in die Zeitung, bis nur noch ein Fluggast vor ihm stand. Gerade wollte er der Dame hinter dem Schalter seine Papiere vorlegen, da schallte sein Name durch die Halle:

„Herr Alexander Rehmann, Herr Alexander Rehmann. Sie werden dringendst gebeten, sich an den Abfertigungsschalter 13 zu begeben. Bitte begeben Sie sich sofort an den Schalter 13. Ihr Flug startet in 10 Minuten. Dies ist ihr einziger und letzter Aufruf! Attention, attention. Mr. Alexander Rehmann, Mr. Alexan ..."

Voller Panik drehte er sich einmal im Kreis, um die notwendige Orientierung zu finden, und fragte dann nervös seinen dicken, gemütlich aussehenden Hintermann:

„Ist das denn nicht der Flug nach Managua?"

„Wohin woll'n se? Managua? Wo soll'n det liejen ...? Nee, Männekinn. Hier jehts nach Malaga und dann weiter nach Mallorca, wo de Zitrusse blühn." Zu seinem Kumpel gewandt fuhr er fort:

„Det sind se, Kalle. Da woll'n se um de janze Welt, finden aba nich ma ihrn Flieja."

Rehmann hatte nicht mehr hingehört, sondern war losgewetzt, so schnell es das für ihn auf einmal tonnenschwere Gepäck zuließ. Scheiß Brille, dachte er, weil er nicht alles klar sah, scheiß Verwaltung, weil mindestens sechs Kilo Papierkram seine Koffer beschwerten. Rücksichtslos, mit dem Feingefühl einer wild gewordenen Dampfwalze, brach er durch die Warteschlangen, die sich vor den anderen Schaltern gebildet hatten. Entgegenkommende, ebenfalls schwer beladen, wichen ihm erschreckt aus oder wurden fast umgerannt. Eine Gruppe Surferinnen verstellten ihm den Weg mit ihren Boards.

„Hey", lachte ihn eine an, „du hast es aber eilig. Komm doch mit uns mit, wir brauchen noch ein Maskottchen. Mit deinen zwei Schuhen bringst du uns sicher Glück."

„Halt die Klappe und lass mich durch", reagierte er völlig untypisch, kam aber nur einen Meter weiter, weil ihm der Trainer des Damen-Teams den Weg versperrte.

„Nichts ist so eilig, als dass es sich nicht mit Höflichkeit regeln ließe", meinte er blöde und nicht ungefährlich grinsend. „Du wirst dich jetzt bei den Ladys artig entschuldigen", spielte er sich auf, „und dann darfst du in dein Flugzeug."

„Das geht genau in fünf Minuten", zischte Rehmann ihn an, „und wenn du mich nicht sofort vorbeilässt, trete ich dir so in die Eier, dass du deine Surf-Kommandos nur noch piepsen kannst. Mal sehen, was dann deine Ladys von dir halten." Rehmann hatte Eindruck gemacht.

„Ist ja schon gut, Mann", erwiderte der Trainer und bedeckte die gefährdeten Körperteile instinktiv mit den Händen. Unangefochten konnte Rehmann an ihm vorbeisausen.

Noch ein Schalter, dann war es geschafft. Er war total ausgepowert, atemlos und verschwitzt. Wenn die jetzt noch was von Übergepäck faseln, flipp' ich aus, dachte er. Drei Minuten später ließ er sich im Flieger in den Sitz am Fenster fallen, schloss die Augen und wollte sie erst wieder bei der Landung öffnen. Hätte mir ja auch auffallen können, dass ich am Schalter sonst keinen Kollegen getroffen habe, ärgerte er sich. Die Flugbegleiterinnen schlossen die Rumpftüren, neben ihm nahm irgendwer Platz.

„Das war aber knapp", sagte seine Nachbarin zu ihm.

Nee, nich! Das ist doch wohl nur ein Traum, oder? Die Stimme kam ihm nur zu gut bekannt vor. Er hielt die Augen krampfhaft geschlossen, weil er glaubte, dass die Vision mit ihrem Öffnen zerplatzen könnte wie ein Luftballon. Sag' was, bat er innerlich, sag' was oder kneif mich. Und sie sagte:

„Ein Drink wäre jetzt wohl das Richtige für dich. Hier ..."

Er tastete nach dem Flachmann, den sie ihm hinhielt, berührte ihre Hand und nahm einen kräftigen Schluck. Erst dann war er bereit die Augen zu öffnen.

„Bist du gekommen, um mich zu verabschieden?", fragte er.

„Ja", lautete die Antwort, „aber unglücklicherweise hat die Maschine schon ihre Parkposition verlassen und deshalb muss ich wohl oder übel mitfliegen."

„Das tut mir aber Leid", meinte er und steckte dafür einen Ellenbogenhieb ein.

Es war ein herrlicher Flug. Schon bald hatte die Boeing das graue Dauer-Wolkenband über Deutschland durchstoßen, flog im gleißenden Sonnenschein und lag ruhig brummend in der Luft. Die Stewardessen waren ansehnlich, freundlich, zuvorkommend, schnell, der Film klasse. Nach kurzer Zeit hatten sich auch die Missverständnisse zwischen ihnen geklärt und beide wussten voneinander, warum sie an Bord waren. Irgendwann legte sie im Schlaf den Kopf an seine Schulter. Ihm waren nach eineinhalb Stunden sämtliche Glieder eingeschlafen, doch er wagte nicht, sich zu bewegen. Denn sie aufzuwecken hieße, ihre Nähe aufzugeben.

Sie ist es, dachte er noch, bevor er selbst einschlief.

Bolbergs Planung

Stunden, manche von ihnen erst einen Tag später, trafen die Delegationsmitglieder auf der anderen Seite des Atlantiks ein. Tatsächlich waren nicht alle die, die eigentlich hätten reisen sollen, denn krankheits-, urlaubs- oder weisungsbedingt waren Ausfälle und Aushilfsreisende zu verzeichnen.

Weil sich im Haushalt peinlicherweise noch zu viel Geld türmte, war Personal ersatzweise abgeordnet worden und musste eiligst die Koffer packen. Der Finanzplan war, koste es was es wolle, auszuschöpfen, da sonst die Steuersäckel-Zuwendung für das übernächste Jahr erheblich geringer ausfallen könnte. Regelmäßig gab es Krach zum Jahresende, wenn die Mittelverantwortlichen unter dem Limit blieben.

Reiserouten über Kapstadt, Hongkong, Santiago de Chile oder Anchorage waren deshalb kein Zufall. Natürlich standen diese, Business-Class gebucht – versteht sich –, nur Abteilungsleitern oder Geschäftsführern zu, die dort ohne Unterlass hochwichtige Entwicklungsgeschäfte zu verrichten hatten. Obgleich die meisten von ihnen bei der Entgegennahme des Tickets angewidert das Gesicht verzogen, war es bisher kaum einem gelungen dies abzuwenden und den direkteren Weg zu nehmen oder die Holzklasse zu buchen. Die Reiseanordnungen waren unerbittlich und als ordentlicher Staatsdiener fügte man sich zähneknirschend in das Unvermeidliche.

Statt Dr. Zuck, dem Hausjuristen, reiste Conrad, der Hausmeister, dem als Mitglied des Betriebsrates gewisse Rechts-Grundkenntnisse nicht aberkannt werden durften. Ihn begleitete Goliath, der die Reisegruppe gegen Übergriffe der kolumbianischen Drogen-Mafia schützen sollte, die am Projektort ihr Unwesen trieb. Ein dreitägiger Schnüffel-Schnellkurs „Kokain" und die Tatsache, dass Goliath unbemerkt in Taschen jeder Art eintauchen konnte, legitimierte seine Teilnahme. Trotzdem kam es seinetwegen zum ersten offiziellen unangenehmen Vorfall bei der Einreise. Wegen der landesverbindlichen Tier-Import-

Gesetze mussten sich er und sein Herrchen einer Tollwut-Impfung unterziehen, was Conrad tatsächlich in Tollwut brachte – womit er den nikaraguanischen Amts-Tierärzten allerdings nur bewies, dass die Impfung notwendig gewesen war. Conrad entließ man nach Behandlung, Goliath blieb in Gewahrsam.

Den Fachreferenten für Landwirtschaft, Bauer, ersetzte die Betriebskindergärtnerin, die, wie schon ihre Berufsbezeichnung andeutet, Erfahrungen in Gärtnerei hatte. Victoria durfte für den krankheitshalber ausgefallenen Soziologen, Dr. Specht, einspringen und das Referat Technik/Handwerk schickte ersatzweise den Kantinenkoch, weil der von Metall-Oberflächenbearbeitung einiges verstand. Den Gesundheitsbereich vertrat schließlich der Bibliothekar, dem allerdings die Auflage gemacht worden war, den „Pschyrembel" auswendig zu lernen, um seiner Teilnahme eine grundlegende Berechtigung zu geben. Noch im Flugzeug versuchte er, das Sachwort-Register auswendig zu lernen. Er saß neben Bolberg und bat ihn nach jeweils zehn neuen Fachbegriffen, das Erlernte abzufragen, bis der sich entnervt einen anderen Sitz suchte.

In der Restgruppe waren selbstverständlich auch Größen, wie Berger, der Haushaltsexperte und die Spitz. Dass Angela mitreiste, kam für alle einigermaßen überraschend. Bolberg hatte sie bekanntlich eingeladen, einen Bildungsreise-Antrag zu stellen und er selbst verband damit die Absicht, den nikaraguanischen Partnern das deutsche Frauenbild zu vermitteln. Angela erschien ihm dafür überaus geeignet. Sie war dankbar, zeigte ihm darüber hinaus jedoch nur ihre schöne kalte Schulter, was Rehmann sehr beruhigte.

Dann gab es einige Begleiter aus befreundeten Organisationen und einen ziemlich unbekannten Minister, z.b.V. Im Rahmen seiner besonderen Verwendung gab er sich ausgesprochen erfahren im Umgang mit Dolmetschern, die er selbst bei der Bierbestellung voll auslastete.

Der zweite Zwischenfall nach der Goliath-Affäre, die sich tagelang in den Schlagzeilen deutscher Boulevardblätter hielt, ereignete sich ebenfalls am Flughafen von Managua. Die Pressereferentin, die des tropischen Winters wegen mit einem Leopardenfell-Mantel einreisen wollte, kam in Schwierigkeiten, weil sie gegen das Artenschutzabkommen verstieß.

„Sie dürfen diesen Mantel weder ein- noch ausführen", klärte eine pummelige Zollbeamtin sie freundlich auf.

„Wer sagt das?", fragte die Pressereferentin.

„Ich."

„Das reicht mir nicht. Wer sagt das noch?"

„Die Gesetze unseres Landes."

„Aha."

„Was heißt: Aha? Ziehen Sie ihn bitte aus. Er wird hier deponiert und Sie können ihn anlässlich Ihrer Rückreise wiederbekommen."

„Ich denke nicht daran. Dann friere ich."

„Hier ist es zurzeit 32 Grad warm."

„Wo steht das?"

„Auf dem Thermometer, dort drüben an der Außenwand des Gebäudes."

Die Referentin ging zu der ihr bezeichneten Stelle und kam gleich darauf mit finsterer Miene zurück.

„Es gibt dort kein Thermometer."

„Ich weiß, es wurde gestohlen. Aber wenn dort eines hinge, würde es jetzt 32 Grad anzeigen."

„Wer sagt das?"

„Ich. Das ist um diese Jahreszeit hier immer so."

„Sind Sie Meteorologin?"

„Nein. Zollbeamtin."

„Wie können Sie dann wissen, dass Ihre Temperaturangabe stimmt? Ich glaube, Sie überschreiten Ihre Kompetenzen!"

Die Beamtin wurde langsam ärgerlich, behielt aber die Ruhe.

„Das tut nichts zur Sache", erwiderte sie. „Ich weiß es. Und jetzt ziehen Sie endlich Ihren Mantel aus. Sonst kommen Sie hier nicht durch!"

„Wollen Sie mir drohen?"

„Nein."

„Sie tun es aber!"

„Ich wüsste nicht, wie."

„Nun, obwohl Ihr Thermometer nicht vorhanden ist und obwohl Sie keine Meteorologin sind, wollen Sie mir die Einreise verweigern, wenn ich den Mantel nicht ablege. Das ist doch wohl eine Drohung."

„Erstens ist es nicht mein Thermometer und zweitens haben Meteorologen über Ihre Einreise sowieso nicht zu entscheiden."

„Wie kommen Sie dann dazu, sich als eine solche aufzuspielen?"

„Ich habe nur gesagt, dass es hier heiß ist, dass der Mantel unter das Artenschutzabkommen fällt und Sie ihn nicht benötigen."

„Wollen Sie mir etwa vorschreiben, wann ich einen Mantel tragen darf und wann nicht?"

„In diesem Fall ja. Der Mantel bleibt hier!"

„Das geht zu weit!"

„Wieso?"

„Na, einerseits möchte Nikaragua seinen Gästen vorschreiben, was sie anzuziehen haben und andererseits verlangen Sie schon am Flughafen eine Kleiderspende."

„Von Kleiderspende hat niemand etwas gesagt. Es ist Vorschrift!" Die Beamtin war äußerlich noch immer seelenruhig, hob aber bereits die Stimme.

„Heißt das etwa, Sie knöpfen Ihren Besuchern vorschriftsmäßig die Kleidung ab?"

„Wenn es notwendig ist."

„Und wer bestimmt, wann es notwendig ist?"

„Ich."

In diesem Augenblick machte die Pressereferentin einen entscheidenden Fehler.

„Sie brauchen wohl einen Mantel?", fragte sie.

Wutentbrannt drehte ihr die Zöllnerin den Rücken zu, rief ihre Vorgesetzte herbei und überschüttete sie mit Worten der Empörung.

„Meine Dame", sagte die dann unterkühlt. „Bitte folgen Sie mir. Ihr Problem wird an höherer Stelle behandelt."

„Na, also", meinte die Referentin zu den Kollegen und Kolleginnen der Delegation. „So muss man mit denen umgehen. Wäre doch gelacht, wenn die Internationale Öffentlichkeitsarbeit nicht respektiert würde."

Sichtlich überzeugt von der Richtigkeit ihres Auftretens, folgte sie der Beamtin. Sie kehrte trotz aller Bemühungen des Botschafters nicht in die Reisegruppe zurück. Als sich nach langwierigen Untersuchungen herausstellte, dass ihr Leopardenfell-Mantel ein Falsifikat war, weigerte sie sich nach Deutschland zurückzukehren. Sie wollte ihren Freundinnen und Kolleginnen zu Hause nicht mehr unter die Augen treten, bis ihre Schmach überwunden war.

Jahre später erschien von ihr ein mehrbändiges Werk, in dem sie über die gelungene Kreuzung von Leoparden und Gürteltieren berichtete. Sie hatte es sich zur Aufgabe gemacht, neue Pelztierarten zu züchten, deren Felle nicht in irgendwelchen Export-Import-Abkommen erfasst waren. Inoffiziell wusste man zu berichten, dass sie eines Tages damit quer durch Europa nach Deutschland zurückkehren wolle, um an allen zu überschreitenden Grenzen Zollbeamte in Verlegenheit zu bringen.

Nach diesen ersten Aufregungen verlief die Einreise aller anderen glatt. Man traf sich müde aber entspannt in der Hotelbar und verbrachte ausgelassen ein Plauderstündchen bei scharfen Getränken und dem Klang der Marimba.

Am folgenden Tag, noch vor dem Frühstück und der Morgentoilette, versammelte Bolberg seine Mitarbeiter um sich. Er mahnte zur Eile, weil er bekannt geben wollte, dass die zur Verfügung stehende Zeit für alle abzuarbeitenden Aufträge nicht ausreichen konnte, wenn Trödeleien einreißen würden. Mit Berger war er noch nach dem abendlichen Treffen in der Bar sämtliche Aufzeichnungen durchgegangen. Sie hatten erkannt, dass eine generalstabsmäßige Planung für die Erfüllung aller Aktivitäten erforderlich sei und handelten nun entsprechend. Man teilte die Mitarbeiter in drei Arbeitsgruppen auf.

Die erste würde sich zunächst in den Urwald begeben und in einem festgelegten Planquadrat, nahe Ocotal, am Río Coco, die Holzarten und ihre verwendbaren Mengen identifizieren, die zur Bleistift-Produktion taugten. Bolberg war zwar nach wie vor der Auffassung, dass das Projekt absoluter Blödsinn wäre (seine Finnland-Erfahrungen mahnten nachhaltig zur Vorsicht), handelte aber weisungsgemäß.

„Bitte reisen Sie danach über die Anden südwärts bis auf die Falklands und stellen Sie fest, welche Anthrazit-Minen mit ausreichender Kapazität als Zulieferer in Frage kommen könnten. Prüfen Sie parallel dazu, ob ein Absatzmarkt für Bleistifte mit einem Durchmesser von 10,2 Zentimetern und einer Länge von 84 Zentimetern vorhanden ist."

Das unterdrückte Kichern der Umstehenden veranlasste Bolberg zu strengen Blicken und weiteren Erklärungen. Es handele sich hier zwar um eine Übergröße, die aber durch die Deutsche Industrienorm 177291 gedeckt sei, klärte er sie auf. Sie werde immer dann angewendet, wenn die Produktionskosten der Weiterverarbeitung auf ein Minimum beschränkt werden müssen und das Produkt besonders langlebig sein soll.

„Weil der Rohstoff ‚Baum' aber wesentlich mehr hergibt, als zunächst vermutet, tut sich eine zusätzliche unerwartete Möglichkeit auf, die der Volkswirtschaft Nikaraguas einen heftigen Aufschwung geben könnte. Wir haben festgestellt", dozierte Bolberg weiter, „dass auf den Falklands 89,749 Prozent der Bevölkerung Pfeifenraucher sind und davon wiederum 92,461 Prozent Briten. Es gilt also herauszufinden, ob man ihnen 96 Zentimeter lange Streichhölzer andrehen kann, die sie zum Entzünden ihrer Pfeifen benötigen. Eine vorläufige Marktstudie hat herausgefunden, dass Streichhölzer europäischer Machart bei den durchschnittlichen Windstärken von 8,9, die permanent die Inseln umtoben, entweder immerzu ausgehen oder sich die königlichen Untertanen unentwegt die Finger verbrennen." Hier sah er eine enorme Versorgungslücke, die zu schließen sei, bevor andere auf die Idee kämen.

Für diese Exkursion trugen sich Rehmann, Angela – und sonst niemand ein. Alle anderen waren nicht bereit, sich in der Kälte der Anden eine Bronchitis zu holen. Man hatte den Winter in Deutschland soeben erst verlassen und wollte das Gesamtergebnis der Reise nicht durch Erkältungen gefährden. Freilich konnte Rehmann sein Glück kaum fassen. Er kam seinem Ziel, mit Angela auf offenem Meer zu kreuzen, nun doch immer näher und hätte Bolberg dafür küssen mögen.

Die zweite Gruppe sollte Berger führen. Der Tross, der ihm folgte, bestand, der Programm-Vernetzung wegen, aus den Mitarbeitern anderer Organisationen, Victoria und Conrad. Sie hatten die delikate Aufgabe, den Misquitos das deutsche computergestützte Haushalts-Rechnungswesen nahe zu bringen und eine abgespeckte Form der Kosten-Nutzen-Rechnung einzuführen, damit die spätere Produktion auch wirtschaftlichen Gesichtspunkten standhielt. Mehrere Bundesrechnungsbuchprüfer beabsichtigten spätestens nach zwei Jahren die Wirksamkeit und Nachhaltigkeit der Ausbildung zu evaluieren. Ganz bewusst hatte Berger sich deshalb den einfühlsamen Victoria als Begleiter ausgesucht. Er versprach sich von dessen sensibler Vorgehensweise schnelle Fortschritte in der Kontaktaufnahme mit den Dorfchefs. Auch diese Gruppe würde nach Ocotal reisen, am Ufer des Flusses drei Boote vorfinden und den Río Coco von dort aus abwärts fahren. In vorbestimmten Dörfern sollten sie die künftigen einheimischen Kollegen kennen lernen, diese auf das anstehende Projekt vorbereiten und sie am Abakus trainieren, damit später, buch-hal-teeh-risch, wie Fachleute sagen, keine Pannen auftreten könnten. Richtlinienverstöße könne man nicht dulden, hatte der Bundesbuchprüferhof vorsorglich mitteilen lassen. Die Abreise der Gruppe Berger war schon für den Nachmittag geplant. Unvorhergesehen schloss sich ihr der Minister z.b.V. an.

Den Delegationsrest leitete Bolberg selbst. Er übernahm schwierige Regierungsverhandlungen, wollte den Frauenanteil im Gesamtvorhaben und dessen Mitwirkung einschätzen und die im Land befindlichen Projekte sowie deren Mitarbeiter und Mitarbeiterinnen befrieden. Eine etwa achtzigköpfige Abordnung hatte Bolberg bereits bei seiner Ankunft mit Spruchbändern bedrängt und die Herausgabe von Schreibutensilien gefordert. In einer beschwichtigenden Rede, in der er klar machte, dass bald erhebliche Mengen an Arbeitsmaterialien nachkämen, hatte er die aufgebrachten Gemüter beruhigen können. Knallfrosch war seine Mitteilung, dass Bonn wahrscheinlich die Familienzusammenführung finanzieren würde. Bis auf wenige, vereinzelt herumdrucksende Experten, löste sich die Versammlung dann auch schnell auf. Die übrig Gebliebenen baten um ein persönliches Gespräch, was Bolberg in bester Laune sofort einräumte.

„Wissen Sie, Herr Bolberg ... mmhh, ich habe da ... ähh ... eine ganz intime Schwierigkeit ... ähh", begann der Erste. „Wie ich aus gut unterrichteter Quelle erfuhr, hat meine Frau einen Besuchsantrag für sich und unsere vier Kleinen gestellt – und ... na ja ... ähh ... ich – ich meine, es wäre mir recht, wenn ... hmm ... wenn ... na, Sie wissen doch was ich meine ... ähh ... die vielen hübschen Frauen hier ... und ... ich möchte auf gar keinen Fall, dass der Antrag meiner Frau ..."

„Natürlich weiß ich, wo es sich staut, Mann, bin doch selber einer", unterbrach Bolberg ihn gönnerhaft und fügte hinzu: „Ich werde sehen, was sich machen lässt. Seien Sie unbesorgt, wir werden schon eine Lösung für Ihr Problem finden."

Er hatte nach den zweistündigen Einzelgesprächen glasklar erkannt, was die armen Teufel bedrückte und traf sofort angemessene Entscheidungen.

„Bitte erstellen Sie gleich eine Liste aller unserer Experten vor Ort, die verheiratet sind und mehr als drei gemeinsame Kinder haben", wies er Frau Spitz an. „Faxen Sie diese Aufstellung dann sofort nach Bonn, verbunden mit dem Antrag auf Reisekostenübernahme. Die sollen sich da nicht so anstellen und die Familien-Tête-a-Tête gefälligst bewerkstelligen. Setzen Sie hinzu, dass unter die von uns angelegten Besuchskriterien ohnehin nur eine Hand voll Expertenfamilien fallen können und dass, wenn die in Bonn nicht mitspielen, uns der ganze Laden hier um die Ohren fliegt."

„Aber, ich habe das ganz anders verstan ...", wollte die Spitz einwenden, wurde jedoch unwirsch gestoppt.

„Ach was! Nun machen Sie schon." Bolberg war ungeduldig.

Diese Revisionsfritzinnen sind alle gleich kompliziert, dachte er. Doch Frau Spitz machte unverzüglich. Wenige Stunden später hatten das Auswärtige Amt, das Bundesministerium für Zusammenarbeit und das Bundesfinanzministerium die Liste mit fünfundzwanzig Namensnennungen auf dem Tisch.

„Der Bolberg dreht jetzt wohl total durch", meinten einige, wagten aber nicht gegen ihn vorzugehen, da ihnen bekannt war, dass er äußerst tief greifende und wirksame Verbindungen in die Ministerien hatte. Um den Erfolg der Aktion und die Sicherheit des eigenen Stuhls nicht zu gefährden, die Kosten jedoch nicht in schwindelnde Höhen steigen zu lassen, stimmte man der Maßnahme im Grunde, als vornehmste Art der Ablehnung zu, verschärfte aber die Teilnahmekriterien. In der Anweisung zur Flugscheinbeschaffung, die von einem eiligst neu gebildeten Referat mit zwei Stellen und einem Referatsleiter erstellt wurde, hieß es:

„Grundsätzlich von der Reisefinanzierung ist nicht ausgenommen, wer das Alter von 85 Jahren noch nicht erreicht hat, aber nicht jünger als 24 Jahre alt ist. Die Beantragenden haben einen 12,5 Jahre gültigen Reisepass vorzulegen, in den mitreisende Kinder, auch Ungeborene, eingetragen sein müssen, sofern ein Anspruch auf Kostenerstattung für Letztere erhoben wird. Das Reisealter der Kinder beschränkt sich auf 62 Jahre oder darunter. Eine Risikohaftung für Schwangere ab dem 10. Monat wird von den sachbearbeitenden Stellen nicht übernommen. Ein für diesen Fall eventuell notwendiger Zweitsitz im zugewiesenen Fluggerät ist von den reisenden Personen selbst zu tragen.

Anmerkung: Für Berechtigte unter 11 Jahren Lebensalter stellt das Gesundheitsamt, Bonn, keine Kondome kostenfrei, auch nicht auf Antrag, zur Verfügung."

(Auf weitere Ausführungen wird an dieser Stelle, des Umfangs wegen, verzichtet.) Jedenfalls gingen beim Bundesinnenministerium Anträge auf Passverlängerungen über 12,5 Jahre ein, sowie auf Eintragung unterwegs befindlicher Kinder in den Pass. Und bei der Lufthansa wunderte man sich nicht schlecht, dass in freudiger Erwartung eines neuen Erdenbürgers und des baldigen Abflugs, Hochschwangere einen Zweitsitz trugen.

Dies alles berührte Bolberg in Managua überhaupt nicht mehr. Er hatte das Signal aus Deutschland erhalten, dass man Lösungen gefunden hatte und war damit vollauf zufrieden. Der Spitz klopfte er anerkennend auf die Schulter und tönte:

„Menschenskind, Spitz, altes Haus, Sie können einem in einer solchen Situation ja richtig sympathisch werden."

Mit einem Gesicht, als hätte die Dreiundzwanzigjährige Sekunden vorher in eine unreife Zitrone gebissen, nahm sie das Lob verzerrt lächelnd entgegen und konterte mühsam:

„Ach, wissen Sie Herr Bolberg, das geht mir mit Ihnen genauso. In zehn Jahren könnte ich Sie vielleicht auch so richtig nett finden."

Bolberg begriff zwar, was sie damit sagen wollte, überspielte die Andeutung aber meisterhaft. Er hatte keine Zeit für weitere Wortspielchen, denn er musste sich um die Frauenkomponente am Rande der Projekte kümmern. In sechs Tagen würde die Gruppe wild gewordener Expertenfrauen hier eintreffen und vielleicht alles noch mehr durcheinander bringen. Mit den Küchenchefs zusammen versuchte er für diese komplizierte Situation eine Strategie zu entwickeln, bei der die Problemlösung durch den Magen gehen sollte.

Gegen elf Uhr beendete MdB die Morgenbesprechung endlich und gab den Mitarbeitern Zeit, sich frisch zu machen beziehungsweise das Frühstück einzunehmen. Auf dem Weg in die Duschen begegnete Rehmann Angela. Ein großes Badetuch, das sie locker um sich geschlungen hatte, stand ihr wie ein Modellkleid von Dior, fand er. Keck kniff er ihr in den Kulturbeutel und bemerkte mehr als er fragte:

„Ich hoffe du bist mit der Auswahl deines Reisepartners zufrieden!?"

„Wird sich noch herausstellen", entgegnete sie aufgekratzt und verschwand blitzschnell hinter der Tür, die zu den sanitären Anlagen führte.

Von ihrem Kurzauftritt angeregt und von einer prickelnden Ahnung gefesselt, die mehr als nur Konversation verhieß, folgte er ihr, zwar noch im Trainingsanzug, sonst aber unauffällig. Er dachte an Sex unter der Dusche und stellte sich vor, wie aufregend dies gerade hier sein könnte, wo die Gefahr der Entdeckung unverhältnismäßig groß war. Kaum war er durch die Tür getreten, war er sehunfähig bedunstet, weil irgendein Trottel die Heißwasser-Duschen angelassen hatte. Fette Wassertropfen verteilten sich blitzartig über seine zerkratzten Brillengläser und beschlugen ihm, wie so oft, das Sehvermögen.

„Angela ... Angela .., wo bist du?", rief er leise und orientierungslos in die Räume. Tastend bewegte er sich vorwärts, eine Tür, noch eine Tür, bis er hochgradig erregt Angela zu ertasten glaubte. Pudelnass gestand er ihr:

„Ich bin verrückt nach dir und fänd's toll, wenn wir es jetzt und hier täten."

„Ich tu' gleich was", entgegnete Bolberg böse drohend, der sich aufdringlich befummelt fühlte. „Was soll das, Rehmann, ist Ihnen die Brille beschlagen?"

Wie vom Blitz getroffen aber genauso schlagfertig entgegnete Rehmann:

„Stimmt, ich glaube mir ist die Brille beschlagen. Ich suche meinen wasserdichten Überlebenskoffer für Tauchtiefen bis zu fünfundsiebzig Metern und glaubte ihn hier vergessen zu haben. Nebenbei übe ich meine Rolle für das Kladower Laientheater als Dorfpfarrer, der in der Aufführung ‚Dschungelkoitus' einer Prostituierten unter dem Wasserfall seine Liebe gesteht", setzte er hinzu.

„Ach so", meinte Bolberg verblüfft. „Was Sie jetzt da aber in der Hand haben, ist nicht der Koffergriff. Vielleicht sollten Sie das nächste Mal eine Taucherbrille aufsetzen, bevor Sie in solchen Räumlichkeiten proben", riet er ihm und bückte sich, Rehmann misstrauisch nicht aus den Augen lassend, vorsichtig nach der Seife.

„Klar", stimmte der sofort erleichtert zu und machte sich, zum Teil schweiß- zum Teil wassertriefend, aus dem Dunst. Phu ... wie peinlich ... das hätte ins Auge gehen können, dachte er, erschöpft an seine Hotelzimmerwand gelehnt. Ich glaube, ich versuche es jetzt doch mal mit Kontaktlinsen, überlegte er. Das Frühstück vergaß er. Das Ereignis war ihm auf den Magen geschlagen.

Der Rest des Tages stand unerwartet zur freien Verfügung, weil der Botschafter Bolberg und den z.b.V. zu sich gebeten hatte und eventuelle Gesprächsergebnisse berücksichtigt werden müssten. Da die anstehende Reise strapaziös werden würde, hatte Bolberg Rehmann und Angela freigegeben. Überraschend hatte sie ihn danach eingeladen, den Tag mit ihr zu verbringen und es gab nichts, was Rehmann lieber getan hätte. Bei einer dritten Tasse Kaffee wartete er ihre Vorschläge für das Tagesprogramm ab.

„Ich würde mir gerne die Stadt ansehen, gegen Nachmittag irgendwo einen Imbiss an der Laguna Xiloa nehmen, dort ein bisschen schwimmen und abends in einer schnuckeligen Kneipe nett essen. Vielleicht gibt es ja irgendwo eine, in der Mariachis spielen", schlug Angela vor.

„Einverstanden", kommentierte er. „Ich versuche ein Auto aufzutreiben, damit wir nicht so sehr auf die klapprigen Busse angewiesen sind. Zur Not nehmen wir ein Taxi."

„Und danach möchte ich mit dir schlafen", kündigte sie unverblümt an.

Ihm blieb die Spucke weg. Damit hatte er nicht gerechnet. Das ganze Theater in der Dusche mit Bolberg war völlig für die Katz gewesen. Statt zu antworten, bestellte er eine Flasche Schampus, die zu ihrer Überraschung eiskalt serviert wurde. Leicht angeschickert und ziemlich albern gestimmt erreichten sie mittags die Laguna Xiloa.

Es war Sonntagsbetrieb. Für die Hauptstädter war der Vulkansee ein leicht erreichbares Ausflugsziel. Von dicht mit Buschwerk bewachsenen Hügeln umgeben, die rings herum eine zart fließende Konturlinie in den blauen Himmel zeichneten, lag er abgeschirmt gegen hupende Busse oder knatternde Autos und klappernde Lastwagen einfach da und lud zum Schwimmen ein. Kein Motorboot zischte sägend über ihn hinweg und niemand hing hilflos fett und zappelnd am Fallschirm über ihm. Wären da nicht die Buden gewesen, aus denen jeweils laut und kratzend unterschiedliche Musik gedröhnt hätte, wäre der Platz mit Idylle umschreibbar gewesen. Abseits „Quesillo, quesillo", kreischender Händlerinnen, die ihren selbst gemachten Käse loswerden wollten, und quäkender Kinder, fanden Rehmann und Angela ein relativ ruhiges Plätzchen.

Bei Coca Cola aus der Plastiktüte mit Strohhalm und anregenden Gesprächen genossen sie die viel zu schnell verrinnende Zeit. Schräg, manchmal nur kurz hinter weißgrauen Wölkchen verborgen, warf die Sonne kühlende Schatten in die Hitze. Ein leichter Wind bewegte die wenigen Baumkronen in ihrem zarten Blütenkleid und nicht weit von ihnen entfernt räkelte sich ein Liebespärchen im Gras.

„Ich gehe jetzt schwimmen", verkündete sie und legte Rock und T-Shirt ab. Ihre Figur war eine Sensation und übertraf alle seine Vorstellungen.

„88-52-88", murmelte er und fügte hinzu, als sie ihn fragend anblickte: „Ach, nichts weiter, mir fiel gerade nur die Telefonnummer meiner Schwester ein. Weiß auch nicht, warum. Ich komme gleich nach."

Sie hatte sich bereits dem Wasser zugewandt und ging mit ruhigen Schritten auf den See zu. Er betrachtete fasziniert das Muskelspiel ihrer Oberschenkel, die auf- und abschwingenden Backen ihres Hinterns und die formvollendeten Rundungen ihrer Taille. Ihr Sex war atemberaubend. Das schräg einfallende Gegenlicht zeichnete ihre Formen scharf, wie eine Rasierklinge, gegen den bewegungslos daliegenden See. Der winzige Bikini hob sich in der schnell einsetzenden Dämmerung von ihrem Körper schon nicht mehr ab und ließ seine Phantasie Purzelbäume schlagen. Am Ufer angelangt, glitt sie mit ausgebreiteten Armen ins Wasser, das sie umspielte, wie … Schluss jetzt, rief er sich zur Ordnung. Ein beklommenes Gefühl beschlich ihn, als er daran dachte, sich nun in seiner blauweiß-gestreiften Badehose zeigen zu sollen, über deren Bund sein beachtlicher Bauch quoll. Aber es musste sein. Er fasste sich ein Herz, zog ein, was einzuziehen möglich war und rannte so schnell es ging in den See.

„Herrlich", bemerkte er schwimmend neben ihr.

„Ja", stimmte sie zu, „Wasser ist etwas Wunderbares, wenn es den Köper seidenweich umspielt. Am liebsten würde ich jetzt nackt baden."

Nach einer Weile lagen sie ausgepumpt aber zufrieden wieder auf der Wiese und schwiegen ein paar Minuten.

„Weißt du", begann sie dann, spielerisch Grashalme bewegend, ein nächstes Gespräch, „ich würde gerne etwas anderes machen, beruflich meine ich. Das ganze Gesülze über die Hilfe hängt mir langsam zum Hals raus. Ewig derselbe Sermon. Nicht, dass ich unsere Arbeit nicht wichtig fände. Im Gegenteil. Ich bin oft tieftraurig, wenn ich sehe, wie die Menschen hier leben müssen. Aber wo wir im Einzelnen ansetzen könnten oder wo das Geld erfolgreich untergebracht werden soll, sind doch Fragen, die immer wieder gestellt werden müssen." Sie war erregt und er hütete sich davor zu lächeln. „Die Konzepte sind aus meiner Sicht oft genug reinster Schwachsinn und die Knete fließt durch Kanäle, die keiner mehr kontrollieren kann. Nachhaltigkeit nennen das unsere Entwicklungsstrategen großspurig und plustern sich damit auf, wie ein

Truthahn vor der Besteigung der Henne. Dabei schielen die meisten bei uns doch auch nur auf die großen Futternäpfe, nach Macht und Asche", schloss sie, schob aber noch hinterher: „Finde ich im Prinzip ja ganz normal. Von irgendwas muss man schließlich leben. Normal ist aber nicht, und das ist es, was mich so ärgert, dass besonders die Bosse in dem Geschäft so tun, als wären sie Florence Nightingale persönlich. Kaum sind die armen Bäuerlein aber außer Sichtweite, reißen sie die blödesten Witze über sie."

Er staunte über den Gleichklang ihrer Ansichten, sagte aber nichts, sondern ließ sie weiterreden.

„Pass mal auf", setzte sie fort, „ich kenne dich ja nun schon eine ganze Weile und denke, dass ich dir vertrauen kann. Deshalb erzähle ich dir jetzt, was ich vorhabe – willst du es hören?"

„Klar", sagte er nur.

Sie erzählte ihm von den Plänen bis es dunkelte. Doch bevor die tiefschwarze tropische Nacht hereinbrach, machten sie sich auf den Rückweg. Während er ihre Vorstellungen im Taxi ein wenig zu modellieren versuchte, um auf ein- und denselben Projektnenner zu kommen, kuschelte sie sich eng an ihn. Ein erster lang anhaltender Kuss besiegelte das private Abkommen, was der Taxista mit einem aus tiefsten Herzen kommenden „hombre", oh Mann, quittierte.

Zwar gelang es ihnen nicht mehr bei Musik irgendwo ein Abendessen einzunehmen, denn der Hunger, der sich auf der Rückfahrt eingestellt hatte, war anderer Art und die Musik ersetzten Schmetterlinge im Bauch. Nach einer Nacht, in der sie gemeinsam mindestens ein Dutzend Mal bedauerten, es bisher nie getan zu haben, erklommen sie am folgenden Morgen schlaff den Bus nach Ocotal.

Konzept-Dschungel

Rehmann und Angela waren sich einig: Die Reise auf die Falklands ist Schwachsinn. Sie beschlossen, sie deshalb zu fingieren. Statt nach Süden würden Sie gen Südosten, nach Costa Rica, aufbrechen, die längst geplante Segeltour verwirklichen und nebenbei ihren Reisebericht „Chile/Falklands" dort verfassen. Acht Tage hatte Bolberg jeder Projektgruppe für ihre Untersuchung gegeben. Dies war mehr als knapp. Sie mussten flott und umsichtig vorgehen, um nicht aufzufliegen.

Nach dem Sonntag an der Laguna Xiloa hatten sie sich jede nur mögliche Minute getroffen, um die Planung in allen Einzelheiten durchzugehen und Nötiges zu veranlassen. Sie kauften schließlich die Tickets, checkten getrennt ein, flogen aber nicht ab, sondern nahmen den Bus nach San José, der Hauptstadt Costa Ricas. Die Unterbringungen würden sie nach Pauschalsätzen abrechnen, um keine Hotelbelege einreichen zu müssen. Das größte Problem war, Gesprächspartner an den vorgegebenen Zielorten in Chile und auf den Falklands nachzuweisen.

Rehmann, der bereits eine Dienstreise nach Chile hinter sich hatte, kramte aus seiner Visitenkarten-Sammlung alle seine Kontakte zusammen und kündigte sein Eintreffen und das von Angela an. Kurz bevor sie erwartet wurden, mailte, faxte oder telefonierte er jedoch ab. Widrige Gründe, die er umständlich erklärte, ließen das Treffen leider nicht zu, teilte er mit. Um an Material zu kommen, bat er seine Kontaktpersonen aber, ihnen die für ihren Zweck notwendigen Informationen zu senden. Die Ausbeute war letztlich nicht schlecht und am Ende sogar ausreichend. Was ihnen fehlte, besorgten sie sich aus Lexika oder von Organisationen, die sie in San José aufsuchten. Einen Ex-Studienkollegen aus Cambridge, der auf den Inseln lebte, bat Rehmann vertrauensvoll bei dem Spielchen mitzumachen, in seinem Namen Daten bei den Falkland-Briten zu erheben und ihm diese per Fax zu übermitteln. Von dort aus sandte der sogar ein Telegramm an Bolberg und bat in Rehmanns Namen darum, die Expedition zwei Tage verlängern zu können. Bolberg stimmte zu, da er einsah, dass es wegen der schwierigen Flugverbindungen und der geschilderten Erhebungsprobleme nicht schneller gehen konnte. Nach ein paar Tagen hatten sie Berge von Informationen gesammelt und machten sich zur Playa Tamarinda an der Karibikküste auf, um alles in einem ordentlichen Bericht zusammenzufassen und, wenn es möglich wäre, ein wenig am Strand auszuspannen.

Ihr Report enthielt eindrucksvolle Daten. Im Endergebnis waren sie bei der Baumschätzung auf Siebenmillionendreihundertundachtzigtausendundvierhundertsiebzehn Bleistifte gekommen. Bei 10,2 Zentimetern Durchmesser hatte ein geeigneter Stamm einen Umfang von rund 32 Zentimetern, also genug Raum für eine zwölf Millimeter starke Mine. Aber das Größte war: die Falkland-Briten waren scharf auf die sechsundneunzig Zentimeter langen Streichhölzer, obgleich es schwierig sein dürfte, entsprechende Schachteln dafür herzustellen. Doch dies wäre nicht ihr Problem. Die GGEZ würde auch dafür sorgen, GgSs (Ganz große Streichholzschachteln) produzieren zu können.

Nach dem sechsten Tag lagen sie faul am Strand und Rehmann begann nun seinerseits sich Angela zu offenbaren. Er hatte Vertrauen zu ihr gefasst und suchte nach Unterstützung für den Nica-Plan, über den er sie bislang nur sehr oberflächlich informiert hatte.

„Weißt du", tastete er sich vor, „ich habe ein ziemlich risikoreiches Spiel begonnen und kann eigentlich gar nicht mehr zurück. Das Ding kann mich glatt den Kopf kosten."

„Wieso?", fragte sie erstaunt und verunsichert zurück, weil sie ihm alles andere aber nicht berufliche Kapriolen zugetraut hatte.

„Na ja", begann er, „ich habe ..."

Die Geschichte, die er ihr erzählte, war für sie megageil. Knall auf Fall waren sämtliche noch bestehende Vorbehalte gegen ihn aufgelöst. Ein leidenschaftliches Gefühl brach in ihr auf und bemächtigte sich sämtlicher Nervenzellen von Kopf bis Fuß. So ist das also, wenn man Flugzeuge im Bauch hat, dachte sie. Hatte ich fast schon wieder vergessen. Kaum nahm sie seine letzten Worte zur Kenntnis, mit denen er seine Erklärungen beendete:

„... ich muss es nur noch hinkriegen, Castello und Magnus da rauszuhalten. Dann könnte daraus ein ganz großes Ding werden. Der Sitzpinkler Schulze ist mir egal – aber er ist gefährlich. Irgendwie soll der sich meinetwegen in seiner beschissenen Eitelkeit verheddern. Aber Bolberg ist eigentlich in Ordnung. Wenn du ein paar Ideen hast, wie der davon unbeschadet bleiben könnte, fände ich das Klasse."

Sie hatte. Nicht nur für Bolbergs Entlastung. Vor allem für die folgenden Nächte und Tage. Sie war entschlossen die restliche Zeit der Reise darauf zu verwenden, ihn von Qualitäten zu überzeugen, die er an ihr noch gar nicht kannte. Und dabei redete sie wesentlich weniger als er.

Vermisst!

Victoria war verschwunden! Die Nachricht schlug in Managua und zu Hause, in Berlin, wie eine Bombe ein.

Verdammter Mist, dachte Bolberg. Erst verschwinden wichtige Akten und jetzt Victoria! Und Wieland in Berlin dachte: Verdammter Mist, erst verschwindet der Steinmann, dann Victoria und jetzt auch noch alle Computer. Seit Tagen rannte er den Dingern hinterher. Sie waren wie vom Erdboden verschluckt. Sein Kollege von der GGEZ hatte sich krank gemeldet. Er würde, so hieß es, wahrscheinlich monatelang ausfallen und könne während seiner Rekonvaleszenz nicht gestört werden.

„Typisch! Wenn es eng wird, lassen sie unsereinen im Regen stehen", sagte er zu seiner Sekretärin, die zu ihm aufsah und leise „ja" hauchte. Sie sah aus dem Fenster und stellte fest: tatsächlich, es regnete. Zu allem Überfluss war nun auch noch der Einkäufer, Baum, in einen mehrwöchigen Weihnachtsurlaub gegangen. Der soll mir noch einmal was von Beförderung erzählen, dachte Wieland. Dem werde ich was! Die Vertretung Baums hatte natürlich keinen blassen Schimmer von der Computer-Bestellung, versprach aber den Vorgang zu suchen. Wieland wollte gerade zum Telefonhörer greifen, als der Apparat schepperte.

„Ein Herr Schreck ist am Telefon, Herr Prof. Dr. Wieland", säuselte seine Vorzimmermaus, „ich stelle durch."

„Ich habe jetzt keine ..." Zeit, wollte er noch sagen, aber da knackte es bereits ein paar Mal in der Leitung.

„Schreck", sagte eine Stimme.

„Habe ich auch gerade gekriegt", erwiderte Wieland launisch. „Was wollen Sie?"

„Schreck hier", wiederholte der andere eine längere Pause einlegend.

Wieland begann zu dämmern, dass man den vielleicht kennen müsste. Und dann kam es ihm:

„Ach du mein Schreck, sind Sie es, Herr Schreck, der SPD-Schreck etwa?"

„Genau der", kam die Antwort. „Aber, wie reden Sie eigentlich mit mir?"

Wieland war vor Schreck aufgesprungen, stand stramm und versetzte sein Mobile zur Beruhigung in wilde Schwingungen.

„Verzeihung, Herr Schreck, Sie sind mir sozusagen in die Glieder gefahren und da bin ich etwas durcheinander gekommen."

„Das sollte einem gestandenen Manager nicht passieren", tadelte der Gesprächspartner milde. „Aber jetzt hören Sie mir mal zu. Ich wollte Ihnen eigentlich nur kurz mitteilen, dass Sie die Aktion ‚Bleistift' für Nikaragua abbrechen können. Die chinesische Botschaft hat mich vor fünf Minuten angerufen und mir mitgeteilt, dass jeder Einwohner seines Landes einen Bleistift gespendet hat und jeder Dritte einen Anspitzer. Statistisch gesehen haben die Nicas dann 217,39 pro Kopf und dies sollte bis ins nächste Jahrtausend reichen. Das Zeug ist bereits unterwegs zu ihnen."

„Na da fällt mir aber ein Stein vom Herzen", entgegnete Wieland geistesgegenwärtig ohne auch nur annähernd zu verstehen, worum es ging, was er sich aber keinesfalls anmerken lassen wollte. „Wir hatten ziemliche Schwierigkeiten mit der Aktion und ..."

„Können Sie nun vergessen", wurde er unterbrochen. „Die SPD macht's möglich. Das war's. Schönen Tag noch." Knacks machte es. Die Leitung war tot.

Wieland starrte ungläubig auf den Hörer in seiner Faust. Was geht hier bloß vor, fragte er sich. Was für Bleistifte, was für Anspitzer? Ist das Ganze denn hier ein Tollhaus? Oder was? Hilfe suchend sah er sein Mobile an und kam zum Schluss: Also gut, sicherheitshalber schicke ich jetzt ein Fax nach Managua und gebe die Nachricht einfach so weiter, wie ich sie bekommen habe. Er rief seine Sekretärin zu sich.

„Bitte nehmen Sie auf", bat er.

„Habe von Schreck die Nachricht erhalten, dass die Chinesen Bleistifte und Anspitzer liefern. Vor Schreck waren die Computer-Fachleute an der Arbeit und haben ein statistisches Mittel von 217,39 errechnet. Nach Schreck müssten die ein paar Jahre reichen. Sie sind bereits unterwegs. Wieland."

„Bitte faxen Sie das gleich nach Managua, damit Bolberg nachher nicht sagen kann, wir hätten hier geschlafen", trug er seiner Sekretärin auf. „Unterschreiben muss ich das nicht."

„Jawohl, Herr Doktor, wird sofort erledigt. Wie wäre es jetzt mit einem Schokolädchen oder Kekschen zum Kaffee?"

„Ach ja, das wäre schön – nach dem Schreck kann ich das gut gebrauchen", gab er freundlich zurück und setzte hinzu: „Wenn ich Sie nicht hätte, Miriam. Ich freue mich schon immer, wenn ich nur Ihr Fußkettchen klingeln höre. Dann weiß ich, Sie sind da."

„Danke, Herr Professor Dr. Wieland, wirklich schön, wie Sie das sagen", antwortete sie verlegen.

Leise schloss er die Tür zu seinem Zimmer. Und jetzt zurück zu den Computern, dachte er gequält. Das Zeug muss doch irgendwo aufzutreiben sein! Nach zweistündiger Suche gab er auf. Es war zum Heulen. Kein Beleg. Niemand wusste etwas und Bolberg würde in zwölf Tagen wieder da sein. Verunsichert und voller Sorge verließ er sein Büro, um sich mit einem seiner Referenten zu besprechen, als Magnus tänzelnd den Flur entlang kam – und Wieland eine Idee.

„Magnus", sprach er ihn an, ein anderer Name war ihm gar nicht bekannt.

„Si, si – qué pasa?", Magnus nahm die Kopfhörer ab.

„Magnus, ist Ihnen, ich meine rein zufällig, so im Verlauf der letzten zwei Wochen mal ein Vorgang untergekommen, in dem es um Computer ging?"

Magnus wurden die Knie weich. Verdammt, haben sie mich doch erwischt, dachte er.

„Ja, äähh ... ja", stotterte er. „Ich habe ihn zufällig gesehen. Auf der Umlaufmappe stand Baum als Adressat. Und da müsste der Vorgang jetzt liegen." Magnus war alle Farbe aus dem Gesicht gewichen.

„Ach ... jaaa ... ist ja interessant", kam eine verdächtig gedehnte Antwort.

Dem Hauspostboten standen kleine Schweißperlen auf der Stirn, denn er erwartete nun die Fangschuss-Frage, die den ganzen Schwindel aufdecken würde.

„Magnus, Sie sind – um Gottes Willen, was haben Sie denn? Ist Ihnen nicht gut? Sie sind ja kreidebleich, Mann! Setzen Sie sich mal da in den Sessel. So schlimm wird's schon nicht werden. Magnus, was ich Ihnen sagen wollte ist:

Sie sind meine Rettung!", sagte Wieland erlöst. „Erinnern Sie sich zufällig auch noch an den Lieferer oder die Stückzahl?"

„An ... an ... phh ... an die Stückzahl genau", stammelte der Bote. „Es standen 1 Stück auf der Bestellung. An den Lieferer nicht mehr so sicher. Aber es war ein ostasiatischer Hersteller."

„Na prima, vielen Dank."

Wieland war ein wenig weitergekommen. Er wusste nun, wie viele Computer zu erwarten waren, woher sie ungefähr kämen und wann. Einundfünfzigste Woche hatte sich Magnus auf Nachfrage noch erinnert. Ein schönes Weihnachtsgeschenk, freute er sich, hoffte aber auch, dass es nicht nur wieder eine Verlegenheitsbestellung sein würde, um das Restbudget abzuräumen. Fiskalischer Schwachsinn, dachte er. Immer kurz vor Jahresende verschleudern die öffentlichen Haushalte Millionen, nur um den für das übernächste Jahr beantragten Mittelansatz rechtfertigen zu können. Ob Beschaffungen nötig sind oder nicht. Wer weniger ausgibt, als er hat, ist schön blöde, denn der kann natürlich für später auch keine Steigerung „planen". Wie sollte er sie denn begründen? Aber noch blöder sind ja wohl die Steuerzahler, wenn sie sich solchen Quatsch gefallen lassen.

Egal. Seine Systemzweifel waren abgeschlossen. Die elektronisierte Zukunft kam ihm gerade recht. Er konnte dann für das Folgejahr eine weitere Stelle beantragen. Eine Koordinatorin für Datenverarbeitungsangelegenheiten unter sich zu haben, ist doch nicht schlecht. Wenn sie dann auch noch hübsch ist ... Er schweifte grinsend ab, riss sich aber sofort wieder zusammen. Das erhöht meine Verantwortung und meine Vergütung, überlegte er. Dass seine Unterabteilung jedenfalls von der Beschaffung bedacht sein würde, bewies allein schon die Stückzahl eins. Es konnte sich nur um den PC handeln, der für ihre Abteilung geordert war. Und damit war für ihn klar, dass er Bolberg zufrieden stellen konnte.

Trotzdem, es war an sich eine Riesensauerei, dass er über die bevorstehende Installation nicht unterrichtet worden war. Und dass kein Mensch Vorbereitungen traf, wunderte ihn noch mehr. Bevor er weiterdenken konnte, klingelte das Telefon erneut.

„Herr Dr. Wieland, diese Gruppe der Weihnachtsfest-Vorbereiter möchte Sie sprechen", kündigte ihm seine Sekretärin mit einer Stimme an, als hätte man ihr soeben ein arg verfaultes Stück Obstkuchen zum Nachmittags-Kaffee angeboten.

„Wenn's denn unbedingt sein muss", gab ihr Chef mürrisch zurück.

„Die Kekschen sind uns aber ausgegangen", informierte sie die Wartenden. Sachte, beinahe zärtlich drückte sie die Türklinke zu Wielands Büro herunter.

„Bitteschön, aber fassen Sie sich kurz, der Herr Doktor hat in seiner Funktion als augenblicklicher Geschäftsführer in zehn Minuten eine nächste Besprechung. Ein Kaffee lohnt sich da wohl nicht."

Magnus saß indes noch immer im Flur im Besuchersessel und atmete tief durch. Den Schock versuchte er mit mehreren Schlucken Rum-Punsch aus seiner Feldflasche zu betäuben. So langsam kehrte die Farbe in sein Gesicht zurück und sein Gehirn begann wieder zu funktionieren. Er glaubte jetzt zwar nicht mehr, dass sie irgendetwas gerochen hatten, aber er würde den Vorfall mit Castello besprechen. Nur, um sicher zu gehen. Zur Stärkung nahm er einen vorläufig letzten Schluck aus seiner Feldflasche, wuchtete sich hoch und setzte den Rundgang fort. Mein Gott, siehst du heute schlecht aus, Magnus, bemitleidete er sich vor dem Toilettenspiegel, aus dem ihm sein vom Alkohol glühendes, knallrotes Gesicht entgegenblickte. Dieses Grün um die Augen kann doch nicht normal sein, dachte er sorgenvoll, als Zuck, der Hausjurist, den Waschraum betrat.

„Grüß Gott", polterte der los. „Waren Sie im Urlaub, Magnus? So ne' gesunde Gesichtsfarbe begegnet einem Ende November wahrlich selten." Sprach's und stellte sich vor das Pinkelbecken.

„Danke", meinte Magnus unsicher, wünschte Mahlzeit und verließ das Klo.

Wie Zuck, der im Augenblick alle Hände voll hatte, war auch Bolberg in Managua nicht untätig. Erst die Nachricht von Berger, dass Victoria verschwunden sei. Dann ein völlig unverständliches Fax von Wieland. Wieder und wieder las und interpretierte er es:

„Habe vor Schreck Nachricht bekommen, dass China Bleistifte und Anspitzer liefert. Vor Schreck waren die Computerfachleute an der Arbeit und haben ermittelt, dass jeder Nica 217,39 bekommt. Nach Schreck müssten die ein paar Jahre lang reichen."

„Können Sie mir mal sagen, welchen Schreck der Wieland bekommen hat?", fragte er die Spitz, den Tippfehler der Wieland-Sekretärin natürlich nicht bemerkend.

Frau Spitz las das Fax ebenso verständnislos, wie er selbst.

„Und die Computerleute auch", fügte sie ratlos hinzu. „Die sind normalerweise doch gar nicht so ängstlich. Keine Ahnung, was der meint."

„Und dann hier: nach Schreck, da hat seine Miriam bestimmt das ‚dem' vergessen, sollen sie bis ins nächste Jahrtausend reichen", zitierte Bolberg. „Was uns da wohl noch für ein Schreck bevorsteht?", fragte er sich und die Spitz, die nur hilflos die Schultern hob.

„Wie auch immer, wenn die Chinesen liefern, können wir einpacken. Bleiben die paar Pfeifenraucher auf den Falklands. Und die rechtfertigen unseren Verbleib nicht mehr. Also, telegrafieren Sie bitte an den Rehmann und die Adorno, dass sie sich sofort auf den Rückweg machen sollen. Wir blasen die Aktion ab und benötigen sie hier auf der Suche nach Victoria und für andere Aufgaben", wandte er sich wieder an Frau Spitz, einerseits enttäuscht, andererseits erleichtert. Ein „finnisches Fiasko" würde ihm diesmal erspart bleiben.

„Und bitte senden Sie auch ein Fax nach Deutschland, in dem Sie mitteilen, dass die Delegation früher zurückkehren wird. Dem Wieland teilen Sie darin mit, dass ihm der rechte Schreck erst in die Knochen fahren wird, wenn ich wieder daheim bin."

Möchte bloß mal wissen, wo dieser Barschforscher, Victoria, steckt, grübelte er, sich dem anderen Problem zuwendend. Er nahm Bergers Telegramm erneut zur Hand und las:

„Befinden uns zurzeit in Bocay, einem Ort etwa 150 Kilometer entfernt von der Flussmündung des Río Coco, mitten im Dschungel. Alles verlief glatt, bis gestern Abend. Nach dem Genuss von reichlich Rum hat sich unser Minister z.b.V. mit einer Misquito eingelassen, deren Familie nun auf Heirat besteht und ihn nicht mehr fortlassen will. In der Bevölkerung herrscht ausgelassene Hochzeitsstimmung, die aber jederzeit in Aggressivität umschlagen kann, wenn der z.b.V. zu verschwinden versucht. Conrad ist in tiefe Depressionen gefallen, weil ihm die Trennung von Goliath so schwer fällt. Aber das Schlimmste:

Victoria ist seit gestern Nacht verschwunden! Bin dabei Suchtrupps aufzustellen und benötige dringendst Hilfe! Gruß, Berger."

Piiiep-puip-phiieep, machte das Faxgerät. Das Problem war, wie auch immer bereits nach Deutschland durchgesickert.

„Bin unterwegs, Dr. Gerd Schulze. Ankomme morgen früh, 7.40 a.m., Air Lingus. Bitte um Bereitstellung eines farngrünen Landrovers", hieß es im Ausdruck.

„Ach du grüne Neune." Bolberg fiel aus allen Wolken. „Dieser Grünspecht fehlt mir hier gerade noch."

Inzwischen half man sich am Río Coco aber schon selbst.

„Meine Herren", sagte Berger, „die Angelegenheit ist mehr als ernst und ihre Erledigung duldet keinen Aufschub. Wir können uns auf schnelle Hilfe von Managua aus nicht verlassen, sind vorübergehend auf uns selbst angewiesen und müssen bedachtsam aber schnell handeln. Ich bitte Sie, sich für eine Stunde zurückzuziehen und darüber nachzudenken, welche Möglichkeiten es zur Lösung des vorliegenden Problems gibt. Um zwölf Uhr dreißig treffen wir uns hier wieder und erörtern die Vorschläge."

Zum Schutz gegen die mörderische Hitze und die gnadenlos herabbrennende Sonne lag Conrad deshalb jetzt unter den Blättern einer Bananenstaude am Fluss und grübelte auftragsgemäß angestrengt. Dabei beobachtete er, wie sich bräunlich gelbes, soßenähnliches Wasser träge um Steine herumwälzte, wieder zusammenfloss und weiterschlich, als wäre da nie ein Hindernis gewesen.

Sein augenblickliches persönliches Gefühl deckte sich mit dieser Trägheit. Nur, dass das kaum hörbare Plätschern für ihn die Lautstärke eines tief stürzenden Stroms hatte und in seinem bleischweren Kopf dröhnte, als steckte derselbe mitten in den Niagara- oder Victoria-Fällen. Er hatte gestern Nacht fürchterlich gesoffen und bemühte sich nun gezwungenermaßen, sein löchriges Erinnerungsvermögen zu beleben.

Wie war das noch? Er saß mit den Chefs mehrerer Dorfgemeinschaften der Gegend und einigen Mitgliedern der Reisegruppe an einem Tisch der einzigen zumutbaren Kneipe des Ortes. Es war eine aus rohen Brettern zusammengenagelte Bude. Ihre Stabilität erhielt sie am ehesten wohl durch das rot gestrichene, aber vom Rost an einigen Stellen schon durchgenagte Wellblechdach. Mit den sie umstehenden Palmen, die sich im spitzen Winkel dem Fluss zuneigten, bildeten die Außenwände harmonisch eine Parallele, wären aber längst zusammengebrochen, wenn nicht oberarmdicke Stützbalken schräg dagegen gestemmt, die weitere Neigung verhindert hätten. Das Mobiliar bestand aus ein paar wurmstichigen, alten Holzstühlen, deren Bastbespannung schon längst durchgesessen war und einigen wackligen Tischen sowie einer aus gespaltenen Bambusrohren zusammengebundenen Stellwand, die von einer Seite der Hütte bis zur anderen reichte. In etwa anderthalb Meter Höhe war auf sie eine erstaunlich blank polierte, dicke Mahagoniplatte genagelt, die als Theke diente. Wer immer hinter dem Tresen stand, musste, wenn er den Schankbereich verlassen wollte, entweder über sie hinwegklettern oder tief gebückt durch ein offen gelassenes Loch der Bambusverschalung krabbeln. Die Wände waren mit zum Teil eingerissenen Postern und Zeitungsausschnitten über Revolutionshelden oder vom Papst behängt. Bunte Werbeplakate von schicken Autos der Nobelmarken und Zigarettenreklamen ergänzten die Galerie. Allesamt bildeten neben den Produkten barbusige Frauen ab, die sich wohlgefällig auf Kühlerhauben rekelten oder anzüglich den Rauch der Marlboro inhalierten. Transportierte Träume aus der Wirtschaftswunderwelt des Nordens, die auch der Präsident wehrlos akzeptieren musste, dessen gerahmtes Foto man hinter die Theke in die Mitte der Wand gehängt hatte und der von dort aus strenge Blicke auf das Treiben unter sich warf. Vor die Löcher in den Wänden, die als Fenster durchzugehen hatten, waren zum Schutz gegen Hitze und Staub schmierige Lappen geklebt, die entfernt an Ikea-Handtücher erinnerten und die wahrscheinlich von Rucksacktouristen vor Jahren zurückgelassen worden waren. All dies zusammen neigte sich in wohlgefälliger Eintracht dem Flussufer zu und bot dem später betrunkenen Gast möglicherweise sogar ein Gefühl des aufrechten Gangs.

Ein anscheinend seit Generationen betriebener Gaskühlschrank, auf drei Beinen stehend, zerkratzt und vom tropischen Rost breitflächig angefressen, enthielt wundersamerweise noch immer gekühlte Getränke, wenn zufällig Gasflaschen geliefert wurden, und ein uraltes batteriebetriebenes Kofferradio plärrte scheppernd Salsamusik, wann immer sich ein Sender finden ließ, der in das vergessene Fleckchen vordrang.

Zu den Besuchern der Kneipe gehörten normalerweise nur Dorfbewohner, selten Fremde, häufiger aber Kakerlaken, dicke behaarte schwarze Spinnen,

Hühner, Hunde, Katzen oder auch Schweine, die die Kleintiere fraßen, ab und zu eine Schlange, manchmal auch vorwitzige Affen, die versuchten, aus der schmuddligen Küche Bananen, Nüsse oder sonstige Köstlichkeiten zu klauen.

Seit drei Abenden begrüßte man auch Berger und seine Crew als gern gesehene Stammgäste. In aller Eile waren vom Wirt eine neue Preistafel aufgestellt und die Speisekarte um etliche Gerichte erweitert worden. Gestern Nacht hatte auch Victoria noch neben Conrad gesessen. Ein paar Ortsfremde kamen später hinzu, als die tropische Nacht schon längst hereingebrochen war – und einer von ihnen war Jelepate gewesen, wie sich nach einer Weile herausstellte. Ein großer schlaksiger Bursche mit krakenartig langen Gliedern und einem Totenkopfschädel.

Als er die Kneipe betrat, war einen Augenblick lang Stille eingetreten. Die Musik wurde ein wenig leiser gestellt und das Geplapper der Gäste verstummte. Nur wenige Augenblicke lang, doch es genügte, um denen, die ihn nicht kannten, begreiflich zu machen, dass eine außergewöhnlich respektierte Person die Bretterbude betrat. Jelepate begrüßte mit breitem Grinsen und funkelnden Augen alle Gäste, die schon bald in heftiges Gekicher ausbrachen oder das für die Reisenden unverständliche Geschnatter von vorhin fortsetzten. Für fast jeden hatte der Besucher ein Wort, ein Winken, ein Schulterklopfen oder ein Schmunzeln. Niemand war da, der nicht freundlich zurückgrüßte. Es verging bestimmt eine halbe Stunde, überlegte Conrad weiter. Dann hatte Jelepate mehrere Glas Rum hinuntergekippt, trat ein verschlafenes Huhn beiseite und war unaufgefordert zu ihnen herübergeschlendert.

„Bienvenido, seien Sie herzlichst willkommen an unserem netten Fleckchen", grüßte er freundlich in erstaunlich gutem Sächsisch, zog sich einen Stuhl heran und ließ sich, jeden einzelnen der Neulinge eingehend betrachtend, am Tisch nieder. „Sie bringen uns also die schöne Neue Welt ins Haus", kam er nach wenigen Begrüßungsformeln ohne Umschweife zur Sache – eine Direktheit, die jeder andere Nica in der Hütte vermieden hätte.

„Ja", spielte sich Berger als Delegationsgruppenleiter in den Vordergrund, „wir haben ein Rahmenabkommen mit Ihrer Regierung geschlossen und ich …"

„So, so", wurde er unterbrochen, „Sie haben also ein Rahmenabkommen geschlossen. Und was haben Sie davon?"

Berger war baff.

„Ich?", fragte er unsicher. „Ich habe überhaupt nichts davon. Wir sind doch hier um Ihnen ..."

„Ja, ja, das ist schon klar und dafür sind wir Ihnen ja auch unendlich dankbar. Aber machen Sie nicht auch gerade eine wunderschöne Dienstreise? Und rechnen Sie nicht anschließend auch einen runden Tausender in US-Dollar ab?"

„So, wie es nach unseren Haushaltsrichtlinien festgelegt ist", entgegnete Berger steif.

„Wissen Sie eigentlich", ließ Jelepate nicht locker, ohne auf die Antwort einzugehen, „dass von diesem Tausender hier eine ganze Familie ein ganzes Jahr lang leben könnte?"

„Natürlich, aber das ist doch etwas ganz anderes!"

„Wieso?"

„Nun, erstens, weil er nur einfach aufgebraucht, weil es sich also um so genanntes ‚Spoon-feeding' handeln würde und zweitens, weil ich hier Ausgaben habe, die ich zu Hause nicht hätte."

„Wofür?"

„Na, zum Beispiel für das Hotel hier, das kostet ja immerhin zusätzlich ..." Berger bemerkte, dass er sich verstricken ließ und war froh, dass Jelepate unverändert freundlich das Thema wechselte.

„Was haben Sie denn nun genau vor?", fragte der.

„Oh, wir werden Ihre Leute im Rahmen unseres Kleingewerbe-Förderungs-Programms auf ökonomisches Handeln einstellen, ihnen zeigen, wie erfolgreich Markt-, Forst- und Landwirtschaft betrieben werden kann, wie die Umwelt darunter nicht leidet, wie die Maßnahmen Nachhaltigkeit über viele Jahre aufweisen, wie jede Familie im engeren Umfeld ein gutes Auskommen hat, wie man Ein- und Ausgaberechnungen erstellt und wie ... na ... kurz gesagt, wie aus dieser Gegend hier ein blühendes Land werden kann", endete Berger ein wenig außer Atem, jedoch aufrichtig erfreut darüber, dass er Jelepate das Wort entrissen hatte.

„Aber hier blüht doch schon alles ringsherum", widersprach der unbeeindruckt warm lächelnd.

„Ich meine natürlich im übertragenen Sinne", parierte Berger.

„Sie meinen, ein versteppendes Land ohne Blüten? Ohne Bäume, ohne Vögel, ohne die Tiere des Waldes? Dafür aber vierspurige Autobahnen, haushohe

Fernseh-Antennen, Drachenflieger, Ballermann-Kneipen, Ausbeutung, Sex-Tourismus, Fabrikschornsteine, Flughäfen, Aktionärsversammlungen in Fünf-Sterne-Hotels und sonstige Segnungen Ihrer reichen Welt?"

„Natürlich nicht! Aber wirtschaftlichen Aufschwung in dem auch Platz für Gärten, Wiesen und Wälder ist. Nur müssen wir", er betonte das Wort besonders akzentuiert, „ge-mein-sam versuchen die Vorteile der Entwicklung aufzugreifen und ihre Nachteile abwenden."

„Verstehe. Aber wir palmholzschnitzende, analphabetisch-glücklich dreinschauende Misquitos würden schon reichen, um den Investoren gerecht zu werden."

„Na, immerhin könnten Sie doch teilhaben. Jobs als Zimmermädchen, Reinigungs- oder Bauhilfskräfte würden reichlich entstehen. Das wäre doch ein Anfang!"

„Und was haben Sie davon?", fragte Jelepate nun wieder.

„Na nichts! Ich meine, natürlich habe ich meinen Job in dieser Branche ... aber sonst ..."

„Es ist also ein großes Projekt?"

„Ja natürlich, ungefähr fünfundzwanzig Millionen US-Dollar."

„Donnerwetter! Wer bekommt das Geld?"

„Nikaragua selbstverständlich, unsere einheimischen Partner."

„Und wer sind die?"

„Ähh ... manchmal die Ministerien, einige Nichtregierungsorganisationen und Selbsthilfegruppen, manchmal ...

„... die Politiker", setzte Jelepate fort.

„Also, nur indirekt. Ich meine, was die Ministerien damit machen, entzieht sich unserer Kontrolle und unserem Einfluss, weil wir doch partizipativ arbeiten – oder besser gesagt, ihnen das Geld in die Eigenverantwortung übergeben."

„Aber, Sie sind mit Experten-Teams an der Umsetzung beteiligt?"

„Ja, doch nur beratend."

„Na, dann wissen wir also, was Sie davon haben, nicht wahr?"

Berger war wütend geworden, weil ihm die Antworten ausgingen und er sich wie ein Schuljunge abgefragt fühlte. Vielleicht habe ich einen guten Job oder andere einen fett dotierten Auslandsvertrag, vielleicht ein reineres Gewissen nach all der und immer noch fortgesetzten Ausbeutung dieser Länder.

Vielleicht den Aufstieg in Deutschland, wenn ich meine Arbeit hier gut mache. Aber, was scherten ihn die einheimischen Kritiker der Entwicklungspolitik. Er war hier, um einen Auftrag zu erledigen. Über hochtrabende Philosophien sollten sich die Gedanken machen, die dafür bezahlt wurden. Noch gehöre ich nicht dazu – basta! Wo die Mäuse letztlich landen ist doch nicht mein Problem, dachte er, wusste aber zugleich, dass Jelepate die richtigen Fragen gestellt hatte. Wie würden sich die 25 Millionen wohl schließlich verteilen? Wie viele davon würden in den Strukturen und den Verwaltungsapparaten der Projekte versickern – und wie viele in irgendwelchen Taschen?

Diese Fragen hatte sich auch Conrad gestellt, der schweigend der Unterhaltung gefolgt war. Berger trank danach sein lauwarmes Bier aus und verzog sich in das so genannte Hotel. Er selbst war noch ein Weilchen geblieben, nahm ein paar Bierchen mehr und hörte den weiteren Gesprächen zu, die Jelepate nun mit den anderen seiner Reisegruppe führte. Der z.b.V. übte unterdessen schon seit geraumer Weile einen Meruenge mit einer üppigen Misquito, bekam die Schwünge seines Unterleibs aber nicht so in den Griff, wie sie. Von Glas zu Glas immer weniger.

Viel hatte Conrad allerdings nicht mehr mitbekommen, denn er wurde von einem schmuddeligen Burschen abgelenkt, der mit einem Wurf Dalmatiner-Welpen auftauchte und sie zum Kauf anbot. Sechs Stück, ein Puppy niedlicher als der andere. Balsam für Conrads angekratzte Seele, die die Trennung von Goliath schwer getroffen hatte. Die putzigen Kerlchen – und Kerlchinnen – krabbelten in sämtlichen Ecken der Kneipe herum, pinkelten und schissen dahin, wo sie es gerade für notwendig hielten und bereiteten auch sonst viel Freude. Zu Conrad fühlten sie sich besonders hingezogen, weil der sie mit all seiner Herzenswärme bedachte, sie knuddelte, kraulte, hochhob, niedersetzte, auf den Rücken legte oder ihnen ein Bierpfützchen spendierte, das sie gierig vom Boden schlabberten. Conrad war also noch ein Weilchen geblieben, trank ein paar Bierchen und stellte schon ziemlich bald fest, dass er besser Spanisch sprach, als er vermutet hatte.

„Ihr habt ja überhaupt keine Ahnung davon", lallte er, „wie tierlieb wir Deutschen sind."

Er stand schwankend an der Theke, hatte seine Arme um die Schultern zweier Nicas gelegt und blickte die neuen Freunde mit wässrigen Augen abwechselnd erwartungsvoll an.

„Si, si, amor", stimmten die ihm lachend zu und bestellten den x-ten doppelten Flor de Caña auf seine Rechnung.

Irgendwann war er der letzte Europäer in der Bude. Vor ihm hatten Jelepate und Victoria gemeinsam die Kneipe verlassen. So viel wusste er noch. Danach ging bei ihm die Lampe aus.

Heute Morgen war ihm speiübel gewesen, was nicht zuletzt von dem Gestank herrührte, der von seinem Zimmerboden aufstieg. „Uhrg …", machte er. Das Erwachen war ekelig. Rings um sein Bett herum tummelten sich alle sechs Dalmatiner-Welpen. Dass die über Nacht nicht stubenrein geworden waren, bemerkte er sofort, als er, puddingweich in den Knien, seine nackten Füße auf den Zementboden setzte, den er kühler, trockner und härter in Erinnerung hatte. Kleine Häufchen und größere Lachen umrundend, suchte er auf einem Bein hüpfend den Weg nach draußen, um festzustellen, wer ihm das Problem eingebrockt hatte.

Unmittelbar vor seiner Zimmertür wischte die fast kugelrunde Hotelwirtin den Fußboden mit einem Fetzen, der offensichtlich schon seit Wochen kein frisches Wasser mehr gesehen hatte.

„Die hast du doch allesamt gekauft, hombre", lachte sie ihm laut entgegen, wobei ihr dicker Busen auf dem ballonförmigen Körper rekordverdächtig wippte. Wie ein dümpelnder Ozeanriese kam diese Gesamtmasse Mensch auf ihn zu, nahm ihn zwischen die gewaltigen fleischigen Oberarme und drohte ihn liebevoll zu zerquetschen.

„So einen netten und freigiebigen Tierliebhaber hatten wir hier wirklich noch nie, corazón", machte sie ihm gestenreich klar und fragte, während sie ihm die Rechnung präsentierte, bedrohlich säuselnd: „Chelito, möchtest du nicht noch ein bisschen bleiben?"

Conrad hatte auf die Rechnung geschaut und sich gefragt, wo das Interkonti steht. Für jeden Hund erhob sie zusätzlich dreizehn Córdoba extra die Nacht, wobei die Fußbodenreinigung nicht eingeschlossen war. Sie würde die Tierchen bis zu seiner Abreise auch gern in Vollpension nehmen, was nochmals zehn Córdoba je Tag und Hund ausmachen sollte. Was blieb ihm übrig? Er ließ sich darauf ein. Proteste hätten kaum Sinn gehabt.

Nun saß er da – unter dem Bananenblatt und hielt sich den Kopf. Seine Zeit war knapp bemessen. Berger hatte allen die Denksportaufgabe „Victoria" gestellt und in wenigen Minuten musste er Ergebnisse präsentieren. Nun, er war sicherlich der Letzte, der Victoria gesehen hatte, als der mit Jelepate die Kneipe verließ. Aber das war auch schon alles. Was mochte der verrückte Barsch-Forscher bloß für Gründe gehabt haben, einfach zu verschwinden, fragte er sich. Zu mehr geistesakrobatischen Übungen fühlte er sich im Augenblick aber nicht fähig. Eine brauchbare Idee würde er jedenfalls nicht vorweisen können.

Wo denn Jelepate sei, fragte er aber seine Wirtin dann doch noch, weil er annahm, dass über ihn eventuell eine Spur zu finden sei. Der wäre abgereist – zurück an die Küste, hieß es. Conrad schlich erschöpft zur Sitzung.

„Also", fragte Berger. „Was denken Sie?"

Die Ergebnisse waren mager. Der z.b.V. formulierte bereits eine Presseerklärung, verweigerte darüber hinaus aber jede weitergehende Beteiligung an der Suche nach Victoria. Er müsse die politischen Aspekte dieser Situation beleuchten und könne an der exekutiven Lösung des Problems nicht beteiligt sein. Natürlich sei er bereit hier am Standort, Bocay, nachrichtendienstlich einzuspringen, um die Welt auf dem Laufenden zu halten. Bis das Problem gelöst sei, würde er unter allen Umständen und Entbehrungen hier ausharren, sprach er, noch immer korrekt mit Anzug und Krawatte bekleidet – und mit Blick auf Juanita, seine Tanzpartnerin des vergangenen Abends, die seine Rede mit glühenden Augen verfolgte – aber nichts verstand.

Ein sich einmischender Nica, der die Deutschen nach der durchzechten Nacht fortan zu seinen treuesten Freunden zählte, machte den Vorschlag die nikaraguanische Luftwaffe einzuschalten. Er hätte beste Verbindungen zu allerhöchsten Generälen und die würden schon dafür sorgen, dass man den Entführten wieder frei bekäme.

Fernandéz López, ein Ex-Contra und jetzt heißblütiger Verfechter der Revolution, riet hingegen verschiedene Sumo-Dörfer auszulöschen, um die Herausgabe des Leichnams Victorias zu erzwingen.

Berger bedankte sich höflich für die konstruktiven Vorschläge und behielt die nötige Ruhe in der schwierigen Situation.

„Es bleibt uns, bevor wir zu spektakulären Mitteln greifen, nichts weiter übrig, als Victoria zu suchen", entschied er nach der Beratung und einer kurzen Denkpause. „Herr Conrad, nehmen Sie sich bitte sein Zimmer vor. Vielleicht ergeben sich irgendwelche Hinweise", ordnete er an.

Wer gut Spanisch sprach wurde geschickt, die Bevölkerung zu befragen. Berger selbst schrieb einen vorläufigen Bericht und heuerte einheimische Scouts für die Suchtrupps an. Nach einer weiteren Stunde traf man sich wieder.

„Nichts."

„Nichts."

„Nichts."

„Bis auf die Projekt-Unterlagen sind alle seine Sachen noch da", berichtete Conrad. Wieso gerade die Projektunterlagen fehlten, verstand er nicht, behielt es aber für sich.

„Also, meine Herren, dann werden wir heute noch abwarten und uns für den Aufbruch morgen früh vorbereiten. Bei Sonnenaufgang verlassen wir Bocay."

Conrad und mehrere andere Delegationsmitglieder verließen mit dem ersten Hahnenschrei den Standort in Richtung Nordosten. Sie nahmen zwei Boote und richteten sich nach Cabo Gracias a Diós. Conrad würde versuchen Jelepate aufzuspüren, um über ihn – oder mit ihm – eine Spur von Victoria zu entdecken. Die anderen zwei Gruppen sollten parallel zum Fluss, eine stromaufwärts, die andere stromabwärts, die Gegend absuchen.

Der z.b.V. blieb im Ort. Die Rede, die er zum Abschied der Suchtrupps vorbereitet hatte, wurde ihm von Juanita ohne Nennung von Gründen untersagt, was der als genderwidrig klassifizierte. Unmittelbar nach seiner Rückkehr nach Managua, würde er einerseits diplomatische Schritte einleiten, kündigte er an, und andererseits für sie einen diesbezüglich Kurs an der dortigen Volkshochschule buchen.

„Damit auch in dieses Nest endlich ein gleichberechtigter Umgang miteinander Einzug halten kann", brummte er verstimmt.

Das große Treffen

Die Rückkehr von Rehmann nach Managua fiel beinahe mit der Ankunft der Expertenfrauen zusammen. Drei Stunden blieben gerade noch für die Organisation des Familientreffens.

„Ein Glück, dass Sie kommen", begrüßte ihn MdB, der ihn vom Flughafen abholte. „Wo ist denn unsere Angela?"

„Ich habe sie in Santiago in einem Krankenhaus zurücklassen müssen. Sie hat eine sehr fiebrige Erkältung bekommen und muss sich nach Anweisung der Ärzte erst einmal gründlich auskurieren, bevor sie die Reise fortsetzen kann."

„Auch das noch", entgegnete Bolberg brummend, „als hätten wir hier nicht schon genug Probleme am Hals. Hoffentlich erholt sie sich schnell." Er schien ehrlich besorgt zu sein.

Auf dem Weg ins Hotel unterrichtete er Rehmann in aller Kürze.

„Der Flieger der Damen und Kids schwebt um zwanzig Uhr fünf ein. Bis alle im Hotel sind, ist es ungefähr halb zehn oder zehn. Wir haben einen Bus gemietet, um sie abzuholen. Die Spitz wird das erledigen. So zwischen zehn und halb elf werden sie in den Zimmern untergebracht sein – um elf treffen sie ihre Männer bei einem schnuckeligen Dinner, was unser Superkoch arrangiert hat. Und danach können sie machen, was sie wollen. Alles bestens eingefädelt. Ich werde die Begrüßung übernehmen und Sie, Rehmann, werden sich um die Schönen des Landes kümmern. Einige sind nämlich ganz schön scharf auf die Experten-Seelen und andere Teile. Das müssen unsere treu sorgenden Ehehälften ja nicht gleich mitkriegen. Aber das deichseln Sie schon, ich verlass mich darauf. Die Ladys sind garantiert todmüde und werden sich nach dem Essen bestimmt aufs Ohr hauen wollen. Was die ab morgen machen, ist mir wurscht. Ich muss mich um andere Probleme kümmern."

Dann erzählte er ihm noch die Geschichte vom verschwundenen Victoria, von der chinesischen Bleistiftlieferung und vom Abbruch des Holzprojektes.

„Und, ach ja, morgen früh kommt Ihr Chef", schloss er. „Sie haben das Vergnügen, ihn vom Flughafen abholen zu dürfen."

„Huch, was will der denn hier?", fragte Rehmann entgeistert.

„Weiß ich auch nicht", knurrte Bolberg, „wahrscheinlich will er den Dschungel begrünen."

In flottem Bogen steuerte er den Mietwagen in die Hotelauffahrt.

„Ich habe es Ihnen ja gleich gesagt, Herr Bolberg", empfing sie Frau Spitz aufgeregt, sofort nachdem sie die Hotelhalle betreten hatten, „die haben es anders gemeint."

„Wer hat was anders gemeint?", wollte Bolberg wissen.

„Na, diese Hand voll Sonder-Experten da draußen, in der Hotelbar."

Bolberg konnte sich kein Bild machen und betrat deshalb gleich darauf die Bar, um festzustellen, worum es ging. Dort saßen sie, ratlos und niedergeschmettert.

„Mensch, Bolberg, da haben Sie uns ja vielleicht was eingebrockt", sagte Siegfried Seitensatz, kaum, dass er Bolberg eintreten sah. „Was sollen wir denn jetzt machen?" Er deutete Hilfe suchend auf vier hübsche junge Nikaraguanerinnen, die es sich an der Theke bequem gemacht hatten.

„Unsere Angetrauten sind in zwei Stunden hier und die da lassen uns keine Sekunde aus den Augen."

Nun endlich hatte auch Bolberg begriffen.

„Also, dass Sie sich mit ihnen eingelassen haben, ist ja nun wirklich nicht mein Problem", entgegnete er leicht angesäuert.

„Aber wir haben Ihnen doch unsere Situation haarklein auseinander gesetzt", protestierte Dr. Soll, ein Frauenrechtler, der das Kooperationsvorhaben „Tropisierte Familienplanung" für ein UN-Programm koordinierte. „Und nun helfen Sie uns gefälligst aus der Patsche!"

Bolberg fand dieses Ansinnen zwar ziemlich frech, hatte aber auch ein schlechtes Gewissen. Ich habe wieder mal nicht richtig zugehört, dachte er schuldbewusst. Die Spitz war da aufmerksamer gewesen, das musste er zugeben. Was soll's – die Lage war, wie sie war. Das Beste daraus machen, war stets seine Devise gewesen. Deshalb würde er auch jetzt eine Lösung finden.

„Also, nun mal ruhig Blut meine Herren", redete er auf sie ein, „das kriegen wir schon hin." Ihm war zwar nicht klar, wie, aber er musste Bedenkzeit gewinnen. „Ich hole jetzt gleich mal unseren Spezialisten für solche schwierigen Fälle. Bin sofort zurück. Nehmen Sie mit den reizenden Damen inzwischen einen Drink auf meine Rechnung."

Er zwinkerte den Schönen an der Bar zu und wollte sie gerade eilig verlassen, um Rehmann in seinen Sonderauftrag einzuweihen, da schwang die Tür auf und ein rotblond gelockter Schädel wurde hindurch gesteckt.

„Pannen-Hilfe naht – so", sagte eine Bolberg sehr vertraute Stimme fröhlich.

„Mensch, Schulze, Herr Kollege, Sie kommen ja wie gerufen. Wir haben hier ein extrem kompliziertes Problem zu lösen." Den verzweifelten Experten rief er zu: „Sehen Sie, meine Herren, ich habe Ihnen doch gesagt, wir haben einen Spezialisten für solche Fälle. Da ist er schon."

Er weihte Schulze in die verzwickte Lage ein und machte ihm klar, dass nur er die verfahrene Situation retten könne, was der zwar augenblicklich akzeptierte, sich aber noch abwartend verhielt, weil ihm der Haken an der Sache noch nicht so ganz deutlich war.

„Sie brauchen uns nur sechs Tage und fünf Nächte verschaffen", drängte Siegfried Seitensatz.

„Bin ich ein Hotel?", grollte Schulze misstrauisch und fügte hinzu: „Das kostet natürlich eine Kleinigkeit. Ich kann das wirklich nur aus Steuermitteln decken, wenn sich damit Aufgabenerledigungen verbinden, die ein öffentliches Interesse zum Hintergrund haben." Schulze schielte listig über den Brillenrand.

„Na, da wird sich doch wohl eine Begründung finden lassen, Herr Kollege", warf Bolberg etwas zu früh ein. „Sie sind doch sonst auch sehr erfinderisch in der flexiblen Richtlinienauslegung."

„Was soll das denn schon wieder heißen? Als BfH habe ich die Pflicht... – ha ...", die Dinge haushaltsrechtlich zu überprüfen, wollte er sagen, wurde jedoch von Seitensatz unterbrochen, der seine Felle davonschwimmen sah.

„Klar, Herr Schulze, Herr Bolberg wollte Ihnen ja auch nicht unterstellen ..."

„Was Herr Bolberg mir unterstellen wollte oder nicht, kann er mir ja wohl auch persönlich sagen", unterbrach nun seinerseits Schulze. „Also, Herr Bolberg, was wollten Sie mir nicht unterstellen?"

„Ich wollte Ihnen nicht unterstellen ..."

„Sag' ich doch", fiel Seitensatz ein.

„Ich wollte Ihnen nicht unterstellen", begann Bolberg erneut, „dass Sie nicht in der Lage wären, die Dinge im haushaltsrechtlichen Kontext zu betrachten."

„Aber, dass ich wohl dazu bereit wäre", keifte Schulze. „Passen Sie bloß auf, was Sie sagen, verehrter Herr Kollege."

„Bitte, meine Herren", schaltete sich nun auch Dr. Soll ein. „Hier geht es doch nun wirklich nicht darum, Unterstellungen auszutauschen, sondern um die Rechte der Frauen!"

„Welcher, der Ihren oder der hier?", fragte Schulze bissig und deutete mit dem Daumen über die Schulter zeigend auf die vier Chicas.

„Aller natürlich!" Dr. Soll begann zu dozieren. „Wir haben damit die einmalige Chance zu beweisen, wie wichtig uns Männern ihr Anliegen ist, wie ernst wir es nehmen und dass wir in der Lage sind, ganz auf Zielgruppenebene meine ich, einen Gender-Nord-Süd-Ausgleich auf niederster gesellschaftlicher Stufe herbeizuführen. Also, ich bitte Sie nun wirklich", er fühlte sich auf sicherer Plattform, „Ihr Denken als Problem zu realisieren und dies auch von dieser Seite zu betrachten!"

Schulze fand die intellektuelle Erektion zwar anmaßend, reagierte aber nicht sofort, sondern überlegte. Sicher handelte es sich hier auch um eine soziologische Problematik. Wenn er es geschickt anging, könnte er sich sogar erste Lorbeeren auf diesem Gebiet verdienen. Eine Veröffentlichung wäre nicht schlecht. Er betrachtete die vier Frauen an der Bar etwas genauer. Donnerwetter, erst jetzt stellte er fest, dass die Aufgabe tatsächlich eine echte Herausforderung sein würde und ihre Erledigung eines Vollprofis bedurfte. Seine gesamte Fachkenntnis, Autorität und sein naturgegebener Charme würden nötig sein, um dem Anliegen gerecht zu werden. Eine trug grüne Stöckelschuhe zu einem bis zum Oberschenkel geschlitzten langen Rock, eine andere einen glänzenden dunkelgrünen Seiden-Mini und ein passendes Top, das die kräftigen Brüste wie eine zweite Haut umschloss, den straffen Bauch aber freiließ. Aus dem Gesicht der dritten leuchteten wunderschöne Smaragdaugen und die vierte knabberte gerade unreife Pistazien. Sie hatten ihn überzeugt.

„Ist der farngüne Landrover vor dem Hotel mein Mietwagen?", fragte er Bolberg.

„Ja."

„Also gut – ha, ich sehe unabwendbare Dringlichkeit in der Sache", verkündete er, „und werde die Situation zu einem förderungswürdigen Projektantrag umkonzipieren. Die Zeit mit den Damen nutze ich, um eine soziologische Studie zu erarbeiten. Das Ergebnis meiner Arbeit wird in einem Gutachten niedergelegt sein, für das ich ihrerseits die uneingeschränkte Zustimmung erhalte. Ich schlage vor, Sie machen mich jetzt mit den Damen bekannt und geben mich ihnen gegenüber als Gutachter mit Betreuungsaufgaben aus. Den Titel zu dem Vorhaben gebe ich Ihnen noch bekannt. Name der Partnerorganisation wird ‚Latino-Wespen', der Arbeitstitel ‚Das Leben unter Experten' sein."

„Wie weit geht denn Ihre ... äh ..., Betreuungsfunktion in diesem Fall?", wollte der vierte, an der Diskussion bisher unbeteiligte Entwicklungsspezialist wissen.

„Natürlich so weit, wie dies die entsprechenden Richtlinien der Haushaltsordnung zulassen", entgegnete Schulze gespreizt, fragte aber nach: „Oder wie haben Sie die Frage gemeint?"

„Ja, ja, so ungefähr."

„Na, prächtig", schaltete Bolberg sich wieder ein, „dann wäre ja wohl alles zur Zufriedenheit aller geregelt."

„So ist es. Am besten ist wohl, wir machen uns gleich auf, was Chicas?" Schulze grinste die Frauen an.

Ihnen wurde erklärt, welche wichtige Sozialforschungsaufgabe unmittelbar anstand und warum ausgerechnet sie dafür ausgewählt worden waren.

„Vamonos hombre, gehen wir", grinsten sie zurück. Unter sehnsuchtsvollen und besorgten Blicken der Experten verschwanden sie mit Schulze ohne große Abschiedsszene.

„Sehen Sie", produzierte sich Bolberg vor der Spitz, „so löst man Probleme."

„Mmmh", machte die nur, und ging nicht weiter darauf ein. „Wie kommt es denn eigentlich, dass der ALF schon hier ist?", fragte sie statt dessen.

„Der hat einen Flug früher nehmen und damit den Aufenthalt in Huston vermeiden können", antwortete Bolberg. „Kam gerade zur rechten Zeit, der Grünspecht. Und eleganter konnten wir ihn ja kaum loswerden", fügte er hinzu. „Gibt's was Neues von Victoria?"

„Nein."

„O.k., verbinden Sie mich bitte mit Wieland und dann versuchen Sie den Rehmann zu finden, der kann nach Hause fliegen."
„Ja, sofort. Aber danach muss ich gleich zum Flughafen."
„Klar."

Am Airport herrschte wenig Betriebsamkeit. Viel Flugverkehr gab es zu dieser Zeit nicht, da die Welt noch in rot über grün bis schwarz aufgeteilt war und Embargos die Entwicklung Nikaraguas noch immer einschränkten. Gelangweilt standen Zöllner einzeln oder in kleinen Grüppchen an den Ausgängen der Ankunftshalle herum, unterhielten sich mit den Immigrationsbeamten oder schäkerten mit Kolleginnen. Manche lasen die neuesten Nachrichten der inzwischen zahnlosen Tageszeitung Barricada oder schauten einfach dem Nichtgeschehen zu. Gepäckträger lümmelten an den Trollies, zwei von ihnen lagen auf Förderbändern für die Koffer und schienen zu schlafen.

Von den sechs Kiosken, deren Warenangebot sich kaum voneinander unterschied, waren drei geschlossen. Aus den offenen Türen der anderen drang laute unterschiedliche Musik, so als müssten die Verkäuferinnen Kunden aus der fünfzehn Kilometer entfernten Innenstadt anlocken. Obwohl alle Fenster und Türen des Gebäudes geöffnet waren, stand die Luft stickig und drückend, wie eine Säule auf der Stelle. Im Inneren des Gebäudes bewegten sich die Menschen langsam, um nicht bei jedem Schritt in Schweißausbrüche zu geraten.

Draußen vor der Tür ging es ein wenig lebhafter zu. Chavalos, fünfjährige und ältere Jungs, die sich auf den Parkplätzen einen Córdoba verdienen wollten, indem sie die wenigen abgestellten Autos bewachten, spielten nebenbei mit achtlos weggeworfenen Cola-Büchsen Fußball oder rannten kreischend hintereinander her. Jeden vorbeikommenden Ausländer versuchten sie in ein Gespräch zu verwickeln, um ihm am Ende eine Münze, einen Kaugummi, Zigaretten oder, wenn es hoch kam, einen Dollar abzuluchsen. Sie verstanden es sehr beeindruckend, ihr fröhliches Spiel abrupt zu unterbrechen, die großen dunklen Augen traurig zu rollen und dem Fluggast oder dem Abholer einen Schein aus der Tasche zu lotsen. Kaum den Real, wie der Córdoba auch genannt wird, in der Hosentasche sorgfältig verstaut, sprangen sie wieder ihrem Cola-Fußball-Team bei, um laut krakeelend den nächsten Torschützen zu feiern.

Polizisten sahen dem Treiben teilnahmslos oder lächelnd zu. Für sie war es völlig normal, dass die kleinen abgerissenen Gestalten nachts auf den Straßen herumtobten. Manche hatten einen witzigen Kommentar für die munteren Gören – oder schossen sogar ein Tor. Andere palaverten mit Taxifahrern oder jungen Soldaten, die lässig, die Kalaschnikow in der Armbeuge, den Eindruck erweckten, als würden sie eher träumen denn wachen, wenn sie tatenlos auf irgendeinem Stein saßen oder gelangweilt auf und ab gingen. Managua war in den Augen der übrigen Welt ein gefährliches Pflaster.

Frau Spitz erreichte den Flughafen zeitig genug. Die Maschine war pünktlich auf dem Monitor annonciert und würde in einer viertel Stunde landen. Zeit genug für eine Zigarette, bevor die Woge aufgeregter Expertenfrauen und nach den Papis quäkender Kinder über sie hereinbrechen sollte. Sorgen machte ihr, dass der bestellte Bus nirgends zu sehen war. Dabei hatte sie vorsorglich zweimal angerufen und gefragt, ob alles in Ordnung wäre. „Si, claro", hieß es. Aber so „claro" war es augenscheinlich nicht gewesen.

Der aus dem Himmel auftauchende Lichtpunkt unterbrach ihre Gedanken. Sie kommen, dachte sie, und holte tief Luft. Kurz danach heulten die Rückstoß-Triebwerke gequält auf und fünf Minuten später hatte die Boeing ihre Park-Position erreicht. Während es draußen auf der Rollbahn vergleichsweise ruhig wurde, begann es in der Halle lebendig und laut zu werden. In der Erwartung Papi, Mami oder die abuelos, die Großeltern, gleich wieder zu treffen hüpften kleine Kinder ausgelassen in der Gegend herum oder an ihren Begleitern hoch. Wie junge Hunde, denen man einen Leckerbissen hinhielt. Erwachsene liefen an den Glasscheiben auf und ab, gleich Pumas an den Gitterstäben ihres Käfigs. Sie winkten heftig, wenn sie die erwartete Person erspähten, riefen „huhu" oder Ähnliches und lachten aufgekratzt Unbekannte an. Laute Unterhaltungen setzten ein. Zum x-ten Mal trafen irgendwelche Experten irgendwelche Experten, die irgendwelche Experten abholen würden.

„Auch mal wieder hier. Wer kommt denn heute?"

„Ach, irgend so ein programmierter Back-Stopper und Indikatoren-Statist aus unserer Abteilung M+E, Märchen und Erzählungen, habe ich mir sagen lassen. Weiß auch nicht so genau, was der hier will. Das Geld muss halt noch weg. Sie kennen das ja."

Sicher, das Geld muss halt noch weg. Auch die Spitz dachte daran, denn sie hatte einiges davon in der Tasche und konnte es nicht loswerden, weil der Bus nicht kam. In ihre Überlegungen hinein krächzte der Lautsprecher und teilte mit, dass TACA 961 soeben gelandet sei. Dass der letzte Fluggast den Jet bereits verlassen hatte, war der Airport-Mannschaft offenbar entgangen. Jetzt wurde es eng. Sie konnte doch keine 25 Taxis reservieren. Was, wenn der Bus dann doch noch aufkreuzte? Die Taxi-Driver würden natürlich ihr Geld verlangen oder eine Art Entschädigung. „Schließlich haben wir andere Fuhren sausen lassen", würden sie sagen und ihr auf die Pelle rücken. Wir werden auf den Bus warten, entschied sie. Auch, wenn sie mich gleich lynchen.

Sie rollte ihr kleines Plakat aus und hielt es hoch, als die ersten Passagiere den Zollbereich verlassen durften und angespannt suchend durch die Ausgangstür zur Straße drängten. Frau Spitz konnte sie erkennen, ohne ihnen jemals begegnet zu sein. Wo ist mein Mann? Diese Frage schien allen ins Gesicht geschrieben, derweil sie die Kleinen ständig einzufangen versuchten und die Koffer schwitzend hinter sich herzogen. Drohend, wie eine Lawine, kamen sie auf die Spitz zugewälzt. Ihr „Herzlich Willkommen" überhörten fast alle.

„Wo ist mein Mann?" Neunzehn Mal wurde ihr die Frage innerhalb der folgenden Minuten gestellt.

„Mami, wo ist denn der Papi?", hörte sie bestimmt vierzig Mal.

„Ihr Mann ist im Hotel und bereitet ein kleines Wiedersehensfest vor. Dein Papi wartet im Hotel auf dich. Er bereitet eine Überraschung für dich vor und konnte deshalb nicht mitkommen", antwortete sie genauso oft, die Kollegen in Schutz nehmend.

„Au, fein", freuten sich die Kleinsten.

„Cool, ey, gibt's da Kabel-TV?", fragten die Mittleren, Kaugummi kauend und nur kurz von ihrem Nintendo-Screen aufblickend.

„Da muss er sich aber schon was Besonderes einfallen lassen, wenn er wieder gutmachen will, hier nicht erschienen zu sein", meinten ein paar entnervte Mütter.

Es dauerte eine Weile, bis Frau Spitz die gesamte Gruppe um sich versammelt und in eine Ecke der Empfangshalle abgedrängt hatte. Hier wiederholte sie ihr Sprüchlein:

„Meine Damen, liebe Kinder, seien Sie uns, seid uns herzlichst willkommen. Ihre Männer befinden sich bereits im Intercontinental-Hotel und bereiten ein kleines Fest vor. Sie alle werden sehnsüchtig erwartet. Leider haben wir im Augenblick ein kleines organisatorisches Problem. Der bestellte Bus ist nämlich noch nicht eingetroffen. Er müsste aber jeden Augenblick hier sein. Bitte haben Sie etwas Geduld."

„Was ist das denn für eine Organisation", regte sich sofort ein erster Protest. „Unsere Männer arbeiten schwer für das Land hier und wir sind übermüdet. Da werden ja wohl ein paar Mark für ein Taxi drin sein!"

„Ja, eben, sehe ich auch so", grummelte es Zustimmung im Chor.

„Fünf Minuten werden Sie ja wohl noch warten können. In so einem Land klappt nun mal nicht alles sofort", kam eine zaghafte Gegenstimme aus der Gruppenmitte, schwer zu sagen woher.

„Kann ich nicht!"

„Mami, ich will aber nicht warten", quäkte eine süße, etwa Dreijährige.

„Sehen Sie, meine Tochter will auch nicht", ergänzte die erboste Mutter.

„Dann fehlt Ihrer Tochter vielleicht ein wenig Geduld", war eine wissende Antwort.

„Ich habe Sie ganz bestimmt nicht aufgefordert, sich in die Erziehung meiner Tochter einzumischen."

Die Auseinandersetzung wurde heftiger und lauter. Die Gruppe begann sich in zwei Lager zu spalten.

„Das ist aber auch ein Kreuz mit dieser freihändigen Erziehung heutzutage", tuschelten zwei ältere Mütter.

„Ja, da stimme ich Ihnen zu. Diese Welt wird immer komplizierter."

Die Spitz kam langsam in Panik.

„Bitte, meine Damen, bewahren Sie doch Ruhe. Wir werden wirklich nur noch zehn Minuten warten. Wenn der Bus dann nicht kommt, nehmen wir Taxis. Ich muss mit Ihnen wenigstens einen angemessenen Zeitraum abwarten, denn in unseren Richtlinien heißt es, dass Gemeinschaftsunterkünften und -transporten in jedem Fall der Vorzug zu geben ist, um die Kosten auf ein Minimum zu beschränken."

„Soll das etwa auch noch heißen, dass wir in Turnhallen auf Gemeinschaftsmatratzen schlafen werden? Das ist die Höhe!", kreischte eine der Frauen.

„Nein, natürlich nicht", gab Frau Spitz zurück, „aber in Mehrbettzimmern schon – ich meine, natürlich nur im Familienkreis."

„Das ist ja wohl das Letzte", kam es von irgendwo her.

„Das ist fernsehreif", meinte die dritte.
„Mami, kann ich ein Eis?"
„Nein, du hattest gestern schon eins."
„Aber gestern hätte ich gar keins gewollt."
„Warum hast du es dann genommen?"
„Weil Bernhardt auch eins gekriegt hat."
„Für heute ist Schluss! Außerdem hast du gerade erst im Flugzeug einen schönen Film gesehen."
„Aber ich wollte gar keinen Film sehen, ich wollte ein Eis."
„Also bitte, jetzt hör endlich auf zu nörgeln. Da kommt auch schon der Bus, schau mal."
„Ich will aber keinen Bus!"
Transfer Interconti stand in großen Lettern im Kasten über der Windschutzscheibe. Der Spitz fiel ein Stein mittlerer Felsgröße vom Herzen. Es war inzwischen halb zehn geworden.
„Mami, ich muss mal Pipi."
„Jetzt nicht. Du bist schon ein ganz großes Mädchen und kannst bis zum Hotel aushalten. Schau mal, alle warten nur noch auf uns und Papi auch."
Gegen zehn traf man vor dem Hotel ein. Es wurde ein wunderschönes Wiedersehen. Man fiel sich in die Arme, überglücklich den anderen wieder anfassen, anschauen, hören zu können. Väter trugen ihre Kinder auf den Armen, zwei, drei, manchmal vier auf einmal.
„Papi, ich muss mal Pipi."
„Ach komm, das halt' jetzt mal aus. Wir wollen uns doch erst einmal richtig begrüßen. Mein Gott, bist du gewachsen."

„Meine Damen und Herren, liebe Kollegen, wir haben ein kleines Fest vorbereitet. Folgen Sie mir doch bitte."
Bolberg hatte seinen Auftritt. Gemessenen Schrittes ging er der Gruppe voran, die, als sie das Arrangement um den Pool herum erblickte, in Verzückung ausbrach. Wunderschön, ganz in weiß gedeckt, umstanden Tische das blau beleuchtete, alt-futuristisch nierenförmig geformte Schwimmbecken. Gläser und Silberbesteck funkelten im Glanz der extra aufgestellten Windlichter. Palmen wiegten sich sanft im milden Nachtwind. Zusätzlich verbreiteten Fackeln ihr

zuckendes Licht über die Szenerie und umschmeichelten die Ankömmlinge zur romantischen Musik aus brüllenden Lautsprechern.

„Mami, Papi, ich muss mal Pipi", sagte die niedliche Blonde gerade wieder, als Bolberg an sein Glas klopfte, um die Aufmerksamkeit auf sich und seine Rede zu lenken.

„Jetzt warte bitte nur noch ein klitzekleines Momentchen, mein Schatz, bis der Herr Bolberg mit seiner Rede fertig ist. Wir wollen ihn doch jetzt nicht durch Herumgelaufe stören, nicht wahr."

„Meine Damen und Herren, liebe Besucherinnen aus dem fernen Deutschland, liebe Kinder, liebe Kolleginnen und Kollegen", begann Bolberg salbungsvoll. „Ich will mich ganz kurz fassen, denn Sie alle haben sich seit einiger Zeit nicht mehr gesehen und der schöne Augenblick des heutigen Treffens soll nicht mit Vielrederei unnötig lange unterbrochen werden. Ich habe das unbeschreiblich angenehme Vergnügen, Sie zu dieser Zusammenkunft herzlichst begrüßen zu dürfen und tue dies gerne auch im Namen meiner Kolleginnen, Kollegen und Mitarbeiter hier vor Ort. Besonders mein geschätzter Kollege, Dr. Gerd Schulze, einige von Ihnen werden ihn kennen, lässt Ihnen herzliche Grüße ausrichten. Er musste Managua leider mit einem Spezialauftrag schon vor Stunden verlassen."

„Mami, Papi, ich muss jetzt nicht mehr Pipi", flüsterte der allerliebste Blondschopf seinen Eltern zu. Sie stand breitbeinig vor ihrem Vater, der aufmerksam Bolbergs Worten folgte.

„Wunderbar hast du das gemacht, Liebling", erwiderte Vati geistesabwesend und verschob damit den hart erkämpften Erziehungserfolg der Mami um gut ein Jahr.

„Auch darf ich Ihnen die allerherzlichsten Grüße der Bundesregierung ausrichten, die für Ihre Situation vollstes Verständnis hat und es mit der Finanzierung unserer Besuchs-Aktion ja auch hinreichend unter Beweis stellte. Höchste Funktionsträger des zuständigen Ministeriums sind sich einig darüber, dass insbesondere Sie, die Sie in Deutschland geblieben sind, ein fernes Rückgrat unserer Männer in Managua darstellen und damit einen wichtigen Beitrag zur Entwicklung dieser Länder leisten. Ich kann deshalb versichern, dass wir, unabhängig von dieser außergewöhnlichen Veranstaltung, alles nur Erdenkliche tun werden, um die bestehenden Kommunikationsprobleme zu lösen und beste

Kontakte zwischen Ihnen und unseren Mitarbeitern hier vor Ort herzustellen. Dafür verbürge ich mich persönlich! Für die Pannen der Vergangenheit möchte ich alle Schuld von Ihren vorzüglichen Ehegatten nehmen. Ich habe den Kollegen und meinen Ministerfreunden in Bonn sehr eindrücklich klargelegt, wie wichtig eine sofortige Problemlösung ist und bin sicher, dass meine Worte dort nicht ungehört verhallen. Bitte gestalten Sie sich einen angenehmen Abend und eine schöne Woche im Kreise Ihrer Familien."

Bolberg hielt Wort. Er machte es kurz und bündig. Man bejubelte ihn und widmete sich dann den vorbereiteten Augen-, Ohren- und Gaumenfreuden. Er selbst traf sich mit der Spitz und Rehmann in einer abgeschiedenen Ecke der Bar, um mit ihnen die Schritte für die nächsten Tage festzulegen. Dabei eröffnete er Rehmann, dass er beruhigt nach Hause fliegen könne, weil sein Chef ihm die wichtigste Aufgabe inzwischen abgenommen habe. Bolberg selbst würde sich noch drei Tage lang um die Angelegenheiten in Managua kümmern, dann aber Berger allein weitermachen lassen. Der habe sich hervorragend bewährt und die Dinge im Griff, meinte er.

Von den Experten und ihren Familien war bald niemand mehr zu sehen. Nur wenige Pärchen saßen, als die drei ihr Zimmer aufsuchten, noch am Pool, hielten Händchen und tuschelten.

„Wann müsst ihr eigentlich wieder abreisen?", fragte Siegfried Seitensatz seine Frau anderntags beim Frühstück.

„Na hör mal", antwortete sie empört, „wir sind doch gerade erst angekommen. Willst du uns schon wieder loswerden?"

„Ach Quatsch", gab er zurück, „mir fiel nur eben mein Terminkalender ein. Ich glaube, ich muss noch ein Treffen verschieben."

Doch Frau Seitensatz hatte sich in Bezug auf die „vorzüglichen" Ehegatten von Bolbergs Rede nicht einlullen lassen. Sie roch da irgendeinen Braten. Nach den gestrigen Stunden ihrer Ankunft und einer anstrengenden Nacht mit Siegfried hatte sie eine merkwürdige Nervosität an ihm festgestellt. Auch jetzt rutschte er ihr in seinem Frühstücksstuhl viel zu häufig aufgeregt hin und her.

„Was hast du denn?", fragte sie ihn deshalb mehrfach.

„Gar nichts", erwiderte er wenig glaubhaft, rückte dann aber doch mit der Sprache heraus: „Der Schulze hat mir da ein höchst interessantes … ääh … Projekt aus der Hand genommen und das ärgert mich irgendwie."

„Was für ein Projekt ist das denn?", fragte sie nach.

„Nun, eigentlich doch kein so besonders."

„Na, dann brauchst du dich doch auch nicht zu beunruhigen", tröstete sie.

„Ja, ja, du hast Recht", lenkte er ein und sah schon wieder auf die Uhr. „Der wie vielte ist heut' eigentlich?"

„Also, das fragst du mich jetzt mindestens schon das vierte Mal innerhalb der letzten zwölf Stunden. Es ist der fünfundzwanzigste November und morgen ist der erste Advent."

„Entschuldige bitte, Schatz, ich weiß auch gar nicht was mit mir los ist." Er grübelte einen Moment. Schulzes Betreuungsjob lag ihm schwer im Magen. Außerdem hatte er Sorge, ihn mit seiner Freundin zu treffen. In Managua läuft man sich wirklich alle Nase lang über den Weg, dachte er. Dann aber hellte sich sein Gesicht plötzlich auf.

„Ich habe eine Idee", brachte er erleichtert hervor. „Wir werden die Kinder einpacken und morgen nach Montelimar fahren, um uns zwei oder drei schöne Tage am Strand zu machen. Das wird uns allen gut tun."

Das Notwendigste war tags darauf schnell zusammengepackt. Bis zum Hotel, am Pazifik, brauchte man nur eine Stunde. Das Licht des anbrechenden Tages war wunderschön. Wenig Verkehr machte die Fahrt vergnüglich. Im Auto sang man Kinderlieder.

„Oohh ... oh .., mein Gott", stöhnte Siegfried jedoch kreidebleich auf, gleich nachdem sie eingecheckt hatten und die Hotelanlage erkundeten. Er hatte Schulze an der Frühstückstheke mit zwei der Nikaraguanerinnen erspäht.

„Was ist denn nun schon wieder los?", fragte seine Frau gleichzeitig erschreckt und besorgt.

„Ich glaube, ich habe unser gesamtes Geld in Managua vergessen und fürchte, wir müssen sofort wieder aufbrechen."

„Kann doch nicht sein, du hast doch gerade mit AMEX bezahlt. Und in dem Pauschalpreis ist alles enthalten, wenn ich das richtig verstanden habe. Ein paar Doller habe ich außerdem bei mir."

Seitensatz war in Panik.

„Aber wahrscheinlich sind ja gar keine Zimmer mehr frei", verhaspelte er sich. „Einen Schlüssel habe ich jedenfalls noch nicht bekommen." Er flitzte zurück zur Rezeption.

„Das ist ja wohl das Schärfste", brüllte er drauflos.

Wild mit den Augen zwinkernd redete er auf den Hotelangestellten ein, der nicht verstand, wie die heftigen Zuckungen zu deuten waren.

„Da zahle ich hier ein paar hundert Dollar und erfahre erst danach, dass überhaupt kein Zimmer mehr frei ist. Ich verlange auf der Stelle meinen Kreditkartenbeleg zurück und werde unverzüglich abreisen. Das Ganze hat ein Nachspiel, das kann ich Ihnen flüstern", schnauzte er den völlig verständnislos und verängstigt dreinblickenden Rezeptionisten hinter dem Tresen an. Den befiel, wegen der merkwürdigen Gesichtsentgleisungen die Sorge, dass der Gast gleich einen Herzinfarkt erleiden könnte. Einer Kollegin raunte er deshalb zu, unbedingt und sofort den Hotelarzt zu benachrichtigen.

„Aber so beruhigen Sie sich doch", meinte er trotzdem freundlich lächelnd. „Wir haben noch jede Menge Zimmer frei."

„Kommt ja überhaupt nicht in Frage", schrie Seitensatz jetzt noch lauter. „Aber gut, wenn Sie es so wollen, fordere ich mein Geld anwaltlich ein."

Er zwinkerte verzweifelt noch heftiger. Der Blödmann versteht überhaupt nichts, dachte er und schob ihm deshalb einen Zettel zu. Aber für Erklärungen war es zu spät – seine Frau stand bereits an seiner Seite.

„Ich brauche die Zimmer nicht mehr", stand auf dem Zettel. „Mir ist ganz schlecht! Ich muss nach Managua zu einem Doktor, aber meine Frau darf das nicht erfahren!"

Bevor der Angestellte zugriff, tat es Frau Seitensatz.

„Du lieber Himmel, das hättest du mir doch sagen können", meinte sie ganz betroffen. „Du Lieber, dass du uns die Tage nicht mit deinem Zustand verderben wolltest, wie süß von dir." Sie war gerührt, zerdrückte eine Träne und streichelte ihm zärtlich über die Wange. „Natürlich fahren wir dann sofort zurück ins Hotel und du kommst mir unverzüglich in ärztliche Behandlung."

„Ich danke dir für dein Verständnis, Liebes", entgegnete er flach atmend an ihre Schulter gelehnt. „Bitte kläre das mit der Rechnung noch in aller Ruhe", bat er sie. „Ich setze mich inzwischen in einen Sessel dort drüben."

Wie vom Blitz getroffen blieb er jedoch stehen, als ihn das Hilfsangebot des Empfangschefs traf.

„Aber das ist überhaupt nicht erforderlich", mischte der sich zuvorkommend wieder ein. „Wir haben einen hervorragenden Allgemeinarzt im Hotel. Sogar ein Deutscher, der sich schon vor vielen Jahren hier niedergelassen hat und bestens ausgestattet ist. Ich habe ihn bereits rufen lassen. Er muss jeden Augenblick hier sein. Und Zimmer haben wir wirklich noch genug. Sie müssen da etwas falsch verstanden haben, mein Herr."

„Na siehst du", meinte Frau Seitensatz erleichtert. „Großartiger können wir es doch gar nicht treffen. Lass uns bleiben. Mit den Kindern lässt es sich hier ohnehin besser aushalten, als in dem stickigen Hotel in Managua. Du wirst dich schnellstens erholen und wir lassen dir die Ruhe dazu. Falls es notwendig wird verlängern wir einen Tag."

„Aber ... – bis der Arzt kommt ...", wollte er sich noch aufbäumen, als der schon hinter ihm stand. Er sah keine Chance mehr die Katastrophe abzuwenden – und saß in der Patsche. Drei Tage würde er versteckt im Bungalow bleiben, den schwer kranken Mann spielen und so versuchen, dem Drama zu entgehen, das sich da anbahnte. Man händigte seiner Frau den Zimmerschlüssel aus, der Doktor kam gleich mit.

„Also, ich kann wirklich keine ernsthaften Gründe für die Störung feststellen und die Symptome, die Sie äußern, sind höchst ungewöhnlich. Dass eine Fehlfunktion des Augenschließmuskels sich auf die Darmtätigkeit auswirkt oder umgekehrt, begegnet mir zum allerersten Mal. Wir sollten besser eine umfassende Laboruntersuchung ansetzen, um seriös abzuklären, was in Ihnen vorgeht. In Managua kann das leicht erledigt werden", schloss er seine gründliche Untersuchung ab.

In Seitensatz keimte Hoffnung auf.

„Siehst du", wandte er sich an seine Frau, „ich habe ja gleich gesagt, wir sollten nach Managua zurückkehren."

„Nein, das ist nicht nötig", mischte sich der Doktor ungefragt ein und zerbrach damit den letzten Strohhalm, an dem Siegfried sich festhielt. „Ich werde morgen sowieso in die Hauptstadt fahren. Da kann ich Ihre Proben gleich mitnehmen. Übermorgen früh bin ich mit den Befunden meines Labors wieder zurück. Und dann sehen wir weiter. Bis dahin ruhen Sie sich an diesem wunderschönen Fleckchen mal ordentlich aus. Legen Sie sich in den Schatten am Meer und lassen Sie sich die Brise gut bekommen. Essen Sie, worauf Sie Appetit haben. Alkohol und Zigaretten vermeiden Sie zunächst am besten. Die Proben hole ich mir morgen früh ab. Bitte bleiben Sie bis zur

Abnahme nüchtern." Damit war die Visite beendet. „Ich wünsche noch einen schönen Tag."

Siegfried Seitensatz hatte keine andere Wahl. Im kleinen Kiosk der Hotelanlage erwarb er einen breitkrempigen Strohhut – gegen die Sonne, wie er versicherte.

„Aber du sollst dich doch sowieso in den Schatten legen. Wozu brauchst du da einen Hut?"

„Ja, schon, aber schau mal, der Weg zum Strand und zurück ist doch eine einzige Sonnenfolter. Hast du denn gar kein Gefühl für meinen Zustand?", fragte er gequält.

„Doch, Schatz, entschuldige."

„Ich bleibe heut erst mal im Zimmer", verkündete er seiner Familie mit schmerzverzerrtem Gesicht.

„In Ordnung, Liebling, wir holen dich dann zum Mittagessen ab."

„Um Himmels willen", fuhr er auf, „ich könnte jetzt essende, schlingende Menschen nicht ertragen. Wenn ich nur daran denke, diese schmatzenden und schlürfenden Fettwänste anschauen zu müssen, wird mir gleich wieder hundeelend. Nein, wenn ich überhaupt etwas esse, dann hier im Bungalow. Außerdem hat mir der Doktor verboten zu essen."

„Alles klar, Schätzchen, wir lassen dich jetzt eine Weile in Ruhe und dann schaun' wir mal. Los, Kinder, gehen wir."

Sie packten ihre Badesachen und verließen den Bungalow in Richtung Strand. Ihr kam die ganze Geschichte ziemlich spanisch vor. Erst seine Nervosität in Managua, dann der Zirkus an der Rezeption jetzt hier, der Zettel und die Aufregung über angeblich nicht vorhandene Zimmer, ein Doktor, der keine Krankheit feststellen konnte, der Hut, wo er sonst nie Hüte trug und schließlich die Abneigung gegen das Essen. Irgendetwas stimmt da nicht, dachte sie.

Sie war kaum fünfzig Meter gegangen, da begegnete ihr ein dickbäuchiger Rotschopf mittleren Alters mit vier bezaubernde Nikaraguanerinnen. Sie unterhielten sich angeregt. Ein Deutscher, konnte sie ganz klar an seinem Akzent ausmachen. Wie der Playboy-Hefner persönlich, schlenderte er mit den vier Frauen über das Gelände. Während er wohlgefällig vor sich hin grinsend und Beifall heischend die Gegend abschritt, schnatterten die Grazien auf ihn ein, lachten und bewegten aufreizend Busen und Hintern. Arme Chicas, dachte

Frau Seitensatz. Da kommt so ein deutscher Geldsack für zwei Wochen angeflogen, macht mit dicker Brieftasche auf Amor, bumst sich durch die Hotels, den Girls eventuell ein Kind und verschwindet wieder ohne auch nur den Hauch einer Verantwortung zu verspüren. Widerlich. Hoffentlich nehmen sie den Typen so richtig aus. Das wäre das Mindeste, was ich ihm wünsche, schloss sie ihren Gedanken ab. Verdammt hübsch sind die vier aber wirklich, stellte sie hinter ihnen herblickend fest. Aber der Dicke, in der giftgrünen Badehose – einfach abschreckend.

Ihren Bungalow gut im Blickfeld, ließ sie sich unter Schatten spendenden Palmwedeln am Meer nieder. Die Kinder spielten bereits in den Wellen und sie versuchte sich in ein mitgebrachtes Buch zu vertiefen. Es gelang ihr nicht. Ihre Gedanken drehten sich um das merkwürdige Verhalten von Siegfried. Misstrauisch blickte sie zum Ferienhaus zurück. Unvermutet fesselten ungewöhnliche Vorgänge ihren Blick. Vor dem Haus sprang ein merkwürdig kostümierter Typ herum und verrenkte sich komisch bei dem Versuch irgendwelche Zeichen zu geben. Das ist doch Siegfried, dachte sie und wollte schon aufspringen, um zu ihm zu eilen, als ihr klar wurde, dass seine Signale gar nicht ihr galten. Mitten in der Bewegung hielt sie inne und beschloss zu beobachten. Er konnte sie nicht gesehen haben und der geheimnisvolle Aufzug ihres Mannes veranlasste sie, sich zurückzuhalten.

In ein weites Badetuch gehüllt, vermummt wie ein Beduine und den breitkrempigen Hut weit in die Stirn gezogen, winkte Siegfried offensichtlich dem rotblonden Geldsack. Der, in seinem Rausch total fixiert auf die vier Frauen, bekam nicht das Geringste davon mit. Dies wiederum veranlasste Siegfried immer wildere Pirouetten zu drehen. Wie ein Flamencotänzer riss er die Arme hoch, winkte schließlich mit dem Hut oder rief beziehungsweise pfiff in Richtung Dickbauch, der sich an der Open-Air-Bar vergnügte. Irgendwann gab Siegfried auf. So, wie sie ihre Beobachtung auslegte, wollte ihr Mann mit Dickbauch Kontakt aufnehmen, ohne dass irgendwer sonst etwas davon mitbekam. Was um alles in der Welt wollte Siegfried von diesem Widerling, fragte sie sich.

Der hatte inzwischen das Vorgehen geändert. Ein Gärtner des Hotels war ihm über den Weg gelaufen. Auf ihn redete Siegfried nun ein. Der Schuft. Er hatte dem Arbeiter einen Zettel in die Hand gedrückt und deutete auf Dickbauch. Unauffällig gelang es dem Gärtner schließlich die Notiz an den Mann zu bringen. Dickbauch nippte genüsslich an seinem Mint-Drink während er las, unterbrach dann sein offenbar sehr angeregtes Gespräch mit den Bikini-Mädels und ließ sich vom Barkeeper einen Stift geben. Genauso unauffällig, wie er den Zettel erhalten hatte, wanderte der nun zurück zu ihrem Gatten. Für seine Botendienste erhielt der Arbeiter einen Geldschein. Siegfried verzog sich ins Haus. Der Vorhang fiel. Klar, dass da eine ganz miese Tour lief, dachte Frau Seitensatz. In ihr erwachte der bekannte Hitchcock-Instinkt.

Es war Abend geworden. Sie machte sich so hübsch sie konnte und war gespannt, ob er sie zum Essen begleiten würde.

„Oooh, Schatz, erzähl' mir bitte bloß nichts vom Essen. Da wird mir allein vom Zuhören übel. Ich krieg' einfach nichts runter. Und außerdem hat der Doktor ... bitte entschuldige", stöhnte er.

Ihr war es nur recht. Sie hatte sich vorgenommen, das Rätsel um Dickbauch zu lösen und konnte ihn dabei nicht gebrauchen.

„Aber Liebling, du musst doch irgendetwas essen", versuchte sie es noch einmal nicht besonders nachdrücklich.

„Morgen vielleicht", kam es röchelnd zurück. „Heute muss ich mich nur ausruhen. Bitte sei mir nicht böse."

„Na gut. Die Kinder und ich gehen jetzt los. Bis gleich."

„Danke, Schatz. Bis bald. Lasst es euch schmecken."

Nach dem Essen brachte sie die Kinder zu Bett, blieb zu Siegfrieds Erstaunen aber noch angezogen und ausgehfertig.

„Ich gehe noch auf ein Gläschen an die Bar", sagte sie. „Kommst du mit?"

Er lag bereits im Bett, las ein Buch, stöhnte ab und zu erbärmlich und hielt sich den Bauch.

„Nein danke, Liebling. Ich glaube ich würde dir nur die Stimmung verderben. Amüsier dich nur gut."

Das werde ich, dachte sie. Aber anders als du es dir vorstellst. Und dann lief alles wie geschmiert. Die vier Hübschen blieben, als sie kam, noch ein bisschen bei Dickbauch, zogen sich jedoch kurz danach zurück, um sich discofein zu machen. Schulze hingegen bestellte einen weiteren weißen Rum mit besonders grüner Zitrone. Sie kletterte neben ihn auf den Barhocker und kam sofort ins Gespräch. Wenn Siegfried auf dem Zettel etwas von ihr mitgeteilt hatte, musste sie vorsichtig sein, um nicht entlarvt zu werden. Also erzählte sie ihm eine Story. Sie wäre gerade erst zugezogen. Ihr Mann sei ein erfolgreicher Außenhandelskaufmann und mache in Strumpfhosen. Ihre Ehe wäre kinderlos geblieben.

„Weil ich diese Gören aber nun einmal so mag, habe ich eine Adoptions-Agentur in Managua eröffnet", erzählte sie Schulze. „Ich bin jedes Mal überglücklich, wenn ich eins dieser armen Würmchen unterbringen kann. Mein Mann ist ein ganz Lieber und hilft mir sehr dabei. Da drüben sitzt er mit Geschäftsfreunden."

Sie deutete in eine bestimmte Richtung, lächelte und winkte einfach hinüber. Schulze war eingelullt und nahm ihr die Geschichte ab. Er würde nicht mehr darauf kommen, dass sie die zweifellos bessere Hälfte von Seitensatz war. Danach kam sie zum Thema:

„Ich habe das Gefühl, man müsste Sie kennen", machte sie ihn an und traf mitten ins Schwarze.

„In bestimmten Kreisen schon", antwortete er und drückte den Rücken durch.

„Dann will ich doch mal versuchen herauszufinden, ob ich zu diesen Kreisen gehöre."

Nach einer Stunde wusste sie so gut wie alles über ihn. Ich habe es mir doch gedacht. Den muss ich nur leicht anstechen und schon erzählt mir dieser Kunstfurzer sein gesamtes Leben in fünf Minuten. Vor allen Dingen seine großartigen Erfolge, alles über den gewaltigen Einfluss den er in höchsten Kreisen genießt, seinen Kontostand, welches Auto er fährt und wie blöde all die anderen sind. Sie wusste, dass er hier den Soziologen spielte und, dass die eine der vier Nikaraguanerinnen die Freundin ihres Siegfried war, das so genannte „Projekt", wie der Schuft sich ausgedrückt hatte. Sie war tieftraurig und zugleich wütend, wie nie zuvor in ihrem Leben. Das Theater, das Siegfried ihr hier vorspielte, verletzte zutiefst ihr Gefühl, ihre Würde und ihren Stolz. Am liebsten wäre sie sofort in den Bungalow gerannt, hätte ihm ein Glas oder etwas besonders Schweres an den Schädel geworfen und eine Szene für das gesamte Feriendorf veranstaltet. Doch sie zwang sich zur Ruhe. Rache muss man kalt genießen, dachte sie.

Bald, nachdem sie in Erfahrung gebracht hatte, was sie lieber nicht hätte hören wollen, flatterten die vier einheimischen Schönen, Schmetterlingen gleich, wieder in die Bar herein. Jede von ihnen könnte glatt als irgendeine Miss durchgehen, dachte Frau Seitensatz nicht ohne Neid. Keine von ihnen war älter als sechsundzwanzig. Dezent um die Glutaugen geschminkt und raffiniert gekleidet erschienen sie wieder auf der Bildfläche. Dickbauch weiß gar nicht mehr, wohin er seine Blicke drehen und wenden soll, fiel ihr auf. Noch fünf Minuten und der fällt vor Geilheit glatt vom Hocker. Währenddessen nahmen die vier Schulze in die Mitte und redeten auf ihn ein.

„Komm', lass uns in die Disco gehen", drängten sie. „Tu pagas!"

Er erhob sich sofort und meinte grinsend:

„Klar zahle ich!" – und zu Frau Seitensatz gewandt: „Ich hoffe, wir sehen uns später noch. Jetzt muss ich meine soziologischen Studien weiterführen."

„Na dann viel Erfolg", erwiderte sie und dachte: Hoffentlich reißen sie dir deine Erhebungsmerkmale ab, du Arsch, wünschte aber lächelnd viel Vergnügen und gute Nacht.

Darüber hinaus war sie froh, unerkannt geblieben zu sein. Ein paar Rum mehr, als sie eigentlich hatte trinken wollen, halfen ihr anschließend, in einen tiefen, traumlosen Schlaf zu fallen. Siegfried schnarchte schon längst. Am nächsten Morgen war sie trotzdem einigermaßen fit.

„Wie war dein Abendessen und der Barbesuch?", fragte er.

„Sehr gut", sagte sie. „Es ist ja nicht allein der Drink."

„Was denn noch?"

„Na, Leute gucken, ein bisschen reden, ein sauberer Rum, Musik, das bringt's."

„Hast du Bekannte getroffen?" Unsicherheit lag in seiner Stimme.

„Nein, natürlich nicht", du Idiot, grollte sie still. „Wie sollte ich denn? Den Einzigen, den ich hier kenne, das bist doch du."

„Natürlich, wie solltest du denn", gab er spürbar erleichtert zurück.

„Aber ich habe wieder mal meine Studien getrieben", setzte sie nach.

„Welche Studien?", wollte er nun wieder beunruhigt wissen.

Sie holte tief Luft:

„Ich sag dir, das hier ist ein Puff für Touristen."

„Ach Quatsch. Wie kommst du denn darauf? Das ist in Nikaragua das beste Hotel."

„Das eine schließt das andere offenbar nicht aus", konterte sie leichthin. „Da war vor allem so ein Dickbauch. Rotblonde Kraushaare, grün behauchte Brille. Der hatte vier einheimische Schönheitsköniginnen an der Angel und schon in der Bar mit ihnen fürchterlich rumgemacht. Ich möchte nicht wissen, was sich später in der Disco oder im Zimmer abgespielt hat."

Sie wählte eine extra rüde Ausdrucksweise und fuhr fort:

„Knutschen, Hand am Arsch, im Schritt und so. Besonders mit der einen. Ein bildhübsches Ding sage ich dir. Die größte von den vieren."

Siegfried war elektrisiert und hatte sich gespannt vorgebeugt. Seine Hände zitterten und die Augen flackerten.

„Hat er sie angemacht – oder sie ihn?"

„Sie ihn – aber ihm hat's gut gefallen. Du hättest sehen sollen, wie die zwei die Bar verließen. Da blieb für Phantasie nichts mehr übrig. Aber warum interessiert dich das?"

„Weil ich diese Spießer zum Kotzen finde, die für zwei Wochen Dienstreise die Mutti verlassen und sich dann hier durch die Gegend vögeln", versetzte er aufgebracht.

„Woher weißt du denn, dass der Typ auf Dienstreise ist?", fragte sie scheinheilig.

„Ääähh ... weiß ich natürlich nicht, nehme ich aber an." Erschreckt verbiss er sich weitere Fragen, um sie nicht misstrauisch zu machen.

Aber sie ließ ihn nicht aus der Zange.

„Hintereinander sind sie aus der Disco getanzt. Er die Hände auf ihren Titten und sie den Hintern an ihn gepresst. Etwa so ...", sie machte es vor. „Ich glaube, die hätten es am liebsten gleich auf der Tanzfläche getrieben."

Ihr war zum Heulen zumute, aber sie unterdrückte die Tränen.

„Umph", stöhnte er auf. Sein Gesicht war rot angelaufen.

„Geht es dir wieder nicht gut?", fragte sie.

„Nein, nein ... äh ... ja ... mir geht's wieder nicht gut", gab er leise und schwer geschockt zurück.

„Ich glaube, wir sollten abreisen", wechselte sie übergangslos das Thema. „Das ist hier nichts für unsere Kinder."

„Aber so schlecht geht es mir ja nun auch wieder nicht", versuchte er einzulenken. „Ich würde schon ganz gerne noch einen schönen Abend hier mit dir verbringen. Wir müssen ja beim Dinner nicht mitten in der Menge sitzen. Ich meine, ein wenig abseits oder so. Zum Schutz gegen das grelle Neonlicht könnte ich den Hut aufsetzen und ..."

„Nein, nein, wir reisen so schnell wie möglich ab", entschied sie für ihn mit. Und er wusste, wenn es um die Kinder geht, versteht sie keinen Spaß.

In Managua fand sie augenblicklich die Solidarität der drei anderen Expertenfrauen. Vor allem die der Gattin des Frauenrechtlers, Dr. Soll. Diese machte sich unverzüglich nach Montelimar auf, um den Wahrheitsgehalt der Geschichte zu überprüfen, war am nächsten Morgen aber schon wieder da und bestätigte das von Frau Seitensatz Berichtete. Auch sie hatte Schulze ins Gespräch ziehen können – mit demselben traurigen Ergebnis. Am Nachmittag fragte Frau Seitensatz im Hotel Interconti:

„Haben Sie ein Faxgerät?"

„Selbstverständlich, meine Dame."

„Gut, ich würde es gerne für eine Weile nutzen."

„Si, claro."

Rehmann war wieder in Deutschland. Natürlich stand er in ständigem Kontakt mit Angela und war über ihren Gesundheitszustand und alle ihre Aktivitäten nahezu umfassend informiert. Jetzt saß er gerade am Schreibtisch und beugte sich über allerlei Papiere. Er hatte von Bolberg den Auftrag erhalten, mit Wieland zusammen nun endlich das Computer-Ei auszubrüten.

„Ich glaube, der Wieland kriegt das allein nicht glatt genug hin", hatte Bolberg gesagt.

Rehmann versprach sich darum zu kümmern und war am folgenden Morgen abgeflogen.

Er war tief in den Computer-Vorgang versunken, als ruckartig die Bürotür auflog.

„Ich glaub' mich tritt ein Pferd", keuchte Wieland absolut unbritisch. „Hier sehen Sie sich das mal an." Wieland knallte ein paar Zeitungen auf den Tisch. „Das ist doch unmöglich!"

Rehmann leuchteten in fetten roten Lettern drei Schlagzeilen entgegen:

„Experten-Kurtisanen – 1. Teil. Frauenrechtler fördern Sex-Tourismus in der Dritten Welt", hieß es auf der Titelseite von Emma.

„Lolitas auf Expertenjagd", machte die Berliner Zeitung groß auf und Bild war mit einer Sonderbeilage am Thema. „Experten-Mafia verbumst Steuergelder", war deren Schlagzeile. Frau Seitensatz und ihre Leidensgefährtinnen hatten ganze Arbeit geleistet.

„Was glauben Sie, was hier in einer halben Stunde los ist?", sorgte sich Wieland und sah Rehmann an, als könne der etwas dafür.

„Ich kann dazu wirklich nichts sagen." Rehmann war total geplättet. „Und ich möchte Sie auch herzlich bitten, mich aus der Schusslinie zu nehmen", setzte er hinzu. „Mir sind die Vorfälle wirklich schleierhaft."

„Haben Sie eigentlich noch Urlaubsanspruch?", wollte Wieland wissen.

„Darüber habe ich gerade mit Ihnen reden wollen." Rehmann war froh, dass Wieland ihn auf diesem Wege aus dem Feuerwerk ausblenden wollte, was da im Entstehen war. „Ich habe noch zehn Tage und die würde ich jetzt gerne nehmen. Ich möchte mich um Frau Adorno kümmern. Sie wissen ja, dass sie krank in Santiago liegt und Unterstützung braucht. Da Sie zur Zeit Geschäftsführer sind, dachte ich, ich wende mich in der Angelegenheit direkt an Sie."

„Damit sind Sie dann auch an der richtigen Adresse, lieber Rehmann. Wer könnte sich einem so hilfsbereiten Anliegen schon verschließen", grinste Wieland, der bereits Hochzeitsglocken klingeln hörte. „Aber erst lösen wir gemeinsam das Computer-Problem und dann können Sie in die süßen Pflegewochen starten", sagte er väterlich.

Das war ja einfacher, als ich dachte, grübelte Rehmann, nachdem Wieland sein Büro verlassen hatte. Doch jetzt kommt der schwierigere Teil. Wenn Rehmann der eine Bestellvorgang auch bestens bekannt war, von dem, der hier mit der GGEZ ausgedealt wurde, hatte er wenig Ahnung. Doch irgendwie schien es ihm eine Gelegenheit zu sein, das Projekt zu einem besonders erfolgreichen Ende zu führen.

3. Buch

*Angesichts von Hindernissen
mag die kürzeste Linie zwischen zwei
Punkten die krumme sein.*

(Berthold Brecht)

Ein denkwürdiger Morgen

Sie benötigte nur knapp fünfzehn Minuten, um sich in ihrer ganzen Pracht zu zeigen. Vom ersten Aufblitzen am Horizont über dem Atlantik bis zum Augenblick, da sie sich in ihrer vollen Größe über das Meer erhoben hatte. Mächtig und schon um diese Stunde sengend warf der glühende Feuerball sein Licht auf den spiegelglatten Ozean, der sich vor Angst, sofort verdampft zu werden, kaum zu regen wagte. Ohne die kleinste Dünung, ohne sich kräuselnde Wellenkämme und ohne ein leisestes Branden, schickte sich die unübersehbar weite Wasserwüste an, dem Diktat ihrer Majestät, der Sonne, folgen zu wollen. Zu dieser frühen Stunde war von ihr Ruhe verordnet worden. Vorwitzige Wölkchen, die sich ihr zu nahe wagten, wurden unverzüglich zum Tode verurteilt. So schnell, wie sie sich in das Hitzefeld begaben, so schnell waren sie verdunstet. Sie hatten sich angemaßt, ihr Licht zu verdunkeln oder ihm eine andere Färbung zu geben.

Bewegungslos wie das Wasser, lag ihr auch das Kap zu Füßen. Kein Lüftchen regte sich. Die den Strand säumenden, schief gegen das Meer gerichteten und noch von der Nachtfeuchte benetzten Palmen ließen zögerlich erste Tröpfchen fallen. Nicht lange, und die Hitze würde aufgesogen haben, was gerade noch Erfrischung bedeutet hatte. Unendlich langsam füllten sich winzige birnenförmige Wasserhäutchen an den schlaff herabhängenden Palmwedelspitzen, wurden dicker und blähten sich auf, bis die Kraft ihrer Außenhülle nicht mehr reichte, sie zu halten.

Plitsch, machte es – und der Tropfen war im weißen Sand des Strandes verschwunden. Plitsch ... plitsch – andere folgten. Gleich Homo sapiens, der zeitlebens nur aufnimmt, fetter und fetter wird. Auch er vergisst, dass es mit jedem Gramm, mit jedem Kilo selbstgefälliger Überheblichkeit schwerer wird, sich im Netz dekadenter Gesellschaftssysteme zu halten. Bis ihm eines Tages die Fingermuskeln versagen und er ins Endlose fällt. Plitsch, macht es auch dann nur. Entbunden von der Hoffnung, dass da jemand wäre, der ihn auffängt, empfindet er möglicherweise erstmals ein Gefühl von Freiheit, ohne es zu verstehen.

Leises, aber immer vielfältigeres Piepsen kündigte an, dass gleich die soeben erwachende Vogelwelt der Sonne ihren eindringlichen Gesang entgegenschmettern und die bis dahin anhaltende Stille von den bunt gefiederten Bewohnern der Bäume respektlos unterbrochen werden würde. Unter ihnen, die im kühlen Schutz des Blätterdachs großer Bäume ihr Versteck noch nicht aufgeben wollten, kroch lautlos der Río Coco in der kleinen Bucht von Cabo Gracias a Diós in die Karibik. Würdevoll hatte der Strom es sich im Verlauf vieler hundert Jahre hier bequem gemacht. Behäbig transportierte er sein gelbschlammiges Wasser in den Riesenschlund des Meeres. Er befand sich in der Ruhephase des Jahres und schien den Turbulenzen der Herbststürme gelassen entgegenzufließen. Große Regenwasser-Mengen, die noch vor Monaten aus den Bergen herabschießend stürmisch durch sein Bett tobten, gehörten der Vergangenheit an.

Die Ruhe des augenblicklichen Zyklus beherrschte auch das Leben an seinen Ufern. Die Menschen, die mit ihm lebten, waren fröhlich und ohne Angst. Sie sangen, stritten und liebten, wie eh und je und waren der technisierten Welt noch weit entrückt. Doch bald würden die ersten Bötchen zu Wasser gelassen und Paddelschläge die Gelassenheit des Stroms stören, oder größere Kanus mit Außenbordern und sattem Tuckern, seine Oberfläche teilen. Kindergekreische oder Gelächter, vielleicht auch Gezeter badender, streitender oder waschender Frauen würde beginnen, wie an jedem Tag, seine gemächliche Reise behindern und ihn in ungewollte Bewegungen versetzen.

Noch aber schwammen die Fische unbehelligt in der kaum wahrnehmbaren Dünung oder jagten in tödlicher Absicht die Artgenossen. Großvögel warteten geduldig, bis einer von ihnen den entscheidenden Fehler machte und während der gierigen Jagd der Wasseroberfläche zu nahe kam. Dann stieß, wie jetzt gerade, der messerspitze Schnabel des Reihers durch die spiegelglatte Haut des Río Coco und aus dem Jäger war der erfolgreich Gejagte geworden.

Der Gedanke an die Fische und Vögel faszinierte Jelepate, der still auf einer Baumwurzel am Flussufer saß. Er begrüßte offenen Herzens und in sich ruhend den erwachenden Tag. So ist das, überlegte er. Die Gier fällt irgendwann beinahe über jeden her. Sobald das Individuum sich ihr ergibt, ist es verloren. Manche Viecher verlieren sich im Blut-, manche Menschen im Geldrausch. Er schaute auf den zappelnden Fisch im Schnabel des Reihers. Der hatte Pech gehabt. Sicher wollte er bloß seinen Hunger stillen und hat dabei die Gefahren unbeachtet gelassen, die ihn umgaben.

Aber den Menschen ist zu wenig, was sie zum Überleben benötigen. Sie sammeln und häufen an. Geld, Macht, Besitzstand. Doch irgendwann bedarf es der Abwehr von Neidern, zur Sicherung des Erlangten. Denn einer ist immer unter ihnen, der streitig machen könnte – oder auch möchte, was zusammengetragen wurde. Sei es nun Besitz, Anerkennung oder den schon vermeintlich gebuchten Platz im Himmel. Und dann setzt er ein, der verflixte Trieb. Gerade, wenn Humano Errectus meint, zufrieden sein zu können, beginnt das Jagdfieber erneut in ihm zu nagen oder die Angst, zu verlieren. Ein Konkurrent stellt sich fast automatisch ein und erlegt ihn, wenn er, wie auch der Fisch, im Rausch des Verfolgens die Achtsamkeit für Sekunden aufgegeben hat. Gelingt es zu überleben, wird lediglich die Technik verfeinert, nicht aber das Denken. Man hat dazugelernt. Zwar nicht, dass das Erreichte genügen könnte und auch nicht, dass vielleicht das Handeln allein dem Ziel des friedvollen Miteinander dienen sollte. Die Gedanken kreisen um Anreicherung und um die Frage, wie sie zu bewerkstelligen ist, ohne den eben gemachten Fehler zu wiederholen, der beinahe zum Exitus geführt hätte.

Jelepate seufzte. Wer könnte sich diesem Teufelskreis wohl entziehen, ohne als Eremit im Himalaja zu hocken, dachte er? Aber selbst da! Jelepate wurde aus seinen Gedanken gerissen.

„He, Jelepate", rief ein Fischer, der gerade sein Boot in den Fluss schob, „ich fahr' jetzt los und hole schon mal ein paar Kisten."

„Perfecto, amigo", gab er zurück, „bewache sie sorgfältig. Wir treffen uns dann gegen Mittag am Marktplatz."

Dass der Tag hektisch werden würde, war sicher. Gäste aus aller Welt waren eingeladen worden und hatten ihr Kommen zugesagt. Für zehn Uhr war ein Treffen mit den Dorfchefs angesetzt. Letzte Einzelheiten mussten geregelt werden. Also machte sich Jelepate auf den Weg. Eine Uhr trug er nie, wusste jedoch, dass es ziemlich genau neun war. Der Stand der Sonne verriet es ihm – und die war zuverlässiger, als alles von Menschenhand Geschaffene.

Wie erwartet herrschte bereits reges Treiben in den engen Straßen von Cabo Gracias a Diós. Entlang der Calle Sandino reihte sich Tisch an Tisch. Sie trugen Computer jeder Art und Größe, Printer, Plotter, Scanner und alles, was zu jenen Anlagen gehörte, die dem Norden der Welt schon längst den so genannten Fortschritt gebracht hatten. Einige der Systeme waren erstaunlicherweise bereits verkabelt, mit Stabilisatoren gesichert, und „baterias", wie man hier sagte, versorgt. Sie spuckten bereits munter Berichte, Grafiken, Berechnungen, Tabellen oder Statistiken aus. Datenbanken wurden aufgerufen, Verarbeitungen gestartet, Serienbriefe erzeugt. Telefone klingelten, Modems blinkten. Nachrichten wurden in alle Ecken der Welt verschickt, um mitzuteilen, dass nun auch am Río Coco die Zukunft begonnen hatte.

Die andere Straßenseite war der Lagerung weiterer Anlagen und ihres Zubehörs vorbehalten. Hier stapelten sich unter Plastikfolie auf rund einhundert Meter Länge Kartons in Mannshöhe, deren Inhalte auf die weitere Verwendung wartete. Außerdem würde man kistenweise Bleistifte, Radiergummis und Anspitzer aus chinesischer Produktion als Gastgeschenke an die ausländischen Experten verteilen. Schlusspunkt der Veranstaltung sollte eine Tombola sein, bei der ein Jahrgang veralteter deutscher Verwaltungsrichtlinien, Handbücher sowie Dienstanweisungen verlost würden. Zwei bis an die Oberkante gefüllte Zwanzigfuß-Container standen bereit, an den glücklichen Gewinner übergeben zu werden. Der zweite Preis war die Sammlung von Änderungs-Mitteilungen zu den Richtlinien, die einen Container füllten. Man fand sie allesamt beim Aufräumen des Bretterverschlags eines Projektpartners, der vor drei Wochen seine Arbeit aufgenommen und sich auf die Herstellung von Umwelt-Klopapier verlegt hatte. Für ihn war es gespendeter, wertvoller Rohstoff gewesen, den er eigentlich nicht wieder hergeben wollte. Nachdem Jelepate dem Jefe jedoch versichert hatte, dass er in Kürze einen zahlungskräftigen Großkunden ganz in der Nähe haben würde, wenn er seine Spende in das Projekt investiert, war er einverstanden gewesen.

„Du musst dann nur ein wenig Weichspüler hinzusetzen", wurde der angehende Produzent beraten. „Denn europäische Hintern sind empfindlich. Dafür kannst du aber auch den doppelten Preis verlangen. Und der Rohstoff ‚Richtlinie' ist fast unerschöpflich", setzte er hinzu.

Trostpreis würde schließlich ein siebenjähriges finanziertes Studium der

Recycel-Verordnungen der Europäischen Gemeinschaft sein. Den Erlös der Gesamtveranstaltung schätzte Jelepate auf etwa 3,5 Millionen Deutsche Mark.

Für das Gesamt-Programm war ein ansprechendes und aktuelles Motto gewählt worden.

„Die ökologisch-technisch orientierte Frau im Jahrtausendwandel weltweiter Märkte und im Spannungsfeld der Klein- und Mittelstandsförderung" stand auf Spruchbändern, die im Abstand von jeweils zwanzig Metern quer über die Straße gespannt waren. Das Thema hatte schon bei seiner Ankündigung großes Interesse erregt und Zustimmung hervorgerufen. Europäische und amerikanische Organisationen hatten sich darum gerissen, die Finanzierung des Freiluft-Kongresses zu übernehmen. Jelepate und sein Team nahmen die Bereitschaft gerne an. Sie schrieben meterlange Unterstützungsanträge und füllten die Konten der speziell dafür gegründeten Trägerinstitutionen.

FINCUA hieß die finnisch-nikaraguanische Kooperation, DANICA die dänische, JAPUA die japanische. Der vorgeschlagene Name, „ALEMANICA – mit uns in die Zukunft", löste eine lange und schwierige Debatte in Deutschland aus. Natürlich sollte aus dem Namen das Partnerland erkennbar sein, ohne allerdings ein Übergewicht zu erhalten. Die Verhältnismäßigkeit war für alle politischen Kräfte schließlich befriedigend gewahrt, weil das „C" auf Nikaragua hinwies. Verdruss bereitete bis zum Schluss jedoch eben genau dieses. Die CDU/CSU legte es als „Christlich" aus, die damals noch fortschrittliche SPD, als „Cooperation", die Grünen als „Contra-fern", die FDP hielt sich für „Confidential" und der Kanzler nahm es selbstverständlich als „Cohl", wollte es aber durch „K" ersetzt wissen, weil Nikaragua im Deutschen letztlich ja wohl auch mit „K" zu schreiben sei.

Irgendein kluger Kopf kam schließlich auf die Idee, dass ... NICA ja auch Nica ... ragua heißen könnte – und wurde unverzüglich befördert. Leider jedoch hatte Castello im fernen Deutschland schon produziert. In weiser Voraussicht und beraten durch Magnus, den er in Spanisch mittlerweile für sehr fortgeschritten hielt, hatte er den Kooperationsnamen auf die von ihm geliebten Kärtchen in einzelnen Lettern gedruckt. Zusammengesetzt war daraus unbeabsichtigt allerdings „ALEMANÍA" geworden, was die Nicas zunächst sehr verwirrte. So kam es dann aber auch, dass Schulze und Bolberg, die zu dem bedeutenden Tag ebenfalls anreisten, nun doch das eilig nachgelieferte

„C" und nicht das „K" mitbrachten, um es an Ort und Stelle einzusetzen. Man war sich zwar noch nicht einig darüber, wer es anheften würde, meinte aber noch rechtzeitig zu einer Lösung zu kommen. Der Deutsche Botschafter quittierte die Uneinigkeit indes mit sorgenvollen Stirnfalten. Er sah schwierigste Komplikationen auf sich zukommen.

(Vorsichtshalber, und nachdem die Analyse eines Spezialistenteams bescheinigt hatte, dass er mit ... MANÍA die Leitlinien deutscher Außenpolitik verlassen hatte, wurde dem Beförderten sein Aufstieg wieder aberkannt. Da der Unglücksrabe leider der CSU angehörte, erwog man zudem ein Partei-Ausschlussverfahren, was sich in letzter Minute aber abwenden ließ. Seine, als Belohnung unmittelbar nach der Beförderung angeordnete Reise nach Nikaragua nahm jedoch bereits am Köln-Bonner Flughafen ein jähes Ende. Man verbrachte den Geschockten nach Oberammergau und zwang ihn ausgleichsweise die dortigen Festspiele zu besuchen. Bis zu ihrem Beginn möge er die Einreiseanträge der Nicas bearbeiten, wurde ihm aufgetragen. Dies würde ihm die richtige Einschätzung der politischen Verhältnisse näher bringen, hieß es.)

Jelepate war jetzt ungewöhnlich erregt. Er ging von einem Tisch zum anderen, ordnete Dinge, organisierte, regelte, beruhigte oder beriet seine Kollegen. Der hochkarätige Besuch war selbst für ihn ein außerordentliches Ereignis – und es stand viel auf dem Spiel. Schwer gefallen war es ihm nicht, auch die eigene Regierung für das Vorhaben einzunehmen. Hochrangige Vertreter aus Staat, Kirche und Wirtschaft würden ihm beiwohnen. Diese Tatsache, das Konzept, die gründliche Vorbereitung und die ansprechende Einladung hatten internationale Geber veranlasst zahlreich zu erscheinen und, „si, claro", großzügig das Kongress-Budget zu unterstützen. Vor allem aber war kolportiert worden, dass die Nicas versuchen würden, das hier vorgestellte Entwicklungsprojekt aus eigener Kraft zu finanzieren. Und dieses schier unglaubliche Schauspiel wollte sich nun wirklich niemand entgehen lassen. Bereits ratifizierte Verträge garantierten der einheimischen Partnerorganisation, dass die Verwendung der Mittel ihrer uneingeschränkten Selbstbestimmung überlassen bleiben würde. Jelepate war deshalb mehrfach nach Managua gereist, hatte an den jeweiligen Verhandlungen teilgenommen und sie schließlich erfolgreich im Sinne seiner Projektgruppe und ihrer Entwicklungsphilosophie abschließen können.

Für die Organisatoren ergaben sich aus der vernetzten Finanzierung unterschiedlichster internationaler Institutionen und der unüberschaubaren Konstruktion von Verpflichtungszusagen jede Menge Möglichkeiten der Mittelverwendung. Beispielsweise finanzierte sich daraus ein Teil der Reisekosten der ausländischen Teilnehmer. Schweden bezahlte für Deutsche, Deutsche für Kanadier, Kanadier für Japaner und Japaner für Schweden. Die Einzelheiten blieben freilich im Verborgenen und das Geflecht der gegründeten Partnergesellschaften war nach diversen Verhandlungen nicht mehr durchdringbar.

Ein besonderes Schmankerl des Festes war die Verwaltungsecke. Hier konnten sich die Besucher ihre Tagegelder, Teilnahme-Aufwendungen, Transportkosten-Erstattungen und Ähnliches abholen. „Erstattungen jeder Art" stand auf einem großen Schild. Man wollte den internationalen Gepflogenheiten nicht nachstehen und hatte entsprechende Auszahl-Stände aufgebaut.

Nach dem ersten Rundgang durch die Calle Sandino hatte sich Jelepate ein wenig beruhigt. Alles schien in Ordnung und gut vorbereitet. An einem der Tische blieb er stehen.

„Wie geht es dir?", fragte er einen Mitorganisator.

„Prima, aber ich bin-bin-bin ein bis- ein bisschen aufgeregt", antwortete Victoria, strahlte aber über das ganze Gesicht. „Die An-An-Anlagen funktionieren fast alle. Bin mal gespannt, wie unsere Besucher un-unseren Aufschwung ein-ein-ein-schätzen."

„Ich auch", entgegnete Jelepate noch ein wenig besorgt, ließ sich seine Nervosität aber nicht anmerken. Stattdessen verabschiedete er sich vorübergehend mit einem freundlichen „hasta luego" und schlenderte weiter.

Gegen ein Uhr würden die ersten Besucher eintreffen. Um zwei Uhr sollte die Veranstaltung mit einer offiziellen Rede des nikaraguanischen Ministers für Entwicklungszusammenarbeit beginnen. Das Programm danach war selbstverständlich zeitlich festgelegt.

2:30 p.m.: Begrüßung der Delegationen durch den Vorsitzenden des Organisations-Komitees, Dr. Heronimus Lenin Jelepate.
2:45 p.m.: Grußworte der Gäste durch den Vertreter der DANICA.
3:00 p.m.: Grußwort des Vertreters von ALEMANÍA – mit uns in die Zukunft.

Es würden sich weitere Reden anschließen. Doch dann käme man in Arbeitsgruppen direkt zur Sache. Mit dem belebenden Thema:

9:17 p.m.:Intermediale Koexistenz kongenialer Lebensformen im Feld diskonzentrischer Prozesse auf kommunaler Ebene – oder Pseudonymes Genre präsidialer Disharmonien der Frau am Fluss?

wollte man die Besucher bis tief in die Nacht hinein fesseln und erhielt dafür allseitig aufmunterndes Nicken. Allein die Definition wäre hochinteressant, versicherte man den Organisatoren, und würde in zweifellos aufschlussreichen und konstruktiven Diskussionen geraume Zeit benötigen.

Zur Entspannung danach war bei Eisbein, Sauerkraut, landestypischen Speisen sowie Getränken und feuriger Musik daran gedacht, ein paar milde Nachtstunden im gemütlichen Kreis zu verbringen. Am Fluss wären Wachposten bereitgestellt, die verhindern würden, dass Krokodile sich unter die Gäste mischen. Man war sicher, es gäbe das Fest des Jahrhunderts am Río Coco.

Wenn Dr. Gerd Schulze irrt

Bis zum Augenblick der Kongress-Vorbereitungen am Río Coco war ungefähr ein halbes Jahr vergangen. Nachdem die Chinesen ihre Schiffsladung Bleistifte, Anspitzer und Radiergummis angelandet, und den Deutschen die Show gestohlen hatten, war Nikaragua zunächst aus dem Terminkalender aller Aktivitäten der Welthelfer Versendeanstalt verschwunden. Andere Projekte eroberten die Top-Ten-Hitliste entwicklungspolitischer Vorhaben.

Bolberg und sein Team standen damals kurz vor dem Rückflug nach Deutschland. Die Erhebungen zum Einfluss der einheimischen Weiblichkeit auf Projektziele waren abgeschlossen und Wilfried Seitensatz lebte in Scheidung. Aber dies war sein Problem, dachte Bolberg. Schulze, himself, hatte ununterbrochen an seinem soziologischen Gutachten geackert, wie er versicherte, lieferte schlussendlich aber nur vier Din-A4-Seiten ab. Sein Manuskript wären ihm in einem der tropischen Stürme davongeflogen, beziehungsweise in Regengüssen unleserlich verblichen, begründete er die magere Ausbeute seiner wochenlangen Arbeit. Nach den fünf Nächten in der Hotelanlage Montelimar präsentierte er sich Bolberg völlig fertig, aber höchst ausgeglichen. Die Reise würde ihm unvergesslich bleiben, meinte er. Rehmann war zu dieser Zeit schon abgereist und Angela traf erst vier Wochen später aus Santiago ein. Ihre Krankheit hatte sie gut überstanden. Vierzehn Tage Urlaub hatte sie noch angehängt.

Zwei Tage vor dem eigenen Rückflug stand Bolberg damals am Fenster seines provisorisch zum Büro umfunktionierten Hotelzimmers und blickte gedankenverloren auf den Managua-See, der sich an diesem Tag in seltener Schönheit darbot. Als er gerade dabei war die Höhe des Momotombo-Vulkans abzuschätzen, der sich majestätisch hinter dem See erhob, klopfte es.

„Ja", schleuderte er knapp gegen die Tür und drehte sich seufzend um.

Herein kam Frau Spitz, kreidebleich, mit einem Telefax wedelnd.

„Sehen Sie bloß mal hier", krächzte sie beinahe tonlos und um Atem ringend.

Bolberg nahm stirnrunzelnd die Nachricht ohne Anrede entgegen und las:

„Was zum Teufel noch mal, geht da bei Ihnen vor? Wer bumst da unbeantragt wen und warum? Sofort Beteiligte feststellen und entsprechende Maßnahmen ergreifen! Erwarte von Ihnen als Delegationsleiter unverzüglich eine Erklärung, Ihrer augenblicklichen, hoffentlich unbefleckten Stellung angemessen. Und Aufklärung der Vorgänge sowie ein stichhaltiges Positionspapier für ein Dementi gegenüber der Frauenrechtsbewegung in Deutschland.
Bagger, Geschäftsführung."

Huch, dachte Bolberg. Da geht ein Tanz los, zu dem ich die Musik noch gar nicht kenne. Doch die Stichworte reichten aus, um ihn zu dem Schluss kommen zu lassen, dass hinter all dem eigentlich nur Schulze, Seitensatz und die vier Nica-Schönheiten stecken konnten. Er ließ das Papier sinken und grinste die Spitz an.

„Da machen wir gar nix", sagte er gelassen. „Das soll der grüne Hecht im Karpfenteich gefälligst selbst ausbaden."

„Aber ..."

„Kein ‚Aber', wir sind doch keine Kindergärtner. Wenn wir uns da reinhängen, fliegt uns nur tonnenweise Dreck um die Ohren und ein paar Spritzer bleiben garantiert kleben. Nein, danke! Sie haben hiermit den dienstlichen Auftrag, seit mehreren Stunden unterwegs gewesen zu sein, um unsere Rückflugtickets zu bestätigen. Das Reisebüro hatte leider bereits geschlossen, ist unerwartet umgezogen oder der Flughafen ist verlegt worden. Was auch immer. Seit acht Uhr morgens irren Sie bereits durch Managua, um meinen Auftrag zu erledigen, mussten deshalb zum Airport, den Sie nicht fanden und konnten vor heute Abend nicht zurück sein, weil alle Taxis streiken und die Busse allesamt Reifenpanne hatten. Das Fax haben Sie nie erhalten. Es wird, wenn Sie zurückkommen, in Schulzes Zimmer liegen – dafür sorge ich. Der müsste gegen neunzehn Uhr da sein und wird es dann vorfinden. Ich selbst war den ganzen Tag in den Ministerien und bei der Polizei, um den verschwundenen Victoria wiederzufinden. Kapiert?"

„Ja", antwortete sie, überrascht und beeindruckt von seiner Krisenlösungs-Phantasie.

„So, und jetzt machen wir zwei Hübschen uns aus dem Staub, wenn Sie Lust haben", fuhr er fort. „Morgen ist Abflugtag und Sie haben noch kein bisschen von Managua gesehen, außer die muffigen Hotelzimmer. Ich lade Sie ein, mit mir nach Granada zu fahren, das Städtchen zu besichtigen und anschließend auf dem Nikaragua-See eine Bootstour zu machen. Wie wär's?"

„Warum nicht", verlegen zupfte sie am Rocksaum. „Ich mach' mich nur noch ein wenig frisch."

„Prima, ich warte in der Hotelbar auf Sie."

Eine viertel Stunde später hockte er am Tresen und schlürfte einen Cubalibre. So ein Blödmann, dachte er. Schulze weiß doch sonst immer alles besser. Diesmal hat er sich wohl selbst überholt. Na ja, sein Problem.

„Da bin ich." Sie hatte nicht lange gebraucht und sah richtig lecker aus.

Leise pfiff er durch die Zähne, aber doch so, dass sie es hören musste. In seiner unvergleichlichen Art machte er ihr ein Kompliment:

„Mensch, Spitz, so wie Sie heißen, können Sie ja sogar aussehen ... äh ... ich meine, an Ihnen gibt's durchaus nicht nur Spitzes ... sondern ... naja ... ich wollte sagen ...", er kam ins Stottern.

Doch lächelnd kam sie ihm zur Hilfe:

„Die Dinge benötigen manchmal Zeit. Vielleicht brauche ich ja auch keine zehn Jahre, bis ich Sie nett finde."

Sie hatte ihm mit einem offenen Lachen geantwortet und beiden war klar, dass es nur ein schöner Tag werden würde – mehr nicht. Die manchmal frostige Revisions-Mitarbeiterin war aufgetaut und hatte das Gefühl, seinen Bulldozer-Charme besser zu verstehen. Er hingegen fand in ihr eine interessant plaudernde Begleiterin, die ihn mit ihrem herben Witz verblüffte. Anziehend ist sie außerdem, stellte er mit Blick auf ihren kleinen straffen Busen aber ohne weitere Absichten fest. Es wurde tatsächlich ein schöner unterhaltsamer Tag für beide. Den Bürokram und alles, was daran hing, hatten sie für eine Weile vergessen können. Spontan verlängerten sie ihr Programm und gingen Essen. Nach einigen Gläsern Wein war ihr Gesicht auffallend gerötet und Bolberg in Hochform. Übermütig standen sie nach Stunden wieder in der Hotelhalle, nicht ganz schlüssig, ob sie den noch jungen Abend beenden sollten oder nicht.

Die Antwort nahm ihnen Schulze ab. Wie Thor den Hammer einstmals schwang, um Blitz und Donner zu erzeugen, stand der in der Halle. Das Fax drohend hin und her schwenkend, wollte er wissen, was denn wohl so witzig sein könne.

„Das, lieber Kollege, lassen Sie getrost mal unser Geheimnis sein", wies Bolberg ihn zurecht und lachte ungehalten erneut drauflos, was die Spitz direkt ansteckte.

„Herr Bolberg, ich möchte Sie noch heute Abend in einer sehr ernsten Angelegenheit sprechen", giftete Schulze, der das Lachen auf sich bezog.

„Er möchte mich noch heute Abend dringendst sprechen", äffte Bolberg ihn nach. „Haben Sie das gehört, Spitzi? Dann fragen Sie den Abteilungsleiter für Programme doch mal, ob der Sie, Herr Kollege, sprechen möchte", erwiderte Bolberg grinsend und tippte Schulze mit dem Zeigefinger auf die Brust.

„Ich verbitte mir Ihre distanzlose Umgangsweise", keifte der. „Als offiziell eingesetzter Delegationsleiter gebe ich Ihnen hiermit die Anweisung, in einer halben Stunde in der Bar des Hotels zu erscheinen und mit mir ein schwerwiegendes Problem zu besprechen. Ich werde Ihnen dies noch grün auf weiß zukommen lassen, damit Sie sich der eventuellen Konsequenzen bewusst werden, falls Sie sich verweigern."

Bolberg hatte ihn kichernd stehen lassen. Er bestieg mit Frau Spitz zusammen den Fahrstuhl und begleitete sie bis zu ihrer Zimmertür.

„War ein schöner Tag", sagte er noch immer glucksend zu ihr. „Danke."

„Finde ich auch", nuschelte sie leicht schwankend und wünschte gute Nacht.

Als Schulze noch lange in der Bar wartete, schnarchte Bolberg längst die Symphonie der tropischen Holzfäller.

Um neun Uhr fünfzehn startete der Jet am folgenden Morgen. Bolberg, Frau Spitz und Schulze waren auf dem Rückflug. Letzterer sah ziemlich übernächtigt aus. Er hatte noch ewig gewartet und sich überhaupt nicht vorstellen können, dass auch nur irgendwer seine Anweisungen ignorieren könnte. Voller Wut hatte er schließlich einen Bericht verfasst und damit die halbe Nacht verbracht. Jetzt saß er irgendwo im hinteren Teil der Maschine und schmollte. Nicht mal grünen Tee haben sie auf dieser Linie, dachte er und schwor: Ich werde das beanstanden und diese Gesellschaft aus unseren

Geschäftsverbindungen streichen. Und die Spitz – bisher war sie ja eigentlich ganz nett und fleißig. Doch ein Gespräch mit ihr schien ihm nach den gestrigen Vorfällen angebracht. Mal sehen, was Mutti dazu sagt, dachte er noch und schlief dann übergangslos ein.

Die anderen zwei setzten ihre Konversation von gestern amüsiert fort, gingen die Lage aber auch ernsthaft durch. Vergessen hatten sie nichts, glaubten sie. Berger war die Gesamtverantwortung übertragen worden. Er hatte die Anweisung erhalten, noch eine Woche lang nach dem verschwundenen Victoria zu suchen, die Aktion aber dann abzubrechen und den Rest der Deutschen Botschaft und den nikaraguanischen Behörden zu überlassen. Conrad war ebenfalls zurückgeblieben und noch immer im Nordosten unterwegs, hielt jedoch ständig Kontakt mit Berger. Die vorhandene Infrastruktur in Sachen Kommunikation ist erstaunlich gut, fiel Bolberg dabei nachträglich auf.

Die Expertenfrauen waren ebenfalls wieder daheim. Das Treffen mit ihnen war, abgesehen von der „Krise Seitensatz" und den Medien-Ausbrüchen in Deutschland ein voller Erfolg gewesen. Auch mit der Nica-Seite hatte es bestes Einvernehmen gegeben. Was wollte man mehr? Unverbindlich war vereinbart worden, sich erneut zu treffen, spätestens in einem halben Jahr. Man würde die Deutschen einladen, hieß es. Bolberg fand dies witzig. Woher sollte dafür wohl das Geld kommen, dachte er, verfolgte den Gedanken aber nicht weiter. Einziger Wermutstropfen war schließlich Schulze. Der saß da hinten und war sauer. Aber auch das würde sich wieder einrenken.

„Wie der bloß auf die Idee kam, offizieller Delegationsleiter zu sein", tuschelte die Spitz und kicherte sich eins.

„Ich habe die Rezeption gebeten das Fax in einen grünen Umschlag zu stecken und ihm den unter der Türritze durchzuschieben", gestand Bolberg. „Das hat schon gereicht."

Danach genossen sie den ruhigen Flug. Ein Versuch, Schulze mit einem Versöhnungs-Mint aufzuheitern, scheiterte kläglich.

Dass Bolberg sich in den Nicas getäuscht hatte, wurde ihm bewusst, als vier Monate nach der Rückkehr die angekündigte Einladung auf seinen Tisch flatterte, am Kongress am Río Coco teilzunehmen. Donnerwetter, dachte er, irgendwie haben die ja doch einiges drauf.

Schachzüge

Als die drei ihren Dienst in Deutschland wieder aufnahmen, stand Rehmann kurz vor dem erneuten Abflug nach Managua – in die Pflegewochen von Angela. Die letzten Tage waren für ihn und das Projekt enorm klippenreich und stressig gewesen, weil er nicht immer als Rehmann handeln konnte. Vorsichtig agierend hatte er auf verschlungenen Pfaden herausgefunden, dass die 201 Computer Anlagen nun wirklich bestellt worden waren und – noch erfreulicher – dass inzwischen auch die Europäische Union entschieden hatte, die Not an fehlenden Kommunikationsmitteln in Nikaragua zu lindern. Aus einem ihrer 524 verschiedenen Förderprogramme sollte es wohl möglich sein, ein paar Dollar locker zu machen, meinte ein hochgestellter EU-Kommissar. Gesagt – getan. Man warf 524 Lose in einen Zylinder und Miss Italia durfte im Rahmen eines Wohltätigkeitsballs eines davon ziehen. Die Quelle der Mittel lag somit fest.

Rehmann, der EU-Aktivitäten grundsätzlich stets aufmerksam verfolgte nahm an, dass die Entscheidung erheblich größere Handlungsspielräume bei der Verfolgung ihrer Projektziele bot – und er hatte Recht.

Im Menü der Brüssler Maßnahmen stand nämlich Schritt zwei und drei auf dem Plan. Jetzt musste festgelegt werden, welche Fördersumme in Frage käme und schließlich, welche Währung dafür einzusetzen sei. Wieder trat die Schönste Italiens auf. In eine Weltkugel von drei Meter Durchmesser hatte man zehn Goldkapseln geworfen in denen je ein Scheck lag. Dem Dezimalsystem nach waren Summen von 1,00 bis 1 Milliarde in sie hineingeschrieben. Zur Erhöhung des Spaß- und Spannungsfaktors lag ein elfter dabei, der quer geschrieben mit „ungedeckt" bedruckt war. Die Show konnte beginnen.

Sonja Avanti trug ein kirschrotes, hauteng-hochgeschlitztes, spaghettiträger gehaltenes, glitzerndes Seidenkleid. Sie stand auf einem silberfarbenen Treppchen und lächelte noch, als sie das Türchen auf der Höhe Italiens im Globus öffnete, um hineinzugreifen. Mit der rechten Hand fischte sie nach einer x-beliebigen Scheck-Kapsel. Regiegemäß vorgesehen war, diese den Fernsehkameras strahlend zu präsentieren, die das Spektakel über Satellit rund um den Äquator verstrahlten. Augenblicke später jedoch verlor sie das Gleichgewicht. Die Welt vernahm ein Kreischen und mehr noch als der erwartete Scheck faszinierten ihre schlanken Schenkel, die zappelnd aus dem Weltkugeltürchen ragten. Modezar Lagerwald, der ihren Auftritt assestierte und gehofft hatte, seine neueste Kreation wirkungsvoller präsentieren zu können, sah sich getäuscht. Verlegen in die Kameras grinsend und an den Fesseln Sonjas zerrend, konnte er nur noch auf ihr Höschen deuten und mimisch klar machen, dass das dort aufgedruckte Europa-Sonder-Symbol ebenfalls seiner Phantasie entsprungen war. Schließlich war sie ganz verschwunden. Sekunden später jedoch schoss triumphierend ihr Arm aus der Kugel. Unter den Klängen Beethovens Neunter öffnete sich zeitlupenartig ihre Faust und brachte hervor, was eigentlich nur noch die Nicas und Rehmann interessierte: Im Lichte der Scheinwerfer glänzte aus ihrer flachen Hand heraus die Scheck-Kapsel.

Sonja selbst war danach, außer für den italienischen Sekretär, der unablässig die EU-Sternchen im Europa-Symbol zählen wollte, uninteressant geworden. Als nach dem Arm ihr Kopf aus der Luke auftauchte und die internationale TV-Gemeinde ihre gründlich ruinierte Frisur begutachtete, war sie abgeschrieben – und mit ihr der, der jene geschaffen hatte. Obgleich sie lauthals protestierte, fand sich zunächst niemand, der sie aus dem kugeligen Gefängnis befreien wollte. Ihren Friseur, der irgendwann wutentbrannt auf die Studio-Plastikwelt mit seinem Fön einschlug, blendete man einfach aus. Heute poliert er Glatzen im Berliner Bezirk Kreuzberg und fühlt sich wohl dabei.

Der leider aber doch irgendwie bekannt gewordene Skandal veranlasste die EU dann allerdings für die Auswahl der Währung, die die Schecksumme ergänzen sollte, andere Wege zu gehen. Man wollte optische Ablenkungen, wie die Beine der Miss Italia oder deren Höschen, nicht mehr so stark in den entwicklungspolitischen Mittelpunkt rücken und veranstaltete deshalb ein Währungsangeln.

Mit seinen Schaustellerbuden bot sich das Münchner Oktoberfest als perfekter Organisator an. Von einer Sieben-Hundertschaft abgeschirmt, saßen sieben Nikaragua zugetane Entwicklungsminister aus sieben Drittwelt-Staaten vor sieben Angelständen auf den Wiesen. Man hatte ihnen bequeme fußgestützte Sesselchen zugewiesen, einen Beistelltisch mit je sieben Maß Urquell bereit gestellt und sieben Angeln zugeteilt, die jeweils sieben Polizei-Hostessen aus sieben Nicht-Entwicklungsländern bereithielten. Die UN entsandte siebenundsiebzig Angel-Ergebnis-Beobachter – und erregte damit internationale Aufmerksamkeit. Das Verfahren zur Verteilung von Geldern wäre einzigartig, ließ die Washington Post wissen. Politische Neutralität war somit ausreichend hergestellt.

Jeder der sieben Minister hatte sieben Versuche pro Route. Pünktlich um 7 Uhr 07 p.m. krachte der Startschuss. Die ersten sieben hufeisenförmigen Magnete, an farblosen Nylonfädchen der Transparenz wegen aufgehängt, wurden auf die nicht sichtbaren Währungsplaketten herabgelassen und die Welt hielt den Atem an.

Um 7 Uhr 07 des folgenden Morgens stand fest: Es war der Yen. Scheiße, dachte Rehmann. Denn obwohl Sonja Avanti den Scheck mit der Milliarde gezogen hatte, würden am Ende nur ein paar Billig-Plotter dabei herausspringen. Aber sei's drum. Da war ja auch noch die GGEZ mit ihren Zusagen und der eigene Laden.

Hinsichtlich der ihm bekannten 201 DV-Systeme konnte er schließlich den Lieferer und den Auslieferungstermin ermitteln. Er bestätigte letzteren und gab die Empfängeranschrift bekannt. Eine Festlegung, die der Expedient mit hörbarer Erleichterung aufnahm. Denn irgendein Professor Dr. Phil, einen Namen, den er noch nie gehört hatte, machte fortwährend widersprüchliche Angaben oder wusste nicht Bescheid. Die Anlagen würden jetzt aber pünktlich ihren Bestimmungsort erreichen, teilte er mit. Eine käme nach Berlin, die anderen gingen nach Nikaragua. Wo sie gerade seien, wisse er allerdings nicht, weil, von Sachkenntnissen total unbeleckt, irgendwer, wohl wieder dieser Herr Phil, die Auslieferung verzögert hätte.

Rehmann war schließlich auch den komplizierten Pfaden der GGEZ-Beschaffung gefolgt und durfte befriedigt zur Kenntnis nehmen, dass sich diverse Kisten kurz vor Panamá befanden. Zwei Wochen später würden weitere 197 Systeme in Corinto anlanden, hieß es. Rehmann nahm dies grübelnd und kommentarlos entgegen, verstand aber nur Bahnhof, da ihm weder die Menge noch der Vorgang einleuchteten. Aber auch das fand seine Zustimmung. Der Weg wäre das Ziel, meinte er und rieb sich die Hände.

Rechtzeitig genug vor Reiseantritt war für ihn der Investigations-Marathon dann endlich abgeschlossen. Erschöpft, doch hoch zufrieden lehnte er sich in seinem Schreibtischsessel zurück und ging alle Schritte gedanklich ein weiteres Mal durch.

Abgesehen von dem hausgemachten Schlamassel war besonders die ganze EU-Schose delikater und gefährlicher gewesen, als er zunächst angenommen hatte. Nur unter zur Hilfenahme des Pseudonyms, Salvatore Bigottini, seines Zeichens hochdekorierter EU-Sekretär in Brüssel, war es ihm gelungen, Informationen zusammen zu tragen und Veranlassungen zu treffen. In schlechtem Englisch, vermischt mit wüsten sizilianischen Flüchen, Schmeicheleien oder Beschwörungen, ließ er in Telefonaten, wenn es nötig war, die Philosophie der Vendetta anklingen und stieß danach selbst bei hartgesottenen EU-Beamten regelmäßig auf offene Ohren. In Telefaxen und Schreiben führte er dermaßen viele Kopie-Empfänger auf, dass bald mehrere Hundertschaften in Brüssel, Rom und Bonn mit dem Thema befasst waren. Man schrieb hochwichtige Stellungnahmen dazu und vervielfachte dabei den Verteiler erneut.

Letztendlich begann eine wilde Hatz auf Salvatore Bigottini, der ohne viel Brimborium allerdings niemandem eine Audienz gewährte. Wer ihn im Bürotrakt der italienischen Sektion in der neunzehnten Etage der Brüsseler EU-Zentrale sprechen wollte, sah sich nach Palermo versetzt. Schwarze, zentimeterstarke Stahltüren mit schussfesten Sicherheitsfensterchen und Django-Typen schirmten ihn ab wie Don Corleone. Besucher, die an den schwarz-weiß-längs gestreift gekleideten und gamaschen-beschuhten Beretta-Männern vorbei wollten, mussten das Losungswort kennen. Guiseppe Plattini, Haupt-Body-Guard und mehrfacher Unterliga-Schwergewichtsmeister einer Südprovinz hatte es sich es ausgedacht, nachdem ihm in seinem letzten Kampf nicht nur die Nase weich geklopft worden war. Es lautete schlicht:

Im Vatikan, im Vatikan,
da kommt heut' Nacht die Lollo an.
Sie lässt sich nicht lang bitten
und zeigt dem Papst die
Scheckbücher.
Deshalb ist da die Hölle los,

*der Teufel kam geritten
und wenn der Paul nicht teilen will,
dann fährt er mit ihm Schlitten.*

Nach dem fehlerfreien Aufsagen des Sprüchleins machte es „Klick" und die Panzertür zur Etage Bigottinis öffnete sich, wie von Geisterhand gesteuert. Ein beklemmendes Gefühl ließ den Besucher dennoch nicht los.

Jalousien verdunkelten sämtliche Büros und ihre Lamellen waren so eingestellt, dass nur spärlich und gedämpft das Tageslicht streifig hereindrang. Einfallende Sonnenstrahlen mischten sich mit Rauchschwaden, die jeder der Mitarbeiter verpflichtet war, zu erzeugen, indem er – oder auch sie – ununterbrochen starke kubanische Zigarren paffte. Es sollte ein schuldbewusstes Zeichen der Solidarität mit Fidel sein und der Versuch einer Wiedergutmachung nach einem jahrzehntelang verhängten Spaghetti-Embargo.

Unterdrücktes Husten oder kratzige Italo-Stimmen unterbrachen zuweilen das Geklapper auf den Computer-Tastaturen. Gesänge, wie „O sole mio" waren jedoch verboten worden, weil sich Kollegen aus Portugal in der ersten Etage davon gestört fühlten. Sie verwiesen in einer Generalversammlung auf die Hausordnung, die eine Geräuschbelästigung von mehr als 27,9 Dezibel nicht gestattete, da höhere Geräuschwerte die Arbeitsruhe der Beamten störte. Um ihren Kummer darüber deutlich zu machen, verpackten die Portugiesen damals ihren Gesangs-Verbots-Antrag in einen herzzerreißenden Fado-Song und fanden sofort Zustimmung, nachdem die Delegierten ihre Taschentücher klammheimlich wieder verstaut hatten.

Die Böden der Flure und Büros waren auf Wunsch von Bigottini dunkel parkettiert, die Einrichtung der Büros bestand aus beinahe schwarzen Hölzern. Als er seine Arbeit damals aufnahm, hatte er sich dies ausbedungen und auf das Gehalt der Hauspostboten verwiesen. Wenn die, als nicht Italienisch-Sprachige, monatlich 8.000,00 Euro netto und mehr verdienen, würde es ja wohl möglich sein, auch das Interieur bescheiden verändern zu können. Einen belebenden Kontrast zur Einrichtung boten lediglich noch die in verschiedenen Ecken der Gänge gestapelten Plastik-Säckchen irgend eines weißen Pulvers und jede Menge Haufen neuer Scheckbücher, die der zu dieser Zeit gültigen DM-Lira-Parität wegen im Format von 50,57 Zentimeter Länge gedruckt waren.

In der Mitte des Ganges befand sich Bigottinis Büro. Kleinwüchsig und stämmig, lag er mehr als er saß bewegungslos in einem schweren dunkelbraunen Ohren-Leder-Sessel, der unter eine billige Luis-XV-Stehlampen-Kopie gerückt war, und deren 40-Watt-Birne ein dumpfes, kegliges Licht auf ihn warf. Allein der breitkrempige, schwarze Panamá-Hut mit weißem Band und sein aus der Fettleibigkeit herrührendes schweres Schnaufen ließ den Eintretenden erkennen, dass Salvatore anwesend war. Seine schmalen Lippen und flinken Augen, verborgen hinter einer schweren Hornbrille, blieben vom Schatten des Huts verborgen. Havanna-Qualm hüllte auch ihn ein und tat sein Übriges, um den Besuchern Schauer über den Rücken zu jagen. Neben seinem Sessel stand, langbeinig und rothaarig, Sonja Avanti. Sie spürte Salvatores Aufgebrachtheit und kraulte ihm den Nacken, um seine Erregtheit zu dämpfen, die ihr sonst ganz recht war. Aber der Erfolg blieb diesmal aus. Wütend krächzte er in gebrochenem Deutsch – seine Vorfahren waren nach Sizilien eingewanderte Tiroler deutscher Abstammung – vor sich hin:

„Cretinos, animales malditos ... iche möchte wissene, welche Hunde mire meine Schreibtische mit ihre scheißige Papiere überladen." Seine Hand fuhr durch die Luft, ballte sich zur Faust und landete so krachend auf der Platte des Beistell-Tischchens, dass die goldverzierte Porzellan-Madonna und die Grappaflasche tanzten.

„Santa Pizza", flüsterte er, erschrocken von der Wucht des eigenen Schlages und bekreuzigte sich. Dann griff er in ein Fach seines Schreibtisches, um Alfredo Bianchi zu sich zu bitten, der sich im Nachbarbüro gerade die Fingernägel mit einem Stiletto reinigte. Alfredo hatte zuvor damit ein Kilo Ziegenkäse sorgfältig in kleine Würfelchen geteilt, seine Füße sodann auf den Schreibtisch gelegt und war nun fröhlich kippelnd dabei, die Delikatesse, in Olivenöl getränkt, genussvoll zu verspeisen. Als die Schrotladung seines Chefs die Bürowand traf und der Kalk auf seiner Seite von ihr rieselte, fiel er vom Stuhl.

„Mama mia", fuhr er auf und schrie, „allarme, attentado, ambulanza – wasse isse denne los?" Sekunden später stand er mit angelegter MP im Türrahmen des Büros seines Bosses und wollte schon abziehen, als er sich an die Hausordnung erinnerte.

„Ecco", sagte er deshalb nur und wartete auf weitere Anweisungen.

Bigottini, aufs Höchste verwirrt, überlegte Angst einflößend lange und beschloss dann, sich auf seine Weise durchzusetzen. Schließlich hatte seine Miss Italia das Milliarden-Los gezogen und die, bella mia ..., durfte er nach dem Aufsehen, das sie erregt hatte, jetzt nicht noch mehr enttäuschen.

„Due, wirst finden heraus, werre sind diese Bastardos und senden ihnen abgeschossene Vögel, capito? Wenne sie nixe verstehe: Amputare ihrre Bolas. Verschwinde."

Alfredo verschwand. Schneller als eine SS20, weil ihm die auf seine Magengrube gerichtete Schrotflinte Unbehagen bereitete. Doch sein Auftrag war nicht leicht zu erledigen. Da Namen wie Werner Bestechlich auf deutscher Seite oder Carlos Corrumpido auf spanischer, häufig vertreten waren und irgendwann nun jeder jeden als Absender der Unterlagen in Verdacht hatte, irrte Alfredo durch die Zentrale, musste sich jedoch ständig anhören: bin nicht zuständig. Irgendwann fand man ihn bitterlich weinend und zusammengekauert in der Ecke eines Fahrstuhls. Er hatte Angst um seine eigenen Bolas und weigerte sich, den Dienst wieder aufzunehmen.

Rehmann, der nicht im Geringsten ahnte, welche Umstände er Bigottini bereitete, setzte seine Aktionen unverdrossen fort. Dem Wieland, der den kommenden Ereignissen verunsichert aber nichtsdestotrotz freudig entgegensah, erklärte Rehmann telefonisch, als eben dieser normalerweise nicht ansprechbare Italiener, dass seitens der GGEZ 197 DV-Anlagen termingemäß in Nikaragua eintreffen würden und 1 System pünktlich vor Jahres-Kassenschluss in Berlin sei. Außerdem hätte die EU Mittel für Managua bereit gestellt. Diesbezügliche Unterlagen trügen unter anderem den Schriftzug eines gewissen Dr. Gerd Schulzes. BfH. Wieland überlegte, was ein Mafiosi wohl damit zu tun haben könnte, war aber vollauf zufrieden mit sich und fragte nicht weiter nach, weil die Unterstützung der Europäischen Union ja nie schaden könnte. Als Herr des Verfahrens und damit auf der sicheren Seite der Angelegenheit, erinnerte er sich später mit gewissem Stolz an die Unterschrift des BfH. Bei so einem einen solchen Antrag durchzubringen, hieß schon etwas, dachte er. MdB v. Bolberg würde mit ihm zufrieden sein.

Der vor Monaten erkrankte GGEZ-Kollege hingegen hatte mittlerweile die Planstelle gewechselt, war nun wieder im Dienst, hatte aber von dem Fortgang des Projekts aufgrund seines langen Ausfalls nichts mehr gehört. Er war froh, dass ihm die Auslieferungsverzögerung damals so perfekt gelungen war und wähnte die Kollegen im Welthelfer-Versand vollauf zufrieden gestellt. Sein Gesundheitszustand besserte sich rapide und darüber hinaus ging ihn die Angelegenheit sowieso nichts mehr an. Sollten sie doch machen.

Auch Wieland hatte seit vielen Jahren erstmals wieder ein echtes Glücksgefühl in seiner Arbeit gefunden und schwor auf Rehmann, der neben ihm offenbar der einzige Profi in dem Laden war. Er würde Bolberg hervorragende Ergebnisse präsentieren und ihm den Kollegen als besonders förderungswürdig ans Herz legen. Alles verlief aus seiner Sicht nach Plan. Zur Feier des Tages nahm er mit seiner Sekretärin schon mal einen Irish-Coffee und ein Stückchen bittere englische, mintgefüllte Schokolade zu sich. Am Adventskranz in seinem Büro brannte die erste Kerze. Es war sechzehn Uhr dreißig und draußen schon dunkel. Sie löschten die kalten Neonlichter seines Vorzimmers und Wieland sagte:

„Dies war wirklich ein erfolgreiches Jahr, finden Sie nicht, Miriam?"

„Ja, Herr Professor", hauchte sie kaum hörbar. Während sich ihr Chiffón-Röckchen unter der Hitze im Glanz der Kerze hob, und die Glöckchen an ihrem Fußkettchen „Vom Himmel hoch, da komm' ich her" intonierten, brannte sie schottischen Whiskey in stilechten Gläsern ab und lächelte ihm engelsgleich zu.

Einen Tag später unterschrieb Wieland die Urlaubsanträge für Rehmann und Angela. Dass Rehmanns Flugroute Genf, Den Haag, Kopenhagen, Stockholm, Helsinki, London und Dublin einschloss, wunderte ihn zwar, im Taumel der zu erwartenden Belobigung, sah er über solche Kleinigkeiten jedoch hinweg.

Rehmann trat seinen Urlaub sofort an und war in dieser Zeit aktiv wie nie zuvor. Von den internationalen Flughäfen aus stand er in Verbindung mit Angela. Zu jedem Fax, das ihn bei seiner Ankunft erwartete, gehörte ein Umschlag mit einer Vielzahl von Dokumenten, die er an hochgestellte Persönlichkeiten der Entwicklungszusammenarbeit in den Metropolen übergab. Von Ausnahmen abgesehen, öffneten sich ihm bereitwillig alle Türen und es hieß, das Projekt könne mit großzügiger Unterstützung rechnen. Neben Schecks in der Gesamthöhe von mittlerweile 1,2 Millionen US-Dollar überreichte man ihm jeweils drei bis vier Kilogramm Richtlinien zur Abrechnung der Fördersummen.

Er war sich durchaus nicht über alles im Klaren, was Angela von ihren Standorten aus inszenierte. Einzelheiten waren für ihn aber Nebensache. Er verlor den roten Faden des Projekts nie aus den Augen und bezogen auf die Details, verließ er sich auf sie. Also jettete er weiter durch die Welt, vertelefonierte ein Heidengeld, um sich alle naselang abzustimmen und bestieg nach neun Tagen endlich den Flieger nach San José, um von dort aus nach Santiago weiterzureisen. Dass es auch in Costa Rica ein Santiago gab, hatten zum Glück bisher alle anderen übersehen.

Total übermüdet landete er abends auf dem International Airport und erwartete sie hinter den Schranken des Zolls. Seine Enttäuschung war maßlos, als er sie unter den Wartenden nicht entdecken konnte. Statt ihrer kam ein Aufruf über den Lautsprecher:

„Señor Rehmann, por favor, Señor Rehmann, por favor ... !" Man bat ihn zum Flugschalter, an dem eine Nachricht auf ihn wartete.

> *„Lieber Alex, bitte sei nicht böse, wenn ich dich nicht abhole. Habe Dringendes in Managua zu erledigen. Erkläre dir alles später. Im RicaInn ist ein Zimmer für dich reserviert und ein Ticket nach Managua hinterlegt. Dein Flug geht morgen früh. Bitte sei am Nachmittag in Ocotal, Hotel Colón. Ich freue mich sehr auf dich. Angela!"*

Gerädert und entnervt, er hatte kaum vier Stunden geschlafen, bestieg er am folgenden Morgen eine TACA-Maschine und landete nach gut einer halben Stunde wieder in Managua. Zeit zum Verschnaufen blieb ihm nicht. Sofort nach seiner Ankunft machte er sich auf, den Bus zu finden, der ihn nach Ocotal bringen sollte. Kurz nach der Mittagszeit erreichte er das dortige Zentral-Terminal. Zwei der klapprigen Busse standen herum und warteten auf Fahrgäste nach Sonstwohin. Das Geschrei am Bahnhof glich dem zur Hauptverkehrszeit an der Central-Station in New York.

Nach knapp fünf Stunden war er heilfroh, den stinkenden Käfig verlassen zu können. Sein leichter, heller Sommeranzug war hoffnungslos zerknittert und verdreckt. Über ihm, im Gepäcknetz, hatte irgendein mitreisender Campesino einen Korb verstaut, in dem sich ein aufgeregtes Hühnerpärchen vergnügte und nach jedem Hahnentritt gelöst auf ihn herabschiss. Bei nächster Gelegenheit konnte er zwar den Platz wechseln, kam aber vom Regen in die Traufe, weil ein an den Sitz gebundenes Ferkel ihm seine Liebe zuteil werden ließ, indem es sich genussvoll an seinem Hosenbein rieb. Außerdem hatte der Bus etwas Discothekenartiges. Von der Abfahrt bis zur Ankunft hämmerten Salsa-Rythmen aus sechs aufgehängten Lautsprechern auf ihn herab. Sein Pech war, dass sowohl vor, als auch nach dem Platzwechsel einer davon direkt über seinem Sitz hing und ihn pausenlos beschallte. „Le gusta la musica?", wurde er alle paar Kilometer von freundlich plappernden Mitreisenden gefragt. „Si, si, me gusta, ich mag eure Musik", erwiderte er und grinste verzerrt.

Narkotisiert und ziemlich wacklig in den Kniekehlen, stieg er jetzt die paar Stufen aus dem Bus herab und direkt in ein mit schlammigem Ton-Modder gefülltes Schlagloch. Ppffft, machte es saugend – und aus dem schwarzen Schuh war ein roter geworden. Seine paar Kopfhaare lagen ihm kreuz und quer auf dem Schädel. Der gnadenlose Fahrtwind hatte sie aus der Form geweht. Doch er konnte das Inferno verlassen und draußen erwartete ihn Angela. Alles andere zählte erst einmal nicht.

„Wie siehst du denn aus?", war ihre erste respektlose Frage. „So kenn' ich dich ja gar nicht!"

Er ahnte nur aus welcher Richtung sie kam, breitete einfach die Arme aus und spürte Sekunden später ihren warmen, weichen Körper durch sein verschwitztes Hemd und ihre festen Brustspitzen in Höhe seiner Schultern. Es kostete ihn Mühe, sie loszulassen.

„Pasa, hombre, pasa", wurde er jedoch sofort durch andere, dem Bus entsteigende Fahrgäste zurechtgewiesen und anschließend beiseite gedrückt.

„Das ist der neueste Berliner Schick", antwortete er ihr, auf seine zweifarbigen Schuhe deutend. „Außerdem reise ich so öfters, wie Sie vielleicht wissen, junge Dame."

Ein schepperndes Taxi brachte sie ins Hotel Colón. Im Zimmer angekommen, ließ er noch in der Tür stehend die Koffer auf den Fußboden fallen und sich selbst dann rücklings aufs Bett. Wenn er jedoch annahm sich entspannen zu können, hatte er nicht mit ihr gerechnet. Verräterisch leuchtende Augen, laszive Bewegungen und ihre sich anscheinend selbstständig machenden Hände ließen keinen Zweifel daran, dass seine Reise noch nicht beendet war, wenngleich das Ziel diesmal nicht auf der Landkarte stand.

In den Hotelgängen krachten Türen, Zimmermädchen sangen, irgendwer schrie ständig irgendwelche Anweisungen und durch die weit geöffneten Fenster drang, auf Wogen der mörderischen Mittagshitze, höllischer Straßenlärm herein. Aber nichts konnte den Rausch ihres Fühlens und Liebens unterbrechen. Einzig, der zarte Film sich vermischender Körperflüssigkeiten vermochte zwischen ihnen zu sein, wenn ihre erhitzten Leiber sich aufbäumten oder gegeneinander rieben. Mehrmals von ihnen unbeachtet, doch jedes Mal heftiger, klopfte es gegen die Zimmertür und eine Stimme rief:

„Señor Rehmann, Señor Rehmann ..."

Als sie später entspannt nebeneinander lagen und sich zärtlich streichelten, hämmerte es erneut gegen die Tür:

„Señor Rehmann ..." Seufzend entstieg er dem Lager ihrer Freude, schlang sich ein langes Badetuch um die Hüften und öffnete endlich.

„Was ist denn los?", wollte er wissen.

„Señor Rehmann ...", setzte das klein gewachsene, indigene Zimmermädchen an, riss dann aber erschreckt die Augen weit auf und rannte kreischend davon.

Fassungslos drehte er sich zu Angela um und wollte sie fragen, ob er aussehe wie Godzilla. Aber noch bevor er seine Frage loswerden konnte, schrie auch sie vor Lachen. Gleichzeitig brach draußen vor dem Fenster ein Lärm los, der klang, als hätte die nikaraguanische Baseball-Mannschaft den World-Cup gewonnen.

„Yee-ha", brüllte, pfiff und jubelte es zu ihm herüber. Man klatschte in die Hände, winkte ihm zu, schwenkte Mützen oder Hüte. Hunde kläfften freudig, kleine Kinder drehten sich tanzend im Kreis und lachten. Sie alle hatten die ganze Zeit am Hang eines Hügels gesessen, der gleich hinter ihrem Hotelfenster anstieg und ihr Zimmer zu einer Art Freilichtbühne machte. Alle hatten sie mucksmäuschenstill die Akrobatik der beiden beobachtet und freuten sich nun mit ihnen über den gelungenen Abschluss. Die Sonder-Show hatte er mit seinem Handtuch geboten, das zwar sehr lang war und selbst seinen beachtlichen Bauch umspannte. Doch was die Hersteller bei der Länge zugegeben hatte, war bei der Breite gespart worden. Als er nun an sich herabsah, war auch ihm klar, was das Zimmermädchen so überstürzt in die Flucht geschlagen hatte. Bei dem hastigen Versuch das Badetuch herunterzuziehen, entglitt es ihm schließlich ganz und der Jubel vor dem Fenster entlud sich erneut in anfeuernden Rufen, die zum Glück im Geläut der Glocken des nicht weit entfernt stehenden Kirchturms untergingen.

Während des Essens, bei Huhn, Reis, warmem Bier und einer höllisch scharfen Soße, erzählte sie ihm dann, wie es ihr in den letzten drei Wochen ergangen war. Tatsächlich hatte sie zehn Tage davon fest im Krankenbett gelegen. Die Ärzte und Krankenschwestern behandelten sie jedoch so vorbildlich, dass sie sofort danach wieder einsatzbereit war und sich unmittelbar nach ihrer Entlassung der Projektarbeit widmen konnte. Sie suchte Organisationen der Entwicklungszusammenarbeit auf, knüpfte Kontakte, schrieb Finanzierungsanträge und überbrachte diese persönlich, wann immer sich die Gelegenheit bot oder versandte die Unterlagen an Rehmanns vorgeplante Reisestationen.

Erstmals auf ihrem Berufsweg hatte sie das Prinzip aufgegeben, ihre Weiblichkeit nicht einzusetzen. Mal ganz ladylike, mal im Supermini oder in eng anliegenden Jeans und T-Shirt verdrehte sie so manch einem den Kopf ober- und unterhalb der Gürtellinie und kam bei den Latinos entsprechend an. Ins Bett hatte sie jedoch keiner bekommen.

„Schließlich bin ich Pädagogin der Erwachsenenbildung", meinte sie nicht ohne Stolz, „und so kam ich mit den Machos hier ganz gut klar, mit denen aus Europa, die oft noch viel schlimmer sind, übrigens auch." Ihr schien ein Rückblick angebracht.

„Außerdem nerven mich diese Typen schon immer", sagte sie. „Nach dem zweiten Bürotermin wollten fast alle mit mir in die Falle springen. Aber ihre Balzrufe gingen mir fürchterlich auf den Keks."

Rehmann gingen die Worte runter, wie Öl auf der Wasserrutsche.

„Stets derselbe Sermon", fuhr sie fort. „Mit meiner Frau kann ich nicht reden; wir verstehen uns im Bett nicht mehr; ihre Mutter hätte sie versklavt – mein Familienleben ist die Hölle."

„Dazu das ewige Lied des unverstandenen Mannes. ‚Ich habe immer versucht sie zu begreifen, war grundsätzlich aufrichtig – aber jetzt geht's nicht mehr. Du bist so ganz anders. So fraulich. Bei dir kann ich endlich wieder Mann sein.'"

Rehmann bestellte noch Kaffee und hörte weiter gespannt zu.

„Es war ganz so, wie schon immer", sagte sie. „Ich habe nie mit jemandem sehr schnell geschlafen, sondern wollte sie erst kennen lernen –"

„Wie mich", warf er ein.

„ – und habe mich oft geirrt." Sie grinste und fuhr fort:

„Das war bezogen auf meine Karriere rückblickend ein Fehler. Ich hätte mich genauso mit ihnen amüsieren sollen, wie sie es mit mir vorhatten. Nur liegt mir das nicht. Ihr Interesse war dann auch bald erloschen, wenn sie nicht zum Stoß kamen und der Alltag zuschlug. Einige hielten noch eine Weile durch, kamen aber schnell in Schwierigkeiten, wenn sie ihn planen mussten.

,Ich muss heute Christopher von der Schule abholen und morgen Melanie zum Training fahren. Können wir unser Treffen nicht auf Samstag verlegen? Oder nein, lieber nicht. Am Samstag bekommen wir Besuch. Wichtige Leute für meine Zukunft, du weißt schon. Tut mir wirklich Leid. Aber, wenn Gloria am kommenden Wochenende zu ihrer Mutter fährt ...'

Na ja, mir tat es dann auch Leid. Jeweils endete es in irgendwelchen Katastrophen für sie, denn anhängliche Frauen, die Panik kriegten, Kinder, Häuser, Hamster, die ihnen gehörten, und die sie nicht aufgeben wollten, oder Bankkonten, Grundstücke beziehungsweise die berufliche Stellung, alles Gründe, um sich vor mir und einer Entscheidung zu verschanzen. Fröhlich rumzubumsen ist eine Sache, Stellung beziehen die andere. Wie es mir dabei ging, interessierte die wenigsten von ihnen. Immer setzten sie sich mit ihrer Selbstbestätigungsneurose unter Eigendruck. Sie arrangierten, bekamen die Dinge auf Dauer aber nie in den Griff. Wenn ich nicht mehr wollte, war ich auf einmal zickig, prüde, hatte eine Hysterie oder war plötzlich sogar lesbisch. Reinster Stress, sage ich dir. Mit dem gedachten Wechsel einer Stelle nahm ich an, davon loszukommen. Aber denkste. Hier habe ich nicht nur dieselben Männer kennen gelernt, sondern auch noch die Doppelzüngigkeit in der Entwicklungszusammenarbeit erfahren. Zuerst habe ich gedacht mit ihr leben zu können, doch mittlerweile ist für mich klar, dass ich einen eigenen Weg gehen muss. Die Heuchelei kotzt mich schlichtweg an." Sie trank einen Schluck gefiltertes Wasser, nahm den Faden aber sofort wieder auf:

„Wann immer ein so genannter Macher in der Struktur ausgetauscht wird oder die Leiter im Beamtenapparat hoch fällt, muss der Neue sich profilieren. Was gestern noch galt, ist heute schon wieder Unsinn. Jeder muss sich als der Bessere darstellen, koste es was es wolle. Einfach nur erst einmal zuhören ist out. Dabei spielen die Entscheidungen, die sie für die Menschen in den Entwicklungsländern treffen oft überhaupt keine Rolle. Wichtig ist allein das eigene Fortkommen. Qualität der Zusammenarbeit: Nebensache. Nachhaltigkeit: Nebensache."

„Beliebt ist in diesem Spielchen ja wohl, den Vorgänger mies zu machen", warf Rehmann ein.

„Klar, vor allem, wenn sie als Nachfolger untauglicher sind als der", ergänzte Angela. „Könner haben es gar nicht nötig. Die wären für eine konstruktive und kritische Mitarbeit sogar dankbar."

„Aber glaubst du denn wirklich, dass die meisten so handeln?", fragte er nach.

„Sicher, das System ist so angelegt und zwingt jeden dazu, sich so, wie es will zu verhalten. Wer an Aufstieg denkt, muss sich anpassen oder er geht den Bach runter. Doch solange sie den gerade gültigen Konventionen folgen, haben sie keine Probleme. Das System ist im höchsten Grade perfide und unprofessionell. Kritiker des Systems werden augenblicklich niedergemacht. Wirkliche Profis kann der öffentliche Dienst überhaupt nicht vertragen. Zu mehr als der Hälfte setzen sich konditionsstarke Radfahrer durch. Individualisten sind im real existierenden Individualismus des Beamtenapparats nur so lange geduldet, wie sie ihren ideellen Individualismus dem allgemein gültigen Individualismus der Karriereregie ihrer Vorturner individuell unterordnen. Der Berufsweg des Einzelnen ist einem Kreuzworträtsel ähnlich", schloss sie.

„Wieso?", fragte er.

„Na, gesucht wird: nordamerikanisches Land mit sechs Buchstaben, waagerecht. Kanada fällt dir ein. Prima. Nur ‚Kanada' kannst du mit ‚K' oder ‚C' schreiben. Und dann kommt's drauf an. Senkrecht wird nämlich Männername mit vier Buchstaben gesucht. Du kommst auf ‚Karl'. Aber den kannst du auch mit ‚K' oder ‚C' schreiben. Bist du das ‚K' und für Kanada schon ins Kästchen geschrieben, hast du Glück gehabt. Bist du jedoch das ‚C', wirst du einfach ausradiert."

Er konnte nicht ganz folgen.

„Wie, ausradiert? Ausradiert von wem?", fragte er nach.

„Na, von dem, der die Macht hat zu verordnen, wie ‚Karl' und ‚Kanada' geschrieben werden, natürlich. Von dem, der das Spiel spielt, von dem, der den Stift führt oder, wie im Entwicklungsgeschäft, von dem, der das Geld hat."

„Beschissen einfach", regte er sich auf. „Das kannst du mir nicht erzählen, schließlich gibt's in jedem System authentische Mitarbeiter und Kontrollinstanzen."

„Die funktionieren ja auch. Allerdings nur so lange, wie sich ein ‚C-Macher' nicht darunter mogelt. Wird ein ‚K' ihnen zu gefährlich und stört es die Kreise, greifen sie zum Radiergummi. Und dies weltweit."

„Vielleicht hast du Recht", sagte er nachdenklich.

„Bestimmt! Ich jedenfalls möchte festlegen, wie Karl und Kanada geschrieben werden und muss deshalb möglichst unabhängige Wege gehen, weil ich sonst ganz schnell von der Bildfläche verschwunden sein kann. Für den Versuch das System zu ändern, würde ich mehr Zeit brauchen, als ein Menschenleben ausmacht. Und siebenundzwanzig bin ich ja schließlich auch schon."

„In der Tat!", antwortete er, „ein wahres Greisenalter."

Sie trat ihm gegen das Schienbein und stieg auf Longdrinks um. Die Suche nach einer Lösung für sich hatte sie dann in Santiago aufgenommen. Zuerst allerdings ohne Erfolg und noch abseits des von Rehmann angedeuteten Projekts. Auch davon wollte sie sich nicht abhängig machen. Sie suchte ein breit und überregional angelegtes Selbsthilfe-Vorhaben, in dem sie mitarbeiten konnte, ohne nun gleich auf der Partnerebene zu leben. Ein gewisses Maß an Komfort sollte ihr schon erhalten bleiben. Dafür würde sie schließlich ihre Fachkompetenz einsetzen. Doch alle Institutionen, die sie kontaktierte, freuten sich zwar über ihr Mitarbeitsangebot, konnten aber nicht mehr zahlen, als ein ortsübliches Gehalt, was ihr zu wenig war.

Als sie ihre Pläne schon beinahe begraben musste, kam ihr der Zufall zur Hilfe. Sie traf Jelepate in einer Hotelbar, der drei Tage lang an einem Kongress teilnahm. Es dauerte nicht lange, bis sie feststellten, dass Victoria und natürlich Rehmann gute gemeinsame Bekannte waren. Vorsichtig hatte der Nica sie dann in seine Gedanken eingeweiht, ihr aber nichts vom Verschwinden Victorias berichtet, sondern nur mitgeteilt, dass der an dem Projekt beteiligt zu sein beabsichtigte.

„Und du hast mir auch nicht gesagt, dass Victoria verschwunden war", murrte sie vorwurfsvoll.

„Zu der Zeit wusste ich selber ja gar nichts davon", rechtfertigte er sich.

„Ist ja auch egal, in unserer Haltung zur Entwicklungszusammenarbeit stimmten Jelepate und ich jedenfalls weitgehendst überein. Also wurde ich in Bezug auf das Projekt immer neugieriger und bohrte, um mehr zu erfahren, als du Scheusal mir bisher mitgeteilt hast. Scheibchenweise informierte mich Jelepate schließlich und nach jedem Scheibchen war ich ein wenig mehr begeistert. Letztlich fanden wir einen hohen Grad an Übereinstimmung, was ihn offenbar über meine Teilnahme am Projekt nachdenken ließ. Was er noch brauchte war ein Beweis dafür, wie ernst ich es meinen würde. Nach drei Tagen verließ er Santiago, bat mich zuvor jedoch um die Erledigung einiger Angelegenheiten. Wir hielten die Verbindung aufrecht und vereinbarten am Ende ein weiteres Treffen. Nur diesmal auch mit dir, weil er dich ja schon kannte und ich ihm erzählte, du würdest mich hier abholen. So, und das ist fast die ganze Story. Leider habe ich seit einiger Zeit von Jelepate aber nichts mehr gehört", sagte sie besorgt. „Wenn er morgen nicht kommt, kann ich mir das alles wohl abschminken." Sie hatte, was sie wusste, vor ihm ausgebreitet.

„Na, mal langsam", entgegnete er. „Ich habe in dem Spielchen ja auch meine Finger drin, wie du weißt. Nur war mir bislang noch gar nicht ganz klar, dass Jelepate dabei eine so tragende Rolle spielt. Mit mir hat die ganze Zeit eigentlich nur Victoria rumgedealt. Und dass der vermisst wurde, wusste ich erst, als uns Bolberg zurückpfiff und du bereits im Krankenhaus lagst. Doch der hat es mir erst erzählt, als er mich vom Flughafen abholte."

„Ach, nee. Erzähl' mal."

„Also! Victoria und Jelepate traf ich ganz zu Anfang einmal im Schwarzwald. Victoria dann natürlich öfter im Dienst. Das in Hausach besprochene Vorhaben schien mir sehr gewagt und, ich weiß nicht so genau warum, aber irgendwann war ich aus der Geschichte dann auch wieder draußen. Trotzdem hielt mich Victoria auf dem Laufenden. Von der immer intensiver werdenden Beziehung zu Jelepate und dessen Planung berichtete er mir aber nur sehr oberflächlich. Schließlich habe ich für mich selbst vorsichtig erwogen mitzumachen. Zwar hatte ich, bezogen auf meinen Anteil an der Schose, noch gar keine konkreten Vorstellungen, war aber immer neugieriger geworden. Ausschlaggebend dafür, dass ich mich dann reinhing, war ein heftiger Streit mit Schulze. Er versuchte alles zu verhindern, was Bolberg in der Projektangelegenheit 'Nikaragua' plante und meinte mich auf seiner Seite zu haben, weil die Richtlinien nicht an allen Stellen hundertprozentig sauber ausgelegt gewesen waren. Ich habe daraufhin so genau wie möglich geprüft und bin zu dem Schluss gekommen, dass Schulze partiell zwar Recht hatte, das Projekt daran aber nicht unbedingt scheitern müsse, wenn man mit den Vorschriften flexibel umgehen und ein bisschen Farbe darunter mischen würde. Anfänglich hatte ich trotzdem Schiss. Jelepates und Victorias Ideen zu folgen war gefährlich. Sich Bolberg anzuschließen, machte für mich nur Sinn, wenn seine Planung nicht solchen Quatsch wie das Falkland-Projekt beinhalten würde. Aber du kennst ihn ja. Manchmal inszeniert der Geschichten, die wirklich nicht ganz wasserdicht sind. Also begann ich zu improvisieren.

Als ich Schulze entsprechende Vorschläge machte, ist der schier ausgeflippt. Ich verstand seine Aufregung überhaupt nicht und wurde misstrauisch. Nach einigen Telefonaten mit der GGEZ und dem zuständigen Referat im Ministerium, war ich mir sicher, dass Schulze den Bolberg lediglich mobben wollte. Und das stank mir schließlich dermaßen, dass ich mich, auch schon aus Trotz, darauf eingelassen habe, ein bisschen nachzuhelfen. Nur musste ich dabei versuchen, die Planungen Victorias und meine eigenen Interessen unter einen Hut zu bringen. Na ja, auf der Party zum Nica-Projekt ist es mir gelungen. Schulze war sternhagelblau und unterschrieb mir alles Mögliche, darunter, als ALF und BfH, auch eine Bestellung über zweihundert und einen Computer und erste Kooperationsvereinbarungen mit der EU. Dass wir beide in dem Ding zusammenfinden, ist eher ein Zufall, aber keineswegs unbeabsichtigt. Als Genderanteil bist du längst empfohlen", grinste er und fügte hinzu: „Ich habe dann versucht, dich im Auge zu behalten, als mich die Rückreiseanordnung traf, aber nie vollständig geschnallt, was hier abging. Erstaunlich finde ich nachträglich betrachtet allerdings, dass sich die Geschehnisse immer auch nahtlos in den Jelepate-Plan einfügen."

„Ja," murmelte sie, „irgendwie hat der es drauf, die Leute zu steuern. Ich habe in Costa Rica zunächst allerhand Jobs für ihn erledigt und versucht, mich an irgendeiner Stelle in dem Projekt wiederzufinden. Doch das war sauschwierig, weil ich nichts durchschaute. Es aber allein zu versuchen, ist schier unmöglich. Wenn du nicht von vornherein mit ein paar Millionen in der Tasche aufkreuzt und oder sagen kannst ‚GGEZ proudly presents ...', hast du schlechte Karten bei den Einheimischen. Und aus deutschen öffentlichen Mitteln gefördert zu werden, oder gar über die Europäische Union, kannst du dir entweder gleich abschminken oder du wartest, bis du schwarz wirst, auf eine Bewilligung."

„Jetzt übertreibst du aber", meinte er kopfschüttelnd.

„Nee ... überhaupt nicht. Vielleicht müssen es nicht gleich Millionen oder Jahre sein, da hast du schon Recht. Manchmal tut's auch ein Projektauto, Projektgeld oder ein Projektjob. Aber ohne einen geldwerten Vorteil und Beziehungen geht fast nichts."

„Dass heißt, für dich ist da gar nichts drin?"

„Dass ich jetzt wieder in Nikaragua bin, hat schon seinen Grund", sagte sie orakelnd. „So schnell gebe ich nicht auf, das weißt du ja."

Er schwieg wieder und hörte zu. Vor vier Tagen hatte sie einen Anruf aus Ocotal erhalten.

„Und jetzt rate mal, wer dran war", fragte sie.

„Keine Ahnung."

„Victoria!"

„Ist ja scharf, der ist also wieder aufgetaucht?"

„Ja, nun ist er wieder da. Er hat sich unsterblich in das Projekt und einen Misquito verliebt und bleibt im schönen Nicaland."

„Dann werden sie ihn aber feuern", wandte er ein.

„Natürlich werden sie – und damit rechnet er auch. Er hat halt den Mut alle Brücken hinter sich abzubrechen. Aber auch den, auf sich selbst zu bauen. Und er hat noch Träume, die er sich selbst und anderen erfüllen möchte und das finde ich ganz toll an ihm. Ob ich das ohne jede Sicherheit könnte, weiß ich nicht."

Jedenfalls hatte ihr Victoria noch wesentliche Details des Vorhabens auseinander gesetzt und die gab sie nun mit dessen Einverständnis an Rehmann weiter. Sie selbst würde zunächst nach Deutschland zurückkehren und versuchen das Projekt von dort aus zu unterstützen. „Bei passender Gelegenheit steige ich da dann aus und hier als Erwachsenenbildnerin ein."

Ihr Entschluss schien felsenfest zu stehen. Rehmann hatte es die Sprache verschlagen. Ihre Mitteilungen rissen ihn von einem Gefühl in das andere. Von Zweifeln über Kritik bis hin zur Begeisterung und wieder zurück. Er hatte den fünften Kaffee nach dem Essen schon längst hinter sich und überlegte, ob seine Nervosität dem Gebräu oder ihren Berichten zuzuschreiben sei. Um weder dem einen noch dem anderen zu erliegen, stieg er auf Schärferes um, nachdem der Kellner bereits das dritte Mal mit der Rechnung unauffällig vorbeigeschlendert kam.

Mit einer Falsche Rum und einem Sechser-Pack Cola waren sie aufs Zimmer gegangen. Zuerst schloss er die Fensterläden. Die Überraschung vom Vortag reichte ihm. Dann bestellte er einen Kübel Eis, der unerwartet auch zu haben war. Wieder erschien das ihm schon bekannte Zimmermädchen, grinste diesmal aber frech und verließ, anzüglich mit dem Hintern wackelnd, das Zimmer.

„Wie stellt sich Victoria eigentlich den weiteren Verlauf der Dinge vor?", rief er wenig später in Richtung Dusche.

Zurück kam lediglich eine mehr oder weniger gegurgelte Antwort. Ich versuche es nachher noch einmal dachte er und brüllte stattdessen lauter:

„Ich mach mir gerade einen Drink. Möchtest du auch eine Coca mit Rum auf Eis?"

„Ja", drang es durch das Rauschen des Wassers. „Würdest du mir das Glas bitte bringen?"

Er hatte beide Getränke vorbereitet und ging vorsichtig damit ins Bad. Ein schäbiger Plastikvorhang verhinderte nur unzureichend, dass herumspritzendes Duschwasser sein Gebräu in den Pappbechern verdünnte.

„Wie stellt sich Victoria nun eigentlich den weiteren Gang der Dinge vor?", wiederholte er seine Frage.

„Das ist jetzt nicht wichtig", entschied sie aus der Kabine. „Wichtig ist augenblicklich nur, dass du beginnst in meinem Leben eine besondere Rolle zu spielen."

Blitzschnell hatte sie zugegriffen, ihn am Hemd erwischt und in die Dusche gezerrt.

„Aber die Drinks", protestierte er schwach. „Sie werden ganz nass und außerdem bin ich noch angezogen und ..."

Sie küsste ihn.

„Duschkabinen scheinen mein Schicksal zu sein", brabbelte er durch das an ihm herabtriefende Wasser. „Aber nun gib mir doch endlich mal eine Antwort", griente er sie an, als sie ihn kurz zu Atem kommen ließ.

Die Becher noch immer in den Händen und die Arme weit ausgebreitet, stand er vor ihr und hatte angesichts ihrer hinreißenden Nacktheit Mühe, sich auf die eigene Frage zu besinnen.

„Du immer mit deinem Victoria", sagte sie leise und schmiegte sich eng an ihn. „Hast du was mit ihm?"

„Biest", meinte er auf ihr Spiel eingehend, nahm sie zärtlich in die Arme und ließ ihr dann langsam und genüsslich die eisgekühlte Coca mit Rum über den Rücken laufen.

„Du ... hhhh ... du gemeiner ..."

Was sie noch sagen wollte erstickte er mit Küssen und seinen tastenden Händen auf ihrem Körper. Ihre Unterhaltung setzten sie in unverständlichen Lauten fort, das Thema war vorübergehend ausgeblendet.

„Nun", antwortete sie später zögernd. „Sie wollen ein größeres Projekt aufziehen, als du vielleicht annimmst. Konferenz-Tourismus. Alle Einzelheiten weiß ich auch noch nicht. Das hören wir hoffentlich alles morgen. Für mich war die ganze Zeit über nur erst einmal bedeutend, dass eine Grundübereinstimmung zu den partizipativen Ansätzen vorhanden ist und neokolonialistische Züge ökonomischer Ausbeutungen nicht. Die Details, die ich bisher kenne, sind meiner Meinung nach jedenfalls darauf angelegt, für die einheimische Bevölkerung ein leistungsorientiertes Einkommen zu schaffen, ökologisch vielversprechend und gleichgeschlechtlich-demokratisch konzipiert ohne dogmatisch zu sein. Fakt ist nach Victorias Worten, dass eine Teilhaberschaft der Nicas ein wesentlicher Baustein ist. Dir haben sie auch eine Rolle zugedacht. Nur frag mich nicht welche. Ich kenne mich in deiner Arbeit sowieso nicht aus. Ich habe jedenfalls das Gefühl, das ganze Ding ist gut durchdacht."

„Na schön", meinte er, „warten wie es also ab. Ich bin sehr gespannt auf das, was ich noch nicht kenne. Bisher konnte ich mich mit der Geschichte gut identifizieren. Ist ja fast konspirative Untergrundarbeit, fehlt nur noch die sexbombige Agentin", ergänzte er flüsternd mit zusammengekniffenen Augen und schlich sich mit finsterer Miene an.

„Bitte, machen Sie sich keine Sorgen, 007", meinte sie mit schlotternden Knien. „So, wie ich das sehe, tun wir ganz bestimmt nichts Unrechtes. Und verboten ist es auch nicht mit mir zu schlafen", fügte sie mit ängstlich, weit aufgerissenen Rehaugen hinzu, ließ sich langsam auf das Bett sinken und den Bademantel aufgleiten.

„Du machst mich total fertig, 00-sex." Wie Winnetou, der sich im Teil III soeben die letzte Kugel eingefangen hatte, taumelte er erschöpft auf sie zu und ließ sich kraftlos über sie fallen. Das dritte Mal an diesem Tag blieb ihnen die Luft weg.

Victoria

Sie trafen sich zum Frühstück. Victoria war etwas korpulenter geworden, was ihm gut stand. Seine Gesichtszüge schienen geglätteter. Sorgenfältchen, die ihm im grauen Büroalltag in Berlin stets etwas Verhärmtes gegeben hatten, waren einer entspannten, verschmitzten Mimik gewichen. Braun gebrannt und körperlich gut in Schuss, stand er suchend in der Tür des Restaurants. Ruhig ließ er den Blick über die Gäste streichen, bis er Rehmann und Angela entdeckte. Lächelnd kam er jetzt auf sie zu und streckte ihnen beide Hände zur Begrüßung entgegen. Sein Gang war sicher, der Handschlag fest, sein Blick offen und frei vom Sicherungsstress deutschen Angestelltendaseins. Nichts schien ihn zu hetzen. Das blonde Haar trug er wieder länger und seine hellblauen Augen strahlten menschliche Wärme ab. Herzlich schüttelten sie sich die Hände. Für Angela gab's Küsschen, Küsschen.

„Schön dich zu sehen, Alexander. Willkommen an meinem neuen Lebensmittelpunkt, wie es in den Richtlinien heißt. Wie ernst nimmst du sie eigentlich selbst?", fragte er schmunzelnd.

„Na ja, ich lege sie flexibel aus – der Ordnung halber. Im Grunde sind sie was für diejenigen, die Angst haben, ohne sie leben zu müssen", entgegnete Rehmann gelassen. Er verhielt sich noch abwartend, denn alle verschlungenen Pfade, die sie ab heute eventuell ein Stück gemeinsam gehen würden, waren für ihn noch nicht sichtbar. Sein Rest-Risiko begann erst, wenn er am Ende des Gesprächs einschlagen würde.

Jelepate erschien ebenfalls pünktlich, umarmte Angela und begrüßte Rehmann dann ebenfalls mit freundlicher Zurückhaltung. Bis der Frühstückskaffee gebracht wurde, tauschten sie Neuigkeiten aus, wobei die dünne Eisdecke, die seit der ersten Kontaktaufnahme in Deutschland noch vorhanden war, langsam schmolz.

„Ich denke, jeder von uns sollte ein wenig über sich erzählen", begann Victoria, zum Erstaunen von Angela und Rehmann stotterfrei. „Unser Kontakt in good old Germany war ja eher spärlich", wandte er sich an Rehmann. „Außerdem habt ihr einen Anspruch darauf, umfassend über alles informiert zu werden, was sich inzwischen ergab – und nachdem ihr schon so hilfreich wart. Wenn es euch recht ist, beginne ich mit meiner eigenen Geschichte. Wäre schön, wenn ihr euch dann anschließt. Jeder von uns sollte wissen, mit wem er es zu tun hat – schließlich sind wir ja fast schon Partner."

Er machte es kurz. In irgendeinem Kaff an der Ex-DDR-Küste war er aufgewachsen und begann sich sofort nach dem Schulabschluss familientraditionell für Fischfang zu interessieren, änderte aber seine Berufsrichtung in Fischzucht, als er sich, noch sehr jung, der Problematik von Umweltschutz und Armut zuwandte. Sein Elternhaus war schon vordergründig mehr als prüde, der Vater restriktiver als alle konservativsten Päpste der Welt und seine Mutter eine Übermutter.

In dieser Atmosphäre der elterlichen Dominanz hatte er erst als Dreizehnjähriger seine Sprachhemmungen entwickelt und konnte diese bis heute auch nur unvollkommen ablegen. Das Gehabe norddeutscher Küsten-Machos und Hard-Core-Bier-Trinker schreckte ihn bald ab. Er wurde zum Eigenbrödler und die Familie hatte ihn, als er siebzehn Jahre alt war, als vollwertiges Mitglied der Männerwelt bereits abgeschrieben. Die damals wie Bambus sprießenden Minderwertigkeitskomplexe übertünchte und kompensierte er durch Arbeitswut. Sein Abitur war kein Problem und als Student seiner Fachrichtung war er mehr als hervorragend gewesen.

In Dresden hatte er Jelepate kennen gelernt, mit dem ihn bis heute eine enge Freundschaft verbindet. Für ihn war dies Anlass genug gewesen, später intensiv Spanisch zu pauken. Gleich nach dem Universitätsabschluss und der gelungenen Flucht in den Westen, versuchte er der zivilisierten Maschinerie zu entfliehen, was ihm aber nicht sofort gelang, weil ihm Berufserfahrung fehlte. Ein glücklicher Zufall, nämlich die Tatsache, dass es Fischzüchter zu dieser Zeit selten gab, wollte es aber, dass er nur ein halbes Jahr Berufspraxis nachweisen musste. Kurze Zeit darauf konnte er mit dem Welthelfer e.V. nach Kenia ausreisen.

„Sie haben zwar noch keine ausreichende Erfahrung", hieß es nach den psychologischen Tests, „aber Ihre Persönlichkeitsstruktur weist Merkmale auf, die uns annehmen lassen, dass Sie diese noch erlangen", teilte ihm ein graugesichtiger, hagerer und ständig an den Knöpfen seiner Jacke herum nestelnder Betriebspsychologe mit. „Und das mit der Berufspraxis kriegen wir schon noch hin", setzte der zerstreut hinzu, „Sie brauchen ja nur zu arbeiten, dann kommt sie von ganz allein."

Viel später erst war ihm klar geworden, dass Mangel an Fachleuten seiner Profession herrschte und das System „Entwicklungszusammenarbeit" plötzlich in der Lage ist, alle Kriterien der Personalauswahl über den Haufen zu schmeißen, um in den Glanzkatalogen oder Jahresberichten ein Projekt mehr auszuweisen. Ihm kam es damals recht. Der Kenia-Aufenthalt war bis zu diesem Augenblick die schönste und sinnreichste Zeit seines Lebens gewesen. Fünf Jahre hatte er gewissermaßen auf dem Victoria-See zugebracht und Abstand von der Aufgeregtheit der Welt gewonnen, in die er vor knapp vierzig Jahren hineingeboren wurde.

Die Jahre in Afrika habe er gut genutzt. Soziologie war dort sein Lieblingsfach und Hobby geworden. Als Gegengewicht, und um gegebenenfalls im ökonomischen Konkurrenzkampf bestehen zu können, wählte er Datenverarbeitung und Spanisch. Mittlerweile betrachtete er sich als Computer-Spezialist und mit der Sprache käme er gut zurecht. Hier in Nikaragua habe er unverhofft die Möglichkeit erhalten, eigene Ideen zu verfolgen, ohne von diesen so genannten Machern oder Managern genervt zu werden.

„Wie damals, als die Linguisten-Kampfgruppen entstanden", sagte er und schloss: „Wenn ich mir überlege, dass ich mir von denen, die's nicht bringen, in einem Zeugnis bestätigen lassen soll, was ich zu leisten in der Lage bin oder nicht, kommt mir das kalte Grausen. Schade, dass unsereiner so einen Wisch nicht für sie erstellen kann. In wenigen wirklich wettbewerbsorientierten Betrieben gibt's das ja – aber in den Amtsstuben: null Chance. Und ich wette, die wissen warum. So, das war's im Wesentlichen", schloss er lächelnd.

Sie hatten bis dahin ihr Frühstück kaum angerührt. Jetzt ergriffen alle herzhaft ihr Schlabbertoast und die folgende halbe Stunde verging in lockerer Unterhaltung. Die drei anderen erzählten ihre Geschichte ebenfalls im Telegrammstil und erklärten, warum sie sich dem Projekt verbunden fühlten. Danach kam man zur Sache. Jelepate fasste das bisherige Geschehen zusammen, erläuterte Fakten, Daten, beabsichtigte weitere Maßnahmen und Termine. Nach einer detaillierten Erklärung zum gegenwärtigen Projekthaushalt beendete er seinen Vortrag mit den Worten:

„Eigentlich war es bisher ganz einfach. Eure Administration hat sich an mehreren Stellen selbst überholt und es bis heute nur noch nicht gemerkt. Wir mussten im Grunde nicht mehr tun, als die bekannten sechzig Prozent Aufstiegsradler bei ihrem Ehrgeiz packen, deren Erfolgsgier anstacheln und ihre Arroganz unterstützen. Dies hat ihnen das Gefühl vermittelt, bei Projekt-Abstinenz Territorium zu verlieren, und den Rest, na ja, den haben sie dann selbst besorgt. Dass uns der Hauspost-Unfall zugute kam, kann uns kein Mensch vorwerfen. Aber ich bin sogar sicher, dass davon niemand auch nur das Geringste hören möchte. Wäre doch ganz schön peinlich oder nicht?" Grinsend beendete Jelepate seine für ihn ungewöhnlich langen Ausführungen.

„So, und jetzt seid ihr dran", ergänzte Victoria. „Bei uns ist rundherum alles vorbereitet. Wir sind exakt im Zeitplan. Die Show kann beginnen."

Er lehnte sich bequem zurück und beobachtete Rehmann und Angela aufmerksam. Sie diskutierten noch eine Weile über Beteiligungs-Verträge, ihre eigene Einbindung in das Vorhaben und darüber, in welcher Weise die Einwohner von Cabo Gracias a Diós davon profitieren würden. Nach dem Mittagessen war man sich einig. Angela und Rehmann schlugen ein.

„Wie ging das eigentlich mit Conrad weiter?", wollte Angela anschließend wissen. „Der war dir doch ganz dicht auf den Fersen, oder nicht?"

„Conrad hatte ein riesen Problem", nahm Victoria den Faden auf. „Während er mit seiner Begleitung gerade die Bootsreise auf dem Rió Coco vorbereitete, wurde er hundsgemein behindert. Ein paar Dorfbewohner hatten nämlich den Verkäufer der Dalmatinerwelpen, ihr wisst ja, Conrad hatte in seinem Suff alle sechs gekauft, als Hundedieb identifiziert und den rechtmäßigen Eigentümer der Tierchen auf den Plan gerufen. Der verlangte nun von Conrad die Bezahlung erneut. Allerdings lag der aktuelle, von ihm genannte Kaufpreis nun weit über dem des Erstkaufs. Conrad geriet in Wut und schließlich in einen heftigen Streit mit ihm. Er hatte das Gefühl ausgenommen zu werden und war nicht bereit, auch nur einen Córdoba draufzulegen.

„Was heißt hier drauflegen", widersprach der Händler. „Ich verlange den Gesamtpreis. Letztlich kann ich doch nichts dafür, dass du an einen Dieb bezahlt hast, hombre", meinte er.

Man wurde sich nicht einig", berichtete Victoria weiter. „Dies führte dann dazu, dass die Dieselpreise für die Bootsmotoren, die Conrad benutzen musste, in unerschwingliche Höhen stiegen. Sein Pech war zudem, dass der Schwager des Hundezüchters die einzige Tankstelle am Ort besaß, die Treibstoff vorrätig hatte. Allen anderen war Diesel plötzlich ausgegangen. Keine Bezahlung der Hunde bedeutete, kein Sprit – also, keine Abreise. Trickreich versuchte Conrad die Problemlösung bis zu seiner Rückkehr aufzuschieben. Er wollte seine Zöglinge bei seiner Hotelwirtin lassen, doch die lehnte nun ihrerseits und völlig unerwartet die getroffene Vollpensionsregelung ab. Sie forderte, da die Kleinen in den kommenden zwei Wochen erheblich wachsen würden, jetzt mehr als das Doppelte. Ihre Kalkulation von gestern würde sie in den wirtschaftlichen Ruin stürzen, jammerte sie. Außerdem müsse sie dem rechtmäßigen Besitzer der Hunde zur Seite stehen. Es handele sich nämlich um ihren Bruder.

Der Minister z.b.V. eilte Conrad zur Hilfe, indem er eine wohlgesetzte Rede vorbereitet und in drei ‚Unter-Vier-Augen-Gesprächen' versuchte eine politische Lösung herbeizuführen. Aber ihm beschied man, dass es sich um eine Exekutiv-Angelegenheit handele und dies nicht in seine Zuständigkeit fiele. Er wurde daran erinnert, diesen Bereich der Delegationsarbeit höchst persönlich schon abgelehnt zu haben."

„Was blieb Conrad übrig?", fragte Victoria in die Runde, bestellte frischen Kaffee und beantwortete die Frage durch die Fortsetzung der Geschichte. „Er bezahlte die Hundchen noch einmal. Zurücklassen wollte er seine Lieblinge danach keinesfalls mehr, obwohl ihre Mitnahme nicht unerhebliche logistische Probleme mit sich brachte. Seine Idee des Wiederverkaufs verfing nicht. Der Rückkaufpreis, den man ihm anbot, war dermaßen lächerlich, dass Conrads Stolz eine solche Lösung nicht zuließ. Maßlos enttäuscht und sauer regelte er widerwillig seine Abreise-Angelegenheiten. In der Tienda, einem kleinen Lädchen im Dorf, erwarb er Halsbänder, Laufleinen und Welpenfutter, was dazu führte, dass sein Boot überladen war und beinahe absoff. Er entließ also einen Nica aus seiner angeheuerten Begleit-Crew und fuhr wutentbrannt ab.

‚Ihr seid ja nicht besser als der Hundedieb', brüllte er den Dorfbewohnern vom Boot aus zu, was die mit freundlichem Winken quittierten. Viele hatte sich am Ufer versammelt, um Conrad mit einem herzlichen ‚vaya con Diós' zu verabschieden. ‚Komm bald wieder', riefen sie ihm nach und freuten sich auf seine einträgliche Rückkehr. Als er sich nach zwei Tagen hoffnungslos in einem Seitenarm des Rió Coco verirrt hatte, stellte er fest, dass er ausgerechnet seinen Scout und Dolmetscher entlassen hatte. Ratlos paddelte er im Gewirr der Flüsschen umher, bis er den Hauptarm wiederfand. Den Rest gab ihm dann ein gefräßiges Krokodil. Eines seiner Hundchen hatte beim Sightseeing an der Bordwand das Gleichgewicht verloren, fiel in den Fluss und diente dem Reptil als zweites Frühstück. – Erzähl du weiter", wandte sich Victoria an Jelepate, „ich muss mal aufs Klo." Der übernahm den Abschluss der Geschichte.

„Conrad kam in Cabo Gracias a Diós nie an, sondern meldete sich nach acht Tagen ohne Ergebnis bei Berger in Bocay wieder zurück. Schulterzuckend nahm dieser seinen Bericht entgegen und übergab, nachdem schon die zwei anderen Gruppen erfolglos geblieben waren, die Angelegenheit nun endgültig der Polizei."

„Also war Conrad mir nie bedrohlich nahe gewesen." Victoria saß wieder am Tisch und verzog sein jungenhaftes Gesicht zu einem breiten Grinsen.

„Eine letzte Frage", Rehmann beugte sich interessiert vor, „was denkst du, wie unser Laden mit dir umgeht? Sie werden dich feuern."

„Logisch, davon gehe ich aus. Aber ich konnte nicht anders handeln. Ich brauchte mindestens zwei Wochen, um mir darüber klar zu werden, ob die von Jelepate geplante Sache eine Perspektive hat. Urlaubsanspruch hatte ich noch nicht. Also ...", er ließ den Satz offen.

„Wenn das Projekt nicht so verheißungsvoll wäre, wie es den Anschein hat, wäre ich der Asche wieder entstiegen und hätte ihnen irgendeine Story von Erkrankung im Dschungel serviert. Jeder, glaube ich, hat nur wenige Male im Leben die Chance eine andere Richtung einzuschlagen. Ich denke, ich bin an einer solchen Weggabelung angekommen und habe deshalb beschlossen, hier auszusteigen. Alles andere wird sich finden."

„Mann, du hast vielleicht Nerven", erwiderte Rehmann und pfiff anerkennend durch die Zähne.

Botschaft in Not

Exzellenz Dr. Kain Johannes Abel steuerte sein nagelneues Daimler-Cabriolet durch Managua, erfreute sich an den zahlreichen knackigen Hintern die seinen Weg kreuzten und lächelte ihren Trägerinnen zu. Er war zufrieden mit seinem Leben und strahlte es auch aus. Rund fünfundzwanzig Jahre Überseearbeit waren im Großen und Ganzen glatt verlaufen. Zwei musste er noch machen, dann waren Pensionsfreuden angesagt. Kurz nach seinem Theologie-Studium an der Freien Universität München wechselte er vor ewigen Zeiten in den diplomatischen Dienst und war nach einigen Runden in deutschen Amtsstuben den Bedürftigen nahe. Afrika kannte er wie seine Westentasche und Asien war viele Jahre lang seine zweite Heimat gewesen.

Trotzdem war er heilfroh in Lateinamerika zu sein. Im Verlauf der Zeit – und in all den Ländern des Herrn – hatten ihn die zahlreichen Götter anderer Kulturen verwirrt und letztlich veranlasst Klarheit in sein Leben zu bringen. Denn, obwohl er sich allen großen und kleinen guten Geistern geöffnet hatte, verließen die ihn eines Tages. Die Reinkarnation war ihm jedoch nicht schwer gefallen. Islamische Gebets-Teppiche drückten auf die Knie und der Hinduisten-Qualm kitzelte ständig die Nase. Mit hochprozentigen Flaschengeistern kam er seit langem besser zurecht – und seine rote knollige Nase bewies es.

Hier, in Managua, an seinem letzten Dienstposten, war die ungestörte Rückbesinnung auf seine christlichen Wurzeln problemlos möglich und die Beichte tat ihm gut, weil er sich die kleinen Verfehlungen, in die er manchmal schuldlos hineinstolperte, von der Seele waschen konnte. Zwar war er längst zu den Evangelisten konvertiert, damals, als er seiner Frau das Ja-Wort gab – aber das ahnten die Pastoren ja nicht. Er selbst, seine Frau weniger, war glücklich verheiratet und er gönnte sich was. Beispielsweise das Dienst-Cabrio. Im Auswärtigen Amt hatte das so manchen die Nase rümpfen lassen, weil solche Aufreißerschlitten einem Botschafter, einem Ex-Theologen schon gar nicht anstanden – aber ihn ließ das cool. Was könnten sie ihm schon noch wollen? Leid taten ihm nachträglich nur die Ingenieure bei Mercedes, die das Kunststück fertig bringen mussten, sein zurückklappbares Dach gegen panzerbrechende Waffen zu sichern. Seine Kollegen im AA hatten das zur Auflage gemacht und gedacht, damit den Kfz-Beschaffungs-Antrag platzen lassen zu können – aber Fehlanzeige, den Spezialisten war kein Aufpreis zu gering gewesen. Als der Bund der Steuerzahler das spitzkriegte, war es zu spät. Denn hier saß er nun, ließ den Diesel surren und feixte sich eins. Aber auch die Beamten in Bonn hatten sich gut aus der Affäre gezogen. Sie begründeten die Aufrüstung mit einer In-car-Klaustrophobie und gegen medizinisch bedingte Umbauten konnten selbst diese penetranten Meckerer nicht anstinken.

Wann immer es ging verließ er die Botschaft, um an der Basis zu arbeiten. Sein Engagement in den Dörfern verschaffte ihm Freunde, Freundinnen und erlösende Entspannung vom sonst stressigen Arbeitsalltag. Er mischte sich gerne unters Volk und schickte aus so manch strohgedeckter Hütte geräuschvoll inbrünstige Stoßgebete zum Himmel. Wenn die Nicas ihn anschließend fragten, wie es unter ihnen gewesen sei, war seine Antwort stets:

„Den Seinen gibt's der Herr im Schlaf."

„Abel ist wieder da", sagten die Einheimischen oft, obwohl er nicht gesehen worden war – man hatte seine Gebetstexte vernommen. Und wenn nach Monaten ein dunkelhäutiges Kind mit blauen Augen und blonden Haaren die Geburtenrate am Ort in die Höhe trieb, wusste man, dass sein Flehen erhört worden war.

Gestern Nacht war er wieder einmal von einer solchen Projektfahrt zurückgekommen. Er hatte bärig gut geschlafen und sich dann nach einem ausgedehnten Frühstück importierter Piccolos auf den Weg gemacht. Fröhlich pfeifend steuerte er jetzt auf das schwere Eisengitter-Tor der Botschaft zu und stand kurz darauf vor ihm. Ganz vertieft in die neuesten Nachrichten, die gerade über seine Blaupunkt-Quattro-Lautsprecheranlage „Cielo" kamen, wartete er darauf, dass sich das Tor vor ihm öffnen möge, wie einst das Jesus-Grab zu Ostern.

„... neusten Verlautbarungen nach und, wie aus normalerweise gut unterrichteten Kreisen bekannt gegeben, wird die deutsche Entwicklungszusammenarbeit deshalb ein Sofort-Programm für Nikaragua auflegen", gab der Nachrichtensprecher soeben bekannt.

Abel wunderte sich. Deshalb? Weshalb? Und was für ein Sofort-Programm, fragte er sich, kam aber nicht mehr dazu, seine Gedanken zu Ende zu bringen, weil die Lautsprecheranlage neben dem Einfahrt-Tor loskrächzte.

„He ... krrrz ... Sie da ... hier ist ... rrrrxz ... parken verboten."

Ihm war sofort klar, dass etwas nicht stimmen konnte. Ganz abgesehen davon, dass ihn sein Kanzler nicht, wie sonst persönlich und aus beulentechnischen Gründen, auf den extra breiten Parkplatz einwinken wollte, stand da ein stämmiger kurzer einheimischer Uniformierter im Glaskasten hinter dem Gitter, den er nicht kannte, und richtete seinen schweren 45er-Trommelrevolver durch die Sprechluke auf ihn.

Verd ... Großer Gott, dachte seine Exzellenz erschreckt, was zur Höl ..., um Himmels willen ist den nun schon wieder los? Kaum ist man ein paar Tage außer Sichtweite, funktioniert gar nichts mehr. Wo zum ... Matthäus sind denn bloß diese deutschen Sicherheitsapostel? Demütig erzürnt drückte er deshalb auf die Hupe und fuchtelte mit den Armen, um den Pförtner zu veranlassen, das Tor zu öffnen.

Der jedoch dachte überhaupt nicht daran, lächelte etwas verlegen, und winkte gut gelaunt mit der Knarre. Seit zwei Tagen neu angestellt, nahm er seinen Job noch sprichwörtlich todernst und verließ – ganz wie ihm eingeschärft worden war – seinen Dienstort um keinen Millimeter. Abel sah sich genötigt seine Nobelkarosse zu verlassen und an die Sprechanlage zu treten.

„Si, Señor?", kam die Frage aus dem Apparat.

„Bitte öffnen Sie das Tor", sagte er.

„Warum?", fragte die Pförtnerstimme zurück.

„Ich bin der Botschafter", antwortete Abel.

„He ... he, he ...", kam es fröhlich über den Draht, „was ... kkkrrrz ... glau ... rrxz ... Sie, wie viele das ... kchrzch ... hier ver ... krrax ... suchen? Kommen Sie am ... Donners ... takgxx ... wieder zwisch ... krx ... zwei und ... drei Uhr. Da hab ... wir lange genug Be ... kkkraxzz ... suchsz ... eit. Lo siento."

„Aber ...", Abel presste den Knopf mit dem Daumen, bis er so rot war, wie seine Nase. Doch die Anlage war verstorben.

Liebe deine Feinde, erinnerte er sich seiner klerikalen Vergangenheit und ließ, ansonsten hilflos am Gitter winkend, einen Zehn-Dollarschein aus der Hosentasche aufblitzen, was den Nica beinahe augenblicklich überzeugte.

Zwar öffnete der das Tor noch immer nicht, kam aber nun doch misstrauisch blinzelnd und zögerlichen Schrittes heran. Abel seufzte erleichtert auf. In der Kommunikationstechnik mit Zielgruppen kannte er sich aus und würde nun eine Chance haben.

„Si Señor?", fragte der Pförtner erneut und ergriff blitzschnell die Banknote, ohne dass der Botschafter auch nur die geringste Chance gehabt hätte, erst einmal über sein Anliegen zu diskutieren.

„Ich bin Dr. Kain Johannes Abel und Botschafter der Bundesrepublik Deutschland in Managua", sagte er freundlich.

„Können Sie sich ausweisen?" Der Wachmann war fit.

„Ja, selbstverständlich", seine Exzellenz kramte in der Aktentasche herum, stöhnte dann laut auf und meinte: „Nein, kann ich nicht. Meinen Diplomaten-Pass hat mir eine Chica geklaut, als ich ... ist ja egal. Nein, kann ich im Augenblick nicht."

Der Pförtner schwieg nur und sah ihn durchdringend lange an. Also, dann anders, dachte Abel, der nicht bereit war, sich weitere Dollars abluchsen zu lassen.

„Siehe, mein Sohn ... Wie heißen Sie eigentlich?"

„Petrus Interruptus Lunes Hesekiel-Lopez", kam es, wie aus der Pistole geschossen, die noch gefährlich funkelnd in seiner Hand lag und die er ein bisschen demonstrativ um den Zeigefinger kreisen ließ.

„Siehe, mein Sohn Petrus Interr ... Hesekiel-Lopez, siehe auf mein Nummernschild und siehe, dass es eine Null trägt."

„Ja, und?", meinte Hesekiel.

„Nun, die Nummer sagt uns, dass es sich um ein Diplomaten-Auto handelt und ich nur der Bot ..."

„Mir sagt das gar nichts. Und Nullen fahren in Managua jede Menge herum", erwiderte Hesekiel, „dafür braucht es kein Schild. Im Übrigen habe ich hier nur ein Amt und keine ...", der Rest war ihm entfallen. Man hatte ihm in der dreistündigen Wachschutz-Pförtner-Grundausbildung das Gesamtwerk Schillers beizubringen versucht. Leider ohne Erfolg, wie sich nun herausstellte.

„Kommen Sie Donnerstag zwischen zwei und drei Uhr wieder, amigo, da haben wir lange genug Publikums-Sprechzeiten." Das Gespräch war für ihn beendet. Er wandte sich ab und schlenderte, grinsend auf den Zehner in seiner Hand blickend, zu seinem Glaskäfig zurück.

„Himmel, Arsch und Zw ... – Jesus, Maria und ...", der Botschafter geriet in Wut. Er wollte soeben lauthals nach Botschaftskanzler Dr. Kohl brüllen, als seine Sekretärin ihren Polo hinter seinem Daimler zum Stehen brachte, ausstieg und sich nach seinem Befinden erkundigte.

„Das, meine Liebe, ist jetzt uninteressant", meinte er aufgebracht. „Ich verbiete Ihnen künftig während meiner Abwesenheit solche Trottel einzustellen und will jetzt hier rein."

„Erstens bin ich nicht Ihre Liebe und zweitens stelle ich hier überhaupt niemanden ein", entgegnete sie eiskalt. „Beides liegt gegebenenfalls im Zuständigkeitsbereich des Kanzlers."

Da Abel den Kanzler so gut nun auch wieder nicht kannte, entgegnete er nur knapp:

„Ja, ja ... ist ja schon gut. Aber bitte machen Sie unserem neuen Hesekiel mal klar, dass ich der Botschafter bin und hier jederzeit Zutritt habe."

„Mach ich."

Sie trat zum Pförtner und tuschelte eine Weile. „Si", meinte der, warf einen schuldbewussten Blick auf Abel und sagte dann noch einmal „si."

„Alles klar", sagte sie dann. „Kann ich noch etwas für Sie tun, Herr Botschafter?"

„Nein, danke. Im Augenblick nicht. Ich muss jetzt zu einer Besprechung."

Abel war seine Zutritts-Verweigerung auf den inzwischen leeren Magen geschlagen und er fühlte sich schlaff, wie die deutsche Flagge am Mast auf dem Botschaftsgelände. Die hing da herum, wie Bundesratsmitglieder der Regierungskoalition, denen man eine Gesetzesvorlage das zweite Mal abgeschmettert hatte. Er musste sich gehaltvoll füllen und dachte an ein paar Flaschen flüssiges Brot. Nicht weit von der Botschaft entfernt fand er dann auch gleich eine Cervecería und die dazugehörige ansehnliche Kellnerin.

Als er zwei Stunden später an seinen Arbeitsplatz zurückkehrte, war der Pförtner viel freundlicher. Er trat sehr dicht an ihn heran und nickte wissend. Ohne jedes weitere Wort ließ er ihn passieren. Die Sekretärin hatte Hesekiel geraten, falls er ihn wieder einmal nicht erkennen sollte, Abel einzuatmen. Damit läge er bei der Identifikation des Botschafters auf der sicheren Seite und der Fehler könne sich nicht wiederholen. „Si, Señora", hatte der artig geantwortet.

Abels Laden war in hellster Aufregung. Eine unangemeldete „On-the-spot-Prüfung" stand unmittelbar bevor und der Bilanz-Zombie saß bereits im Flieger. Botschaftsseitig unvorherseh- und unabwendbar war zudem erst vor kurzem das Auswärtige Amt umorganisiert worden und die Prüfer, mit denen man sich bislang hervorragend verstanden und immer auch gut geeinigt hatte, waren ausgetauscht worden. Dem Hausmeister, was allerdings auch nahe lag und längst überfällig war, hatte man wichtige Schlüsselfunktionen übergeben. Mit dem Bund in der Hand würde der jetzt hier auftauchen und sich die Vorgänge erschließen – hieß es. Was das noch geben sollte, war die alles überschattende Frage der kommenden Wochen.

Dr. Kain Johannes Abel machte ungeachtet dessen seine Runde und verweilte an jedem Schreibtisch ein kleines Stündchen, um einen informellen Projekt-Besuchs-Bericht abzugeben.

„Den Nicas habe ich gegeben, was sie brauchten", begann er mit wässrigen Augen seinen Vortrag und wollte dann fortfahren, dass der Herr ihn befruchtet hätte Gutes zu tun, stieß aber jeweils auf taube Ohren. Alle wühlten in ihren Papierbergen herum und konnten sich von der Arbeit nicht losreißen. Für Abels Geschmack war dies nicht die Aufmerksamkeit, die einem Botschafter zuteil werden sollte. Glücklich sind die beseelten unter den Blinden, dachte er deshalb und wollte schon aufgeben, als er in der Sachbearbeiterin, die Unterhaltsvorgänge gegen Deutsche zu bearbeiten hatte, schließlich doch eine ihm Zugewandte fand.

„Kann ich mir denken", meinte die trocken. „Hoffe nur, dass mir dadurch nicht noch mehr Papierkram auf den Tisch kommt."

„Keine Sorge, ich habe jede Menge Kondome an deutsche Experten verteilt, die ich unterwegs traf! Nachhaltigkeitsindikator 1:99.9", teilte er stolz mit. „Sie werden sehen."

„Ja, so erfolgreich wie Sie, habe ich selten einen Botschafter erlebt."

Dios mio, grübelte Abel auf dem Weg in sein Büro, hätte nicht gedacht, dass ich in meinen Jahren noch so überzeugend wirke. Selbstkritisch zählte er aber die übrig gebliebenen Kondome ab und ... ach, du lieber Himmel, sollte ich vergessen haben bei Juanita Mendoza ...?

Nun, sein Ding war es nicht, sich mit Statistiken aufzuhalten. Für ihn galt vielmehr der große politische Wurf seines Schaffens. Wie alle anderen wandte er sich deshalb seinen Vorgängen zu, die seinen Schreibtisch bogen. Er las die dort aufgetürmten drei Dokumente aufmerksam, soweit es seine müden Pupillen zuließen, und versuchte zu verstehen.

„Über Deutsche Botschaft, Managua, an Dr. J.L. Jelepate, BfH Schulze", hieß es da. Dr. Jelepate kannte er zwar, aber BfH, Schulze? Wer ist das denn? Und Prof. Ching Li?

„Der eine liefert Computer-Systeme und Drucker, der andere Bleistifte! Was'n das für'n Quatsch", brabbelte er vor sich hin. „Was soll'n denn Drucker mit Bleistiften anfangen – und Computer mit Druckern? Typisch für die internationale Kooperation in den Zentralen, keine Ahnung von Berufsbildern", kicherte er.

Um sich dem Vorwurf aber nicht auszusetzen, der Sache nicht nachgegangen zu sein, machte er zunächst ein paar Randnotizen auf die Vorlage und hob dann den Telefonhörer ab, um den Entwicklungsreferenten an der Botschaft zu befragen:

„Herr Brunner, können Sie mir mal sagen …?"

„Nein, kann ich nicht", entgegnete Brunner gereizt und knallte auf. Er sah schon den AA-Hausmeister mit dem Schlüsselbund auf sich einschlagen und wollte die Zeit bis zu dessen Ankunft dafür nutzen, die Botschafts-Akten neu zu kodieren.

Dann eben nicht, überlegte Abel trotzig. Er kopierte die Dokumente eigenhändig, legte die Originale sorgfältig in einen Umschlag und adressierte den an Jelepate. Für die Kopien fand er eine Spezial-Ablage. Die Tropenholz-Schrankwand in seinem Büro verbarg ein Fach, zu dem nur er den Schlüssel besaß. Neben diversen Fotos seiner Basis-Zielgruppen-Mitgliederinnen und Akten, die zu ihnen gehörten, gesellten sich nun auch die Unterlagen, die ihm die Fragen zu den heute Morgen gehörten Nachrichten beantwortet hätten. Gott ist groß, erinnerte er sich, aushilfsweise an Brunner denkend, verschloss das Fach dann sorgsam wieder und ließ seine Sekretärin wissen:

„Ich habe jetzt noch eine Besprechung außerhalb."

„Viel Erfolg", wünschte die nur und stellte ihm eine neue Kiste mit Kondomen in den Weg. „Wenn Sie den Klein-Gewerbe-Fondo heute an die Frauengruppen verteilen, brauchen Sie die vielleicht."

Abel verstand die Anspielung nicht, war aber überzeugt davon, dass das Gute immer und überall sei. Gott sei's gepriesen und getrommelt, flehte er.

Wochen später überraschte ihn eine Einladung an den Rió Coco, unterschrieben von Dr. Jelepate. Schön, dachte er, Misquitos habe ich bisher noch nicht kennen gelernt und die Speisekarte zur Veranstaltung macht einen hervorragenden Eindruck.

Markttag am Rió Coco

Der Tag verlief bislang viel versprechend, denn die nikaraguanische Elektrizitätsgesellschaft powerte, was die altersschwachen Generatoren hergaben. Für Cabo Gracias a Diós kam dies nicht häufig vor und einem Energiesegen gleich. Seit drei Tagen summten die Drähte bereits.

Jelepate war allgegenwärtig und hatte alle Hände voll zu tun, um den diversen Helfern ein sicheres Projekt-Gefühl zu geben. Die am Morgen noch verhaltene Stimmung war in eine munter brodelnde und fröhliche Nervosität umgeschlagen und benötigte Gelassenheit. Jetzt, um die Mittagszeit überschlugen sich die Aktivitäten nahezu, weil bekannt geworden war, dass sich die ersten Gäste schon dicht vor den Palmen der Stadt befanden. Glücklicherweise hatte der Wind ein wenig aufgefrischt und trug angenehme kühle Böen vom Meer herüber. Ein hilfreicher Umstand, der die freudig erhitzten Gemüter beruhigte und für klare Köpfe sorgte.

An die beiden Enden der Calle Sandino, sie mochte ungefähr einhundert Meter lang sein, waren große mit indigenen Motiven bemalte Holzwände gestellt, die den Blick in die Straße versperrten. Ähnlich der, die unverschämter Weise die Sicht auf das locker-flockige Treiben in der Herbertstraße auf St. Pauli verhindern. Entgegen der, würde die Calle Sandino am Abend des kommenden Tages aber zur Begehung freigegeben werden. Ihre Öffnung und die anschließend geplante Überraschungsaktion sollten zugleich Höhepunkt und Paukenschlag der Veranstaltung sein.

Vor der am südlichen Ende placierten Stellwand, die dem großen Kirchenvorplatz zugewandt war, begannen Musikgruppen erneut zu proben. Mit ihrem Gekratze auf prähistorisch anmutenden Geigen und schiefen Tönen aus ungestimmten Blechinstrumenten bereicherten sie die Geräuschkulisse auf eigentümliche Weise. Ein bisschen so, als würden Harfe und heavy-metal ein harmonisches Konzert geben wollen. Dem Dirigenten standen, wie Mikis

Theodorakis, schon lange die Haare zu Berge, weil sich unter die nun schon hundert Mal geübten Nationalhymnen immer noch Salsaklänge mischten.

Innerhalb der hölzernen Abgrenzung führte Victoria Regie. Er hatte vor allen Dingen für die Funktionalität der Ausstattungen gesorgt und das Straßenbild entscheidend beeinflusst. Die ein- oder zweistöckigen Häuser waren in Bögen mit langen Leinen geschmückt, an denen abwechselnd blauweiße oder schwarzrote Wimpel flatterten. Bunte Girlanden überspannten im Abstand von etwa fünf Metern die Straße. An ihnen drehten sich blaue schwalbenschwanz-ähnliche Papierchen in der milden Seebrise zwischen den schon gespannten Themen-Banderolen. Ladenbesitzer, die auf sich hielten, hatten zur Feier des Tages Palmgras-Markisen über ihren Schaufernstern angebracht. Hier und da erstrahlten Fassaden im Glanz neuer Farbe und verwandelte die Straße in eine wie aus Farbklecksen bestehende Faschingsmeile. Sobald die Dunkelheit hereinbrach, würde sie in Lichterketten erglühen, denn das Ereignis der Stromlieferung ließ niemand ungenutzt verstreichen. Vor den Häuschen waren Tische und Stühle aufgestellt. Die wichtigen Besucher von der Nordhalbkugel sollten an weiß gedeckten Tischen eine Verschnaufpause einlegen können. Man würde ihnen Tacos, gefüllte Maisfladen und Erfrischungsgetränke reichen. Kein Papierfetzchen tanzte heute vom Wind getrieben über die Straße. Sie war penibel gefegt, vom sonst herumliegenden Schmutz befreit worden und roch schon jetzt nach frittierten Köstlichkeiten.

Die Bewohner, vor allem die Töchter der Stadt, hatten sich hübsch gemacht und achteten darauf, dass ihnen die herumstreunenden Köter nicht zu nahe kamen. Kinder wurden schon seit Tagen ermahnt, sich vorsichtig zu verhalten, damit die wie Augäpfel gehüteten Sonntagskleider und -anzüge nicht sofort verdreckt sein würden. Außerdem war ihnen aufgetragen, sich dem Padre, den Lehrern und den Gästen gegenüber anständig und zurückhaltend zu benehmen.

Trotzdem war es einigen von ihnen gelungen an Feuerwerkskörper heranzukommen, die eigentlich dem zünftigen Abschluss der Feier vorbehalten waren. In kleinen Grüppchen durchstreiften sie die Stadt und machten sich einen Heidenspaß daraus, sie aus gut getarnten Verstecken irgendwem vor die Füße zu werfen oder sie unter einem Stuhl detonieren zu lassen, auf dem sich niedergelassen hatte, wer nicht mehr schnell genug hinter ihnen herrennen konnte. An den verschiedensten Stellen der Stadt verpufften deshalb ungeplant gold- oder silberfarbige Knaller und schwängerten die Luft mit herbem Schwarzpulverdampf.

Dort, wo die Calle Sandino in den Hauptplatz mündete, stand alles überragend die prunkvolle Kirche und warf im Augenblick, zum Leidwesen des Pastors, leider nur kurze Schatten. Ihm waren die langen Morgen- und Abendschatten viel lieber, weil sie ihm das Gefühl gaben, dass sein geistlicher Arm weiter reichte, als es die Mittagssonne zulassen wollte. Seit geraumer Zeit rannte Hochwürden heute schon schwitzend hin und her. Er hatte seit Stunden daran gearbeitet, den Klingelbeutel an einer besonders langen Stange zu befestigen, um niemandem die Chance zu geben, sich der Kollekte entziehen zu können. Doch dann, als der Beutel ungefähr sechs Meter entfernt, am anderen Ende kaum noch sichtbar war, befielen ihn Zweifel. Er befürchtete die Kontrolle über die Einlagen zu verlieren. Dermaßen zu Alternativen gezwungen, hatte er den Stab immer kürzer gesägt und war nun wieder bei der üblichen Länge von etwa zwei Metern angekommen. Ein Ergebnis, mit dem er im höchsten Maße unzufrieden war. Zu seinen Füßen lagen jetzt noch vier halbmeterlange Stücke verstreut, die er nun, in Ermangelung eines Ersatzstabs, versuchte wieder aneinander zu kleben. Leise, furchtsam gegen den Himmel blickend, verfluchte er den Kleber aus einheimischer Produktion sowie seinen Messdiener und wartete darauf, dass sich endlich Hilfe herabsenkte.

„Es ist doch für dich!" Beschwörend richtete er seinen Blick nach oben. „Komm schon, schick' mir einen Tischler oder so was ähnliches."

„Da kann ich Ihnen vielleicht helfen, Hochwürden." Bolberg, der schon früher angereist war, um sich das Städtchen anzusehen und zufällig auf den Stufen zum Portal der Kirche stand, bot lächelnd seine Unterstützung an.

„Mein Gott", der Geistliche zuckte zusammen, während er sich zu Bolberg umdrehte, „haben Sie mir einen Schrecken eingejagt. Ich hatte eine Antwort ja erfleht aber nicht so schnell erwartet."

„Das wollte ich nicht, tut mir Leid. Aber ‚mein Gott' ist ja vielleicht doch ein bisschen hoch gegriffen, finden Sie nicht?"

„Ja, natürlich. Dennoch, Sie schickt der Himmel. Haben Sie einen Tischler zufällig dabei?"

„Nee", lachte Bolberg, „mich schickt meine Organisation. Und einen Tischler kann ich Ihnen auch nicht bieten. Aber eventuell können wir uns zum

Abschluss der Veranstaltung einmal unterhalten. Die Kirche hat für ihre Projekte doch immer Bedarf an erfahrenen Fachkräften, denke ich. Darüber sollten wir später unbedingt noch reden."

„Ja, schon", kam es zögerlich zurück. „Aber dann ist doch die Kollek … ääh … ich meine die Messe längst vorbei", erwiderte Hochwürden traurig, derweil er sich wieder seinem Klingelbeutel-Stab zuwandte und seinen Messknecht ärgerlich losjagte, einen neuen Kleber zu besorgen. „Ich komme darauf zurück", versprach er Bolberg.

Der bummelte noch eine Weile durch die verschlafenen Gassen und stand nach knapp einer Stunde wieder auf dem Hauptplatz vor der Kirche. Ihr gegenüber, direkt vor der mit den Holzwänden abgeschirmten Calle Sandino, waren nun Stühle hinter eine mit weißen Tüchern umspannte lange Tischreihe gestellt. Hier würden die Honoratioren, politischen Größen und wichtige Besucher Platz nehmen, um ihre Reden zu halten. Intensiv duftende Blumengestecke schmückten die Tafel bereits. Weit ausladende Grünpflanzen verbargen die aufgestellten Mikrofone und nahmen dem Arrangement das Förmliche. Große Karaffen hielten frisches Trinkwasser für die Redner bereit. Akkurat waren jedem Platz Schreibutensilien zugeordnet. Neben Notizblöcken aus Kanada und Bleistiften chinesischer Herkunft, gab es Acryl-Würfel, in die Mac's zu -.99 Cents für die nächsten hundert Jahre eingegossen waren und Stühle von IKEANICA, an denen, am Gummibändchen befestigt, ein kleiner Plastik-Elch schaukelte. Tellerchen, überhäuft mit Knäckebrot, frischer flüssiger Hollandbutter und sich selbstständig machendem Käse aus Dänemark luden zur Einnahme kleiner Snacks ein. Ein in Nikaragua ansässiger deutscher Fleischer setzte schon reichlich Weißwürste ab und die Griechen spendierten warmen Ouzo, was die Japaner verstimmte, die ihren Reis-Schnaps für einmalig hielten aber nun eines Besseren belehrt wurden. Überhaupt gab es jede Menge Hinweise auf die Beteiligung der Wirtschaft industrialisierter Staaten, was Bolberg schwer wunderte.

Der Platz wimmelte inzwischen von Besuchern und Medienleuten. NICAVISION, CNN, andere bekannte internationale Fernsehsender und diverse ausländische Presseagenturen hatten sich eingefunden und warteten mit schussbereiten Kameras, geöffneten Mikrofonen und gespitzten Bleistiften im Anschlag. Die Deutsche Welle hatte sich zunächst verlaufen, weil sie darauf bestand, aus der Mitte Europas zu berichten, fand in letzter Minute aber doch noch Zugang zu dem Spektakel.

In dunklen Anzügen schlenderten Krawattenträger fremdländischer Delegationen schwitzend durch den Sonnenschein oder standen in kleinen Grüppchen herum und witzelten angeregt bei Erfrischungen darüber, was sich die Nicas da wohl wieder ausgedacht hatten. Manche hatten in den Stuhlreihen schon Position bezogen. Darunter auch Bolberg, der halblinks vom Rednertisch saß. Schulze hatte sich rechts außen in der Nähe der größten Topfpflanze niedergelassen. Der z.b.V. mit Krisenzuschlag auf Lebenszeit thronte in der geometrischen Mitte. Er würde bald in der Reihe der Redner Platz nehmen und vor allem die Gender-Politik der Bundesregierung würdig vertreten.

Schon knackte es aus den Lautsprechern. „Un, dos, tres", sprach ein Techniker in die einzelnen Mikrofone, nickte befriedigt und drehte an ein paar Knöpfen des Steuergeräts herum, während er mit einer hübschen Nicatress scherzte.

Bolberg beobachtete von seinem Sitzplatz aus Schulze, der wieder aufgestanden war und sich bemühte, das „C" in „ALEMANÍA, mit uns in die Zukunft" im Namensschild auf dem Rednertisch zu befestigen. Kaum hatte er dies erledigt, dröhnte die erste Ansage über den Platz. Der nikaraguanische Minister für Entwicklungszusammenarbeit war mit seinem Gefolge eingetroffen. Würdevoll ließ er sich in der Mitte der Stuhlreihe hinter dem Rednertisch nieder und klopfte ans Mikro. „Tock, tock, tock", machte es trocken. Ruhe kehrte ein. Die noch Stehenden suchten sich eiligst Sitzplätze. Man war gespannt auf die Eröffnung und überrascht. Die Veranstaltung begann wider Erwarten pünktlichst.

Nicolaus Fidel Avancar, so hieß er, begrüßte herzlichst alle Anwesenden, bat die nach ihm eingeplanten Redner an den Tisch und legte los. Er referierte zunächst über den Weg Nikaraguas vor und nach der Revolution, lobte sein Volk, dessen Durchhaltevermögen, seine eigene Weitsicht in politischen Entscheidungen und beschwor schließlich seine Landsleute, in ihren Anstrengungen nicht nachzulassen, sowie mit eigener Hände Arbeit ihr Land, die geliebte Heimat, zu einem Quell ewiger Freude und des Wohlstands zu machen. Seine persönlichen jahrelangen und entbehrungsreichen Bemühungen hätten sich bereits gelohnt, deutete er bescheiden an, denn, wie nun sichtbar, gäbe es hier an der Karibikküste Elektrizität in Hülle und Fülle. Außerdem sei er soeben dabei das Nacht-Schlag-Verbot gegen Frauen aufzuheben und es auf den Tag auszudehnen. Rauschender Beifall nahm ihm vorübergehend das Wort. Peinlich berührt senkte er den Kopf und hob abwehrend die Hände. Nicht doch Brüder und Schwestern, ist doch selbstverständlich. Wenn ich politische Verantwortung übernehme, trage ich sie auch, sollte seine Geste bedeuten.

Während der Unterbrechung fiel ihm ein, dass er unbedingt mit seinem Kollegen vom Ministerium für Wasserbau reden müsste. Es wäre gar nicht einzusehen, dachte er, dass die Zu- und Abwasserleitungen zu seinen zahlreichen Grundstücken am Strand noch nicht gelegt seien. Es ist immer dasselbe, grübelte er. Erst bringt man sie ins Geschäft und dann bewegen sie ihren Arsch nicht mehr. Er müsse mit dem Minister für Tourismus Kontakt aufnehmen, sann er nach. Der könnte Druck machen. Blöd ist nur, dass der dann auch noch beteiligt werden will, genauso, wie der für Bodenvergabe, dieser Schmarotzer. Alle wollen sie einem das hart Erarbeitete aus den Händen reißen. Verdammte Brut, verdammte.

Eine Stunde war inzwischen vergangen. Als sich der Beifall gelegt hatte, wechselte er das Thema und stellte die Hilfsleistungen internationaler Organisationen in den Mittelpunkt seiner Betrachtungen. Weitere dreißig Minuten vergingen, in denen er namentlich alle teilnehmenden Repräsentanten begrüßte und sie aufforderte, seine fruchtvolle Arbeit weiter zu beleben.

Die Veranstalter kamen ins Schwitzen. Der Zeitplan war längst hoffnungslos aus den Fugen geraten. Jelepate tuschelte mit dem Privatsekretär des Ministers. Doch dessen ins ministerliche Ohr geflüsterter Hinweis auf die Uhrzeit wurde energisch zur Seite gefegt.

„Ich beschränke mich stets nur auf das Wesentliche", wurde er ärgerlich zurechtgewiesen. „Und, wie in meiner knappen Rede zuvor, werde ich es mir nicht nehmen lassen, auch noch kurz auf den Zweck meines Hierseins einzugehen", blitzte er den Sekretär an.

„Meine Damen und Herren", begann er, „liebe Gäste von nah und fern. Freunde unseres Landes vor und nach der Revolution, ich freue mich unendlich, Sie hier um mich zu haben und bedanke mich für Ihr zahlreiches Erscheinen. Hochachtung Ihnen allen, die vorbei an gefährlichen Krokodilen in unserem wunderschönen Rió Coco, vorbei an giftigen Reptilien mitten durch den Dschungel kamen, vorbei an ..."

Die Sonne stand längst hinter dem Kirchturm und warf lange Schatten, weshalb der Padre den Minister enthusiastisch anfeuerte, seine Rede fortzusetzen. Bolberg freilich war nur deshalb noch nicht eingeschlafen, weil ihn der Hintern schmerzte, nahm in diesem Augenblick aber erfreut wahr, dass Avancar das Ende seiner Worte einleitete. Heftig brüllte der ins Mikrofon:

„Und nun, sehr verehrte Gäste, lassen Sie mich bitte zum Schluss meines bescheidenen Vortrags einen besonderen Dank an unsere deutschen Freunde richten. Ihnen ist es vor allen Dingen zuzuschreiben, dass das soeben von mir genannte Projekt seiner Realisierung entgegensehen darf. Ihre Großzügigkeit wird dem Nordosten Nikaraguas dazu verhelfen, einen letzten Naturschutzpark dieser Welt zu erhalten, ein Paradies zu konservieren und den Kindern unserer Kinder Einblicke in das Leben vor ihren Großeltern bewahren. Unser nationaler Dank geht an diese Männer."

Er wandte sich mit ausgebreiteten Armen an seinen Tischnachbarn, den z.b.V., riss ihn vom Stuhl hoch und drückte ihn, mit Tränen der Rührung in den Augen, herzhaft an seine breite Brust. Dem waren vor Schreck sämtliche Gesichtszüge entgleist. Seine schräg verrutschte Brille, nur noch an einem Ohr hängend, das leicht in die Stirn verschobene Toupet und der offen stehende Mund gaben ihm etwas Hilfloses. In den kräftigen Armen des Nikaraguaners, der stattliche ein Meter neunzig aufragte und ungefähr zwei Zentner bewegte, hing er nun kaum noch sichtbar aber zappelnd, wie eine Muppet-Puppe am Haken in der Staffage ihres Auftritts. In kreisenden Bewegungen ruderten seine Arme durch die Luft und wollten ein Winken in die Menge seiner Zuschauer andeuten, die wild geworden applaudierten. Sobald sein Kollege es zuließ, straffte er sich und überwand schnell seine Sprachlosigkeit.

„Oh .., ooohh ... oh", hob er an und beendete dann den Satz in perfektem Spanisch. „Olé", rief er in die Massen. „Jawohl, Ole ... Ole ... Oleander soll hier wieder blühen und die Ovulation originäre Ordnung erhalten." Auf den Wogen der Sympathie getragen kam er in Fahrt und verliebte sich in die eigene Rede:

„Ohne ominöse Ondits oder obskur-opportune Obolusse offerieren obere Organe ostentativ oral optimistisch-objektiv obligate Optionen operablen Ovulationen ordinärer Orgas ..., äähh ..., Organismen!"

Unvermittelt brach er ab und setzte sich wieder in Erwartung weiterer Ovationen. Breit lächelnd lehnte er sich im Stuhl zurück und nahm an, die Situation gerettet zu haben. Zwar war ihm nicht ganz klar, wo der Hase im Pfeffer seiner Rede gelegen hatte und eigentlich sollte die auch ganz anders ausfallen, doch die ehrfurchtsvoll einsetzende Stille gab ihm Recht oder, wie auch immer. Habe offenbar selten eine so beeindruckende Rede gehalten, dachte er. Bolberg muss mir unbedingt das Protokoll verschaffen.

Sich verlegend räuspernd trat Jelepate ans Mikrofon. Er bedankte sich für den originellen Beitrag und kündigte eine halbstündige Pause an. Soeben setzte die Tropendämmerung ein. Bolberg war dem ganzen Geschehen mit ungläubigem Staunen gefolgt. Sein Blick schweifte vom nikaraguanischen Minister zum deutschen z.b.V., danach zu Schulze ans andere Ende der Sitzreihe und wieder zurück an den Rednertisch. Er verstand nichts von dem, was er gerade gehört hatte. Schulze musste mehr wissen, denn irgendetwas schien ihn nicht auf dem Stuhl zu halten. Dreimal war er während der zwei Vorträge schon aufgesprungen, hatte sich aber sofort immer wieder gesetzt, wenn sich alle Köpfe in seine Richtung drehten und zweihundert Augenpaare ihn vorwurfsvoll musterten. Jetzt, in der Pause kam er aufgeregt, sein grünes Notizbuch schwenkend, auf Bolberg zugerannt.

„Was geht hier vor? Wovon reden die da – ha?", fragte er verständnislos glotzend.

„Keine blasse Ahnung", gab Bolberg freimütig zu.

Aber da ist doch irgendwas im Busch, wollte Schulze gerade hinzufügen, als der z.b.V. ihn glückseligen Blicks unterbrach.

„Na, meine Herren, wie habe ich das gedeichselt?", wollte er wissen.

„Nun ja", erwiderte Schulze gedehnt. „Ich hatte den Eindruck, dass Ihre Worte für die Leute hier, na sagen wir mal, ein wenig zu wohlgesetzt waren. Offen gestanden ..."

„Ein Glück, dass Sie das so sehen, Herr Dr. Schulze", unterbrach ihn der z.b.V. erneut, „ich hatte schon befürchtet, dass ich zu verbindlich gewesen sei, denn ehrlich gesagt weiß ich gar nicht so recht, wovon mein Herr Kollege sprach. Nun, dann war ja mein Statement klasse, oder?"

„Ohne objections", meinte Bolberg.

Damit war das Gespräch zunächst beendet. Von Unkenntnis geschlagen standen sie in der Menge, wie Bekleidete in einer FKK-Zone auf Sylt und erwarteten nervös den Fortgang der Dinge. Das provisorisch installierte Flutlicht wurde eingeschaltet und gab das Zeichen für den Beginn der Rede Jelepates. Er musste viel Zeit aufholen und machte es deshalb entsprechend kurz.

„Sehr geehrte Damen und Herren, liebe Gäste. Ich möchte, als Mitglied des Projektleiter-Teams, direkt an die Worte unseres verehrten Herrn Ministers anschließen und unseren deutschen Partnern ebenfalls unseren herzlichen Dank antragen. Vor allem im Namen meiner Mitbürger hier in und um Cabo Gracias a Diós. Der über die Maßen ungewöhnlichen Großzügigkeit unserer Freunde haben wir es zu verdanken, dass diese Region ein ökologisches Juwel des mittelamerikanischen Raums bleiben wird. In vollem Bewusstsein für die Verantwortung der Mittel und Ausstattungen die uns von deutscher Seite zur selbstbestimmten Verwendung übergeben wurden, haben wir gegenüber der ursprünglichen Projektierung zwar kleinere Änderungen vorgenommen, sehen uns mit unseren deutschen Partnern aber in vollster Übereinstimmung."

Gerd Schulze war schon wieder aufgesprungen und wurde unversehens in die Laudatio einbezogen.

„Einen besonderen Dank möchte ich an Sie richten, Herr Dr. Schulze!" Jelepate wandte sich direkt an ihn und wies mit ausgestrecktem Arm dorthin, wo Schulze irritiert zwischen den anderen sitzenden Besuchern stand. „In hervorragender, einzigartig flexibler und professioneller Weise haben Sie für die Bereitstellung all dessen gesorgt, was uns die Realisierung unseres Projekts ermöglichen wird."

Unter ohrenbetäubendem Applaus ließ sich der BfH blitzartig auf den Stuhl fallen, als er merkte, dass alle TV-Linsen auf ihn gerichtet waren. Seine offenkundige Bescheidenheit verstärkte den Beifall orkanartig und veranlasste zu Standing Ovations. Neben ihm erhoben sich die Gäste und klatschten ihm begeistert zu.

„Los, direkt auf ihn", schrie der Aufnahmeleiter der Deutschen Welle seinem Kameramann zu. Momente später war Dr. Gerd Schulze im Großformat auf den Sendewellen aller deutschen Fernseh-Kanäle. Im Kreis der ihn Umtobenden saß er apathisch grinsend auf seinem Stuhl, wackelte verzweifelt mit dem Kopf und winkte mit dem grünen Notizbuch in die Kameras.

„Die Bewohner von Cabo Gracias a Diós haben nach langen partizipativen Diskussionen beschlossen, dem Vorhaben eine modifizierte Richtung zu geben", fuhr Jelepate fort, nachdem sich der Beifallssturm gelegt hatte. „Im Sinne ökologisch-ökonomisch professioneller Ansätze und nachhaltiger sozial-verträglicher programmatischer Vernetzungen werden wir einen zweifellos ungewöhnlichen Weg einschlagen. Herr Bolberg", die Kameras richteten sich jetzt direkt auf den, „wird gerne bestätigen, dass damit den Bestrebungen internationaler Entwicklungsorganisationen, nämlich Kompetenz und Handlungsautonomie in die Empfängerstaaten zu geben, grundlegend Rechnung getragen wird."

Bolberg bestätigte mit verzögertem Kopfnicken und wurde ebenfalls mit heftigem Beifall bedacht.

„Wir haben beschlossen, nicht, meine Damen und Herren, ich betone, nicht auf Kleinprojekte, wie Tischlereien, Stickereien oder Kleintierzüchtung zu setzen, sondern das Großprojekt ‚Selva Conferencia' ins Leben zu rufen und die zur Verfügung gestellten Mittel und Anlagen dafür einzusetzen. Vor diesem Hintergrund begrüße ich besonders gerne die Vertreter internationaler Wirtschaftskonzerne. Sie werden morgen zum Zuge kommen – und ich bin sicher – auf Ihre Weise das Vorhaben unterstützen. Sie alle haben schon jetzt mit Ihrer glanzvollen Initiative nicht nur uns geholfen, sondern sich selbst ein Denkmal gesetzt, wenn ich dies einmal so pathetisch sagen darf. Die Welt wird eines Tages voller Stolz auf Sie und dieses Werk blicken. Ich danke Ihnen."

Gerührt stand der z.b.V. auf, verbeugte sich und nickte lächelnd in die Menge. Sein Gesicht strahlte das Wohlbehagen eines auf dem Rücken liegenden Dackels aus, dem gerade der Bauch gekrault wird. Schulze und Bolberg wurden mit Gesten gebeten sich, ebenfalls zu erheben und weiteren Beifall entgegenzunehmen. Die Kameras surrten und die Presseleute ließen die Stifte über ihre Notizblöcke flitzen. Ob es denn hier keine abhörsicheren Festnetze gäbe, wurden die Nicas gefragt. Man wollte die Nachrichten so schnell wie möglich absetzen.

Nachdem wieder Ruhe eingetreten war, leitete Jelepate in eine weitere Pause über. Allgemeines Gemurmel setzte ein. Hochachtungsvoll wurden die drei Deutschen beobachtet, die als Grüppchen abseits standen und leise aber heftig diskutierten. Schulze hatte ein ganz grünes Gesicht und hätte eigentlich froh sein sollen – war er aber nicht.

„Hier geht etwas ganz Schreckliches vor", murmelte er gerade durch zusammengebissene Zähne und begann in sein Notizbuch zu schreiben. Er würde ab sofort alles in wörtlicher Rede festhalten. Man wisse ja nie, wozu dies gut sein könne, teilte er mit und ergänzte dann an Bolberg gewandt:

„Ich vermute, der ganze Zauber, der hier abgeht, ist allein auf Ihre Schnapsidee zurückzuführen, alle Kompetenzen nach draußen zu verlagern – ha."

„Das werden wir noch sehen." Bolberg blickte ihn ernst an. „Viel wichtiger scheint mir zu sein, darüber Aufklärung zu erhalten, welche Mittel und Anlagen Sie denen hier verschafft haben, ohne die Abteilung ‚Programme' zu informieren. Darüber hinaus habe ich das Gefühl, Sie haben neue Methoden effizienter Unternehmensführung noch nicht verinnerlicht."

„Ihr Gefühl schert mich einen Dreck." Schulze zischte es heraus, um nicht laut zu werden und allseitige Aufmerksamkeit auf sich zu ziehen. „Hier geht's um mehr und ich denke, dass Sie bald vor erheblichen Regressforderungen stehen, wenn erst einmal klar ist, was hier läuft – so!"

„Meine Herren", versuchte der z.b.V. einzulenken, „bitte beruhigen Sie sich doch. Wir erregen bereits Aufmerksamkeit bei den Om ... ääh, Umstehenden." Er setzte sein verbindlichstes Diplomatengesicht auf, das er hatte, und nickte aufmunternd in die gespannt lauernden Gesichter der sie Beobachtenden.

„Das ist mir scheißegal", quetschte Schulze durch die Zähne, noch um Fassung bemüht. „Und Sie", fuhr er den Minister an, „haben schon mehr Aufmerksamkeit erregt, als es uns allen lieb sein kann. Sie stellen sich da vorne auch noch hin und winken hochwichtig in die Menge, Sie ... o ... o ... oberlippiger Oberpfau, Sie!"

Der z.b.V. war bleich geworden, schnappte nach Luft – und ein.

„Das hat ein Nachspiel, Herr Schulze. Schließlich sind Sie es doch, der die Sachlage kennen müsste – müsste, sage ich. Wenn Sie sich da mehrfach großkotzig erheben und sich wie Caesar feiern lassen, kann ich ja wohl davon ausgehen, dass alles seine Richtigkeit hat und in meiner Funktion angemessen die politische Instanz vertreten. Ohne ondulierte Optionen", fügte er hinzu, drehte sich einmal langsam im Kreis herum und lächelte dabei den Umstehenden zu.

„Wir werden ja sehen, ob obere Organe objektiv observieren", orakelte Schulze.

Verspätet war auch Botschafter Abel eingetroffen, der auf dem Herweg noch eine Nica besucht und sich ein wenig entspannt hatte. Er war anschließend von ihr mit Gallo-Pinto, dem hiesigen Tages-Menü aus Reis und besonders ergiebigen Bohnen gefüttert worden, hatte das Ganze mit ein paar Flor de Caña heruntergespült und fühlte sich nun gut aufgeladen. Noch rechtzeitig zu Jelepates Einsatz war er angekommen und konnte endlich erfahren, wer BfH Schulze war. Noch ein wenig unsicher abseits stehend beobachtete er die drei. Ihm war klar, dass die nicht nur einfach diskutierten, sondern sich fetzten, dass es nur so krachte. Hhm, dachte er, da scheint mir ein bisschen Versöhnung angebracht zu sein. Mit einer geöffneten Bierflasche in der Hand ging er jetzt auf sie zu und sagte:

„Friede sei mit euch – prost!", ein deftiges Rülpsen beendete seine Ankunft.

„Wer sind Sie denn?", fragte Schulze gereizt.

„Ich bin Ihr Botschafter, Abel, und frage mich, was diesen schönen Abend so hitzig werden lassen könnte?"

„Ach", meinte Bolberg, bevor Schulze wieder zu Wort kommen konnte, „freut mich Sie wieder zu sehen. Aber können Sie uns vielleicht auch sagen, was die Deutschen den Nicas hier spendieren?"

„Selbstverständlich! Was wäre ich wohl für ein Botschafter, wenn ich nicht wüsste, was in meinem Land vorgeht."

Er erzählte den dreien, zwischendurch immer wieder auch Luft ablassend, die Geschichte seiner glorreichen Bemühungen um die Entwicklung Nikaraguas und beendete die dann mit dem Lobgesang auf Schulze:

„Und, wenn Sie nicht gewesen wären, lieber Dr. Schulze, dann wär' das alles hier geplatzt und ..."

„Jetzt fängt der auch noch an", stöhnte Schulze auf. „Hör'n Sie gefälligst auf hier ständig rumzurülpsen und sagen Sie den zweien hier lieber mal, was für einen Käse ..."

„Was fällt Ihnen ein ... Herr Schulze."

„Also, jetzt gehen Sie zu weit ... Kollege."

Bolberg und der z.b.V. erregten sich erneut. Der Streit brandete wieder heftig auf, ohne das Abel eine Möglichkeit sah, noch einmal schlichtend einzugreifen.

„Wenn einer von euch keine Schuld hat, dann soller ebn' n' Stein werfen – hicks", zitierte er und verschwand aus der Runde. Er hatte ein paar einheimische Delegations-Innen ausgemacht und nahm an, dass die Gespräche mit ihnen wesentlich ergiebiger verlaufen würden als mit den Streithähnen.

Jelepate hatte unterdessen darum gebeten wieder Platz zu nehmen und die anderen Organisationen aufgefordert sich vorzustellen. Ohne weitere Aufregungen endete der erste Veranstaltungstag gegen Mitternacht.

Nur für Schulze, der sich eiligst zurückziehen wollte, wurde es noch einmal spannend. Siegfried Seitensatz stellte ihn nach mehreren Cuba-Libre nicht nur zur Rede, sondern haute ihm ohne Erklärungen einfach eine runter. Schulze reagierte unverzüglich. Er zitierte erregt die Allgemeine Dienstanweisung, Rundschreiben Nummer 5/1981, und wies das Verhalten von Seitensatz auf das Schärfste und empört zurück. Bevor er sich jedoch eine weitere Ohrfeige einfing, lud er den Schläger zu einem Gläschen ein und besprach das Thema, wie es sich für richtige Männer gehörte. Gegen zwei Uhr morgens, als Seitensatz seine Wut weggesoffen hatte und sie sich einig waren, dass sie beide doch nur das Beste für die Frauen wollten, kam es dennoch fast zu einem neuen Streit.

„Du musst sie jetzt mit zu dir nehmen, Gerd", lallte Seitensatz.

„Nee, Siegfried, das kann ich mir nich' noch mal antun", weigerte sich Schulze mit schwerer Zunge, jedes Wort wägend. „Die hat mich damals schon total fertig gemacht. Und außerdem wollte sie gleich anschließend geheiratet werden. Behalt' die mal lieber."

„Doch, du musst!", Siegfried wurde wieder störrisch. „Ich mach' dir ein Freundschaftsgeschenk. Weißt du, dass du im Jemen – oder sonst wo bei den Eskimos abgestochen wirst, wenn du es nicht annimmst", kicherte er, sah aber Schulze oder den, den er dafür hielt, mit blutunterlaufenen Augen finster an. Sein Zeigefinger fuhr quer über die Kehle und mit einem trocknen „He ... he ..." beendete er die interkulturellen Ausführungen.

Doch Schulze, der die neu aufziehende Gefahr instinktiv gespürte hatte, war bereits geflüchtet. Siegfrieds neuer Thekennachbar, ein kleiner dünner Japaner, wusste nicht so recht, wie er die Situation einschätzen sollte, als Seitensatz ihn an den Revers seines Sakkos packte, ihn schüttelte, bis ihn die Kraft verließ und immer wieder brüllte:

„Du musst aber, Gerd, du musst!"

„Ich bin nicht Geld, ich bin nicht Geld", schrie sein neues Opfer verzweifelt um sein Leben fürchtend, bis Seitensatz ihn losließ.

„Mich interessiert ja gar kein Geld", brummte Siegfried schließlich, stierte in sein Glas und knurrte „Weiber."

In den acht Stunden Zeitunterschied war in Deutschland allerhand los gewesen. Fernsehen und Presse hatten erste Berichte geliefert. Die Politik und Öffentlichkeit nahm mit stolz geschwellter Brust zur Kenntnis, welche phänomenalen Leistungen für das Volk Nikaraguas erbracht worden waren und, wie würdig der z.b.V. und die zwei Delegierten der Entwicklungszusammenarbeit die Sache vertraten. Man sah im Fernsehen, wie die drei sich aus der Menge erhoben, wie sie gefeiert wurden und sich dann etwas verkrampft bedankten, was weltweit plötzlich ein überraschend neues Bild vom „bescheidenen Deutschen" prägte. In Bonn häuften sich Glückwunschtelegramme sowie Faxe ausländischer Regierungen und der Entwicklungshilfe-Minister ließ es sich nicht nehmen, höchstpersönlich ein Gratulationsfax an seine Teufelskerle, wie er sie nannte, zu senden.

„Wir haben eine tolle Presse in der Weltöffentlichkeit, meine Herren", hieß es darin. „Herzlichen Dank – und weiter so!"

Gerd Schulze erhielt das Papier noch vor dem Frühstück. Die nette deutschsprachige Nicatress händigte es ihm mit strahlendem Lächeln aus und sagte:

„Herzlichen Glückwunsch, Hr. Dr. Schulze."

„Scheiße", reagierte der nach dem ersten Blick darauf und ließ sie ohne ein Wort des Dankes stehen.

Komische Leute, dachte sie und machte sich erschreckt davon. Abgesehen davon verging der Tag flotter und reibungsloser, als von den Organisatoren angenommen. Besondere Verzögerungen stellten sich heute nicht ein. Die Diskussion um das Kernthema der Tagung verlief höchst konstruktiv, gegen Mittag war die Rolle der Frau am Fluss definiert. Nach der Pause kam man zum Geschäft. Jelepate griff erneut zum Mikrofon:

„Sehr geehrte Damen und Herren, liebe Gäste", begann er, „bevor wir uns nun dem Höhepunkt dieser zwei Tage nähern, erlauben Sie mir bitte ein paar einführende Worte. Unser Projekt, das wir Ihnen bisher nur theoretisch vorgestellt haben, befindet sich natürlich längst in seinen praktischen Anfängen. Finanzielle Zuwendungen, die wir aus dem Bereich der internationalen Zusammenarbeit schon erhalten haben, versetzten uns in die Lage erste Investitionen zu tätigen. Sie haben, wenn Sie heute Morgen einen kleinen Spaziergang machten, ganz sicher die zwanzig kleinen Häuschen oberhalb des Strandes gesehen und den weiträumigen noch unbebauten Platz auf der Klippe. Und zweifellos haben Sie sich gefragt, was diese Gebäude darstellen. Nun, sie sind finanziert aus ersten Projektzuschüssen, der Beginn einer entstehenden Kongress-Hotel-Anlage. Aber, und dies bitte ich Sie besonders zu beachten, es werden hier nur und ausschließlich Kongresse stattfinden, die der wissenschaftlichen Arbeit und dem Umweltschutz gewidmet sind. Aus diesem Grunde enden Teerstraßen am Eingang des Naturschutzparks. Keine Disco-Musik wird die Arbeit stören, kein Flugzeuglärm die Waldtiere vertreiben und keine knatternde Fähre die Bucht mit Ölteppichen belegen. Wer immer Tagungen hier abhalten möchte, wird nach wie vor, aber nunmehr auf Elektrobooten den Río Coco zu uns herabfahren müssen und kann die unberührte Natur betrachten. Keine stinkende Kreissäge wird einen einzigen Baum für die Möbel- oder Streichholzherstellung fällen und keine Konservenfabrik verstümmelt dosengerecht irgendwelche Thunfische."

Er setzte seine Ausführungen noch eine Weile fort, beschrieb die dennoch vorhandenen Angebote für Gaumen- und sonstige Sinnesfreuden, die Energie-, Wasserver- und -entsorgungsanlagen sowie die Beteiligung der Bevölkerung an den Einnahmen des Projekts und kam dann noch kurz auf ein für Kongresse wichtiges Thema zu sprechen.

„Trotz der Abgeschiedenheit werden unsere Besucher alle, ich betone, alle, notwendigen Voraussetzungen für die elektronische Verbindung mit aller Welt antreffen."

Schulze lächelte mitleidig. Was werden die schon zu bieten haben, dachte er – und wurde sofort aufgeklärt. Jelepate schloss seinen Vortrag mit dramaturgisch einwandfreiem Fingerspitzengefühl.

„Es ist noch viel zu tun und die Fertigstellung sowie Finanzierung bleibt schwierig. Aber: Mit Ihrer freundlichen Unterstützung haben wir Wege gefunden. Soeben sind uns von deutscher Seite 397 komplette und nagelneue Computer-Systeme mit aller nur denkbaren Peripherie und dazugehöriger Software übereignet worden. Nicht mehr als 68 werden davon für das Projekt benötigt. Alle restlichen Anlagen werden wir heute nach dem Abendessen in einer fröhlichen Auktion versteigern. Bitte versäumen Sie nicht unsere extra dafür geplante Eröffnungsfeier der Calle Sandino. Direkt nach dem Abendessen, gegen zweiundzwanzig Uhr dreißig geht es los. Und: Bleiben Sie dabei, wenn unsere große Tombola gestartet wird. Teilnehmer sind in jedem Fall die Bieter. Schon jetzt lade ich Sie ein, an unserer kleinen Nachmittags-Fiesta auf dem Kirchenvorplatz teilzunehmen, die um sechzehn Uhr beginnt. Ich danke Ihnen für die Aufmerksamkeit und freue mich darauf, Sie im Rahmen unserer Abschlussveranstaltungen wieder zu treffen. Und nun, meine Damen und Herren, unterschreibe ich die Empfangsbestätigung der Anlagen. Ich darf unsere deutschen Förderer bitten, sich zu dem feierlichen Akt zu erheben."

Die erhoben sich in Windeseile, denn die Stühle unter ihnen waren feucht und ungemütlich geworden. Schon klang die deutsche Nationalhymne über den Kirchenvorplatz und die Menge schwenkte schwarz-rot-güldene Wimpelchen, die vorher verteilt worden waren. Es war ein ergreifender Moment – und wieder schnurrten die Kameras. Während der für Schulze, Bolberg und den z.b.V. unerträglichen Zeremonie überschlugen sich vor allem Schulzes Gedanken. Was für Computer-Systeme, zum Teufel, haben wir denen bloß übergeben, grübelte er schweißtriefend. Was hat der verdammte Bolberg da schon wieder inszeniert? Sein Kollege hingegen dachte: Dass Schulze seine Kompetenzen meilenweit überschritten hat, liegt klar auf der Hand und wird ihm schwer aufstoßen. Diesmal hat der Grünspecht sich zu weit aus dem Fenster gelehnt. Wie Schwerter kreuzten sich ihre hasserfüllten Blicke. Einzig, Botschafter Abel war zufrieden. Wohlgefällig betrachtete er die Szene, unterdrückte gerührt eine Träne und rülpste. Er war froh, dass die Unterlagen noch rechtzeitig bei Jelepate angekommen waren.

Jelepate wartete die letzten Klänge der Kapelle ab, ließ zehn besinnliche Sekunden verstreichen und lud die Besucher dann zur Besichtigung des ersten Bauabschnitts ein. Die Begehung war nach gut einer Stunde beendet. Ausnahmslos waren sämtliche Teilnehmer beeindruckt, überzeugt und manche von ihnen ließen verlauten, dass von ihrer Seite mit weiterer großzügiger Unterstützung zu rechnen sei. Erste Vorausbuchungen wurden getätigt. Den Deutschen schlug man kameradschaftlich auf die Schulter, da sie den Beginn des Projektes eingefädelt hatten und der Padre ließ die Glocken läuten. Nach der Spät-Messe ging der Vorhang auf: die Calle Sandino wurde freigegeben.

Schulze hatte es bislang immer noch nicht glauben wollen – aber nun schlug es ihm nahezu die Füße unter dem Körper weg. Rechtsseitig der Straße blinkten, piepsten und klingelten ununterbrochen Geräte, Telefone, Modems und Bildschirme. Drucker neuester Technologie schnurrten und spuckten Verarbeitungsergebnisse aus. Es wurde gescannt, verarbeitet, gesendet, empfangen und wieder verarbeitet. Eine beispiellose Demonstration von Kompetenz und Leistungsfähigkeit lief vor seinen ungläubig weit aufgerissenen Augen ab.

Gegenüber der arbeitenden Anlagen bogen sich Tische unter aufgestapelten Kisten und Kartons angefüllt mit hochwertigster Elektronik. Eine Kompanie hübscher Nikaraguanerinnen stand bereit, die an der Mitsteigerung Interessierten zu beraten. Erste Verkaufsgespräche wurden geführt. Jeder Gesprächspartner erhielt zum Abschluss der Beratung eine Hand voll Bleistifte und jede Menge Radiergummis, original aus China, wie versichert wurde.

Gerd Schulze ging von einem Stand zum anderen. Seine Gedanken fuhren Karussell und suchten verzweifelt nach Lösungen und einem Ausweg aus dem Dilemma. Meine Computer, alles meine Computer, dachte er pausenlos. Wie kommen die hierher? Wer hat sie bezahlt? Wer bestellt? Wer geliefert? Fragen über Fragen stürzten über ihm zusammen. Außerdem, das Thema. Aktueller konnte es nicht sein. Frauen, Umweltschutz, Ökotourismus und globale Vernetzung. Wer würde dazu Maßnahmen rückgängig machen wollen? Zumal die Projektierung auf so viel überwältigende, internationale Zustimmung stieß und nachhaltige Einkommensschaffung für die Armen versprach. Schließlich die verfluchten Medien, die die Großartigkeit der deutschen Zusammenarbeit bereits in alle Welt verblasen hatten, das Glückwunschtelegramm und der Hochmut der Politiker. Nie würden sie zulassen, durch Dementis blamiert zu werden. Schon gar nicht nach all den Reaktionen aus dem Ausland.

Auf der anderen Seite: die Prüfstellen des Bundes, der Bundesbuchprüferhof, die Steuerzahler und ihre lästige Vertretung. Schon standen Schlagzeilen, nahezu mit den Händen greifbar, auf die Stirn derer geschrieben, die ihm begegneten und ihn begeistert anlachten. „Deutsche Bürokratie geschändet – Versager beschmutzen unseren professionellen Ruf im Ausland" oder „Millionenbetrug am Steuerzahler", würde da stehen und sein Foto daneben würde achtzig Millionen Mitbürgern Tränen der Wut in die Augen treiben. Wie konnte er da nur jemals wieder herauskommen? Er war mit den Nerven völlig am Ende, wankte zurück auf den Hauptplatz, ließ sich auf die Portalstufen der Kirche niederfallen und flehte um Beistand. Doch der stellte sich auch dort nicht ein. Hochwürden lief achtlos an ihm vorbei. Seine Kollekte war ergiebig ausgefallen und er suchte Bolberg, um bei ihm einen Tischler zu bestellen. Für Probleme hatte er in der augenblicklich demütigen Hochstimmung kein offenes Ohr.

Schulze las wieder, wieder und wieder das in seiner Hand zerknüllte Gratulationsfax vom Morgen. Dann sah er plötzlich Bolberg, der sich offenbar in bester Laune mit irgendwelchen Vertretern der Wirtschaft unterhielt. Erneut stieg unbändiger Zorn in ihm auf. Seinen Kontrahenten nicht aus den Augen lassend, ging er auf ihn los.

„Ja, Sie haben Recht", hörte er Bolberg gerade sagen, als er nur noch zwei Meter von ihm entfernt war. „Unsere Programmpolitik hat sich in der Tat hervorragend ausgezahlt. Sie konnten ja soeben feststellen, dass wir dadurch eine gleichberechtigte Mündigkeit verbunden mit hochgradiger Effizienz in der hiesigen Bevölkerung hervorgerufen haben."

Die Selbstdarstellung Bolbergs gab Schulze vorübergehend den Rest. Unfähig sich einem weiteren Konflikt zu stellen, drehte er ab und besuchte die Nachmittags-Fiesta, die gerade ausklang. Er musste sich ablenken und brauchte dringendst einen Schnaps. Kraftlos fiel er auf einen Stuhl an den noch zahlreich besetzten Tische. Die Nicas nahmen ihn wieder freundlich in ihre Mitte und nach einigen Rum sah die Welt so trübe gar nicht mehr aus. Zwar nicht mehr ganz klar im Kopf, aber irgendwie stimuliert, war er fast schon wieder der Alte. Die Fest-Strategie Jelepates schien aufzugehen. Schulze sollte bald der erste Beweis für ihre Wirksamkeit sein.

„Wir laden sie ein", hatte Jelepate verordnet. „Alle Getränke sind frei an diesen zwei Tagen und wehe, euch geht der Schnaps aus. Ihr werdet sehen, wie Rum und schöne Frauen wirken. Die Scheckbücher werden locker sitzen und der Verstand irgendwo unterhalb der Gürtellinie."

Moralische Bedenken wies er zurück.

„Schaut sie euch doch an, die armen Teufel, rings um den Erdball, die sich unsere Geber in Hunderten von Jahren auf die eine oder andere Weise gefügig gemacht haben. Die besten Geschäfte machen sie in der Kneipe. Wir werden heute auch eine riesige Kneipe sein und setzen lediglich ihre Methoden ein. Nur Glasperlen nehmen wir nicht mehr an. Sie selbst haben wertlose Klunker nie angenommen, Rum und schöne Frauen schon immer", schloss er.

Sein Team hatte den Konsum bisher in jeder Beziehung dosiert. Aber nun schlugen sie zu. Die Bands spielten abwechselnd und ohne Pause. Zuerst triefende Schnulzen, dann volkstümlich leicht beschwingte Musik, später heiße lateinamerikanische Rhythmen, die ins Blut gingen. Die weibliche Belegschaft bewirtete erst keusch scherzend und hochgeschlossen, schlüpfte anschließend in landestypische Trachten und erschien nach dem Abendessen als Sirene des Nachtlebens. Ihnen war verboten worden mitzutrinken – und die meisten hielten sich daran. Doch tanzen durften und sollten sie. Kaum einer der Gäste konnte sich dem Zauber ihrer Bewegungen in engen Minis, BH-losen Tops oder tief ausgeschnittenen langen Kleidern entziehen und schon bald begann die Hatz auf die Schönste unter ihnen.

Nachdem sich rumgesprochen hatte, dass Getränke „all inclusive" serviert wurden, brachen langsam aber sicher alle Dämme. Bevor jedoch die wichtigsten Besucher, die mit den Scheckbüchern, die Kontrolle über sich verlieren konnten, wurde das Abendessen in drei Gängen aufgetragen. Einer ortstypischen „Sopa-picante" folgten Camarones und Lobster in cremefarbiger Knoblauchsoße vor tropischen, in Rum eingelegten kandierten Früchten. Begleitet wurde das Hauptgericht von schwerem spanischen Weißwein und den steinerweichenden Klängen der Mariachis, die jetzt an den Einzeltischen ihre Geigen und Trompeten quälten und sangen, was die Stimmbänder hergaben, bis sich die Instrumente vor Romantik zu verformen schienen. Im Schein flackernder Windlichter, umschmeichelt von lauen Brisen, katzenhaft umherstreichender Kellnerinnen und sanft wechselnder Schatten der sich lautlos bewegenden Palmwedel ging ein Programmpunkt nahtlos in den anderen über und den Gästen das Herz auf. Über die Lagune schlich sich unmerklich silbriges Mondlicht an und tauchte das Geschehen in ein märchenhaftes, glitzerndes Ambiente. Der Mond musste von irgendwem eine Brillier-Zulage erhalten haben. Sein gleißendes Licht schloss seidenweich ein, was Schulze gerne ausgeblendet hätte: den Beginn der angekündigten Auktion.

Er hatte sich selbst eine einstündige Abstinenz verordnet, war aber nach einer halben Stunde schon wieder dabei. Die Stimmung ließ auch ihn nicht unberührt. Vor allem aber war ihm wichtig zu erfahren, was weiter vor sich ging.

Er hatte die Hoffnung nicht aufgegeben, Lösungen zu finden und stierte mit schon leicht glasigem Blick um sich, darauf bedacht jeden Kontakt zu nutzen, der sich für ihn ergab.

Die Versteigerung begann und jeder Hammerschlag durchfuhr ihn geißelnd, wie der wuchtig geführte Peitschenhieb eines Sklaventreibers auf einer römischen Galeere. Doch erste Posten waren bereits an den Mann gebracht. Mit jedem Zuschlag wurden Freiflaschen einheimischen Rums ausgegeben, die ohne Umwege und im Gefühl des Auktionserfolgs direkt auf die Tische kamen und unverzüglich geöffnet wurden.

„Ich könnte ja eigentlich mitsteigern", brummte Schulze listig vor sich hin, sah in seine Geldbörse und verwarf den Gedanken gleich wieder. Als Hochwürden sich an den Tisch setzte, um seine Schäfchen unmittelbar zu behüten, kam ihm eine Idee.

„Ihre Kollekte, gestern, ist doch sicherlich sehr reichhaltig ausgefallen, was, Herr Pastor?"

„Gott sei's gedankt", meinte der zufrieden lächelnd.

„Wie viel war es denn ungefähr? Ich meine in harten Dollars?", wollte Schulze wissen.

„Gott gibt, Gott nimmt, mein Sohn. Ganz, wie es ihm beliebt. Ich habe es nicht gezählt."

„Hhhmm", machte sein Gegenüber und wackelte mit dem Kopf. „Glauben Sie, ich könnte eine Anleihe bei ihm aufnehmen, Herr Kardinal? Nur ein paar klitzekleine Hunderttausend?"

„Das müssen Sie schon mit ihm selbst ausmachen. Ich befürchte nur, er hat für solcherlei Profanes wenig Verständnis", gab der Geistliche befremdet steif zurück.

„Ach, kommen Sie, Bischof, Sie haben doch den besten Draht zu ihm und wissen, wo die Kasse klingelt. Können Sie nicht ein gutes Wort für mich einlegen?" Schulze zückte seinen Stift und schlug das Notizbuch auf. „Jetzt sein Sie mal nicht päpstlicher als der Paul. Wenn alles gut geht, soll's Ihr Schaden nicht sein. Wie war Eure Bankverbindung noch?", fragte er verschwörerisch.

Hochwürden rückte pikiert seinen Stuhl von ihm ab und erhob sich. Er wollte erst zornig werden, besann sich aber noch rechtzeitig auf seinen Auftrag, der da lautet, die Schwachen mit Güte auf den rechten Weg zu bringen und erwiderte:

„Wehe dem, der ihn versucht." Hoch reckte er seinen Arm gen Himmel, um klar zu machen, woher Blitz- und Donnerschlag kommen würden, „der kann damit rechnen, dass ..."

Weiter kam er nicht, weil frenetischer Jubel ihm das Wort abschnitt und ihn die Lautsprecheranlage aus dem Konzept brachte.

„... zum Dritten! Dreihundert Mousepads gehören Ihnen, Padre, herzlichen Glückwunsch!"

„Um Gottes Willen", flüsterte der vor sich hin und warf einen vernichtenden Blick auf Schulze, der nicht locker ließ.

„Weiter, Hochwürden, weiter ...", drängte der. „Mit wie viel kann ich rechnen?"

Doch der Pastor war im Innersten erschüttert. Er ließ Schulze einfach sitzen und wandte sich anderen verlorenen Seelen zu, die vielleicht bereitwilliger seinem Wort lauschen würden. Er wusste, dass es unter den Serviererinnen auch einige Prostituierte gab und wollte, dermaßen erniedrigt, nach der soeben erlittenen Schmach einer nicht möglichen Bekehrung nunmehr sie mit seiner Wärme und Güte bedenken.

Schulze hatte inzwischen aber bereits ein nicht minder problematisches, anderes Opfer in der Menge ausgemacht. Er entdeckte den z.b.V., der nichts aus der Panne in Bocay gelernt, schon wieder an einer Nica rumfummelte. Den gestrigen Streit wohl bedenkend, war es Schulze trotzdem wichtig, ein gutes Verhältnis wiederherzustellen. Schließlich war der andere Minister und es war mehr als wahrscheinlich, dass er ihn noch brauchen würde, um sein Problem zu lösen. Also startete er einen Versöhnungsversuch, winkte ihm freundlich zu – und hatte unversehens, wie der Padre einen Posten Computer-Zubehör ersteigert. Er war stolzer Eigentümer von zwölf 10er-Pack Tastatur-Abdeckungen. So ein Mist, dachte er, holte aber sein Ticket und kämpfte sich dann wacker wieder durch die Menge zum Minister vor. Die mandeläugige Schönheit hatte es sich inzwischen auf dessen Schoß bequem gemacht. Ihr hochgeschlitztes Kleid war weit aufgeschlagen und gab den Blick auf kaffeebraune Oberschenkel frei, an deren Innenseite der z.b.V. soeben eine Vielzahl niedlicher Leberflecke entdeckt hatte, die einer ministeriellen Zählung bedurften. Er war, als Schulze ihm unsanft auf die Schulter schlug und um ein dienstliches Gespräch bat, dabei seine Spanisch-Kenntnisse zu verbessern, indem er die Zahlen übte.

„Mensch, Schulze, sehen Sie denn nicht, dass ich mit der Dame hier Dringendes zu besprechen habe?", fragte er unwirsch.

„Ja, schon, aber ich wollte doch nur ...". Er brach ab, weil ihm ein anderer Gedanke kam. „Stimmt es, Herr Minister, dass Sie die Krisenzulage auf Lebenszeit aufgrund derartig gefährlicher Aufgabenstellungen erhalten haben?"

„Schulze, Sie sind ein unverbesserlicher Idiot", kicherte der z.b.V rumbeseelt. „Aber weil Sie in Kürze ja wohl vor erheblichen finanziellen Problemen stehen werden, und diese, wie auch immer, kompensieren müssen, gebe ich Ihnen, trotz des Ausrutschers von gestern, eine kollegiale Nachhilfestunde zu der Frage: Wie erhalte ich eine Zulage?"

Es wurde ein sehr langes Gespräch und dauerte bis in die frühen Morgenstunden. Alle Aktionen waren längst beendet und der Platz lag in nächtlicher Ruhe, als sie noch immer wie angenagelt auf ihren Stühlen saßen, redeten und tranken. Sie waren mittlerweile zum Du übergegangen.

„Nummer Hundertzsswölv", sagte der z.b.V. gerade schleppend. „Zulage Hundertsszwölf ist die letzte, die ich aus eigne Erfahrung kenne. Es gibt noch'n paar mehr aber die bring ... bringnns nich. Also, die Hundert ... sszwölllf gibs als Hörschutschz-Zssulage gegen laute Dienstgespräche. Sie iss ganz einfach zsu kriegn – hups- tschuldigung. Du brauchst nur mal die Phon ..., die Phon ..., die Lautstärke in eine eure Sitzungen su messen und den Nach-weis su erbre ..., nee, su erbringen, dass so-und-so-viele Deci ..., Deci ..., Decibellll überschritten wern. Dann gehste szum Ohrenarzt und lässt dir – hups – tschuldigung, beschei. .., beschei-ni-gen, dass dein Amboss und dein Hämmerchen überlastet sind und schon müssen se se dir ge-benn! He, he, he. Und, wenn du ganz schau, schlau bist, kannste sogar danach die Hör-Hilfe-Zssulage gegen gedämpf -hubs-, tschuldigung, gedämfte Diskussionen beantragen. Aber das isss schwer, sag' ich dir. Habs ma versucht – ohne fucking Erfolg."

Er ließ traurig und bekümmert den Kopf sinken, machte eine lange Pause im Gedenken an den nicht genehmigten Antrag, hob ihn dann aber ruckartig wieder, als Schulze ihn an den Schultern packte und wild schüttelte.

„Und weisste, warum?", fragte er stiläugig.

„Nee."

„Ich sags dir. Sie hatten mich su eine-eine-einemmm Sympo ..., Sym ..., su eine Ta-gung nach Zsimbapwe geschickt. Die ganze Zsseit – hups -, tschuldigung, über hab ich kaum was verstanden und deshalb die Zssulage beantragt. Weiste was sie geantwortet ham?"

„Nee", sagte Schulze wieder und wischte sich die Feuchte Zsimbapwes aus dem Gesicht.

„Sie hätten ja nur den Hörschutz abnehmen müssen, ham die gesagt. Dann würde doch aba die Grund ..., die Grundlage fürdieandere Zsulage entfallen, hab ich gesagt, damals. Doch sie ließen es nich gel ..., gel ..., gelten. In einem Taubstummen-Sym ..., Sym ..., Sympossum braucht man keenen Hörschuzzz und nen Verstärker ooch nich, habn sie – hups -, tschuldigung, jesacht. Die ham vielleicht ne Ahnung, wie es auf solchen Sym ..., Sym ..., Veranstaltungen in Zsimbapwe sugeht, sag ich dir."

Schulze konnte kaum noch zuhören. In Sekundenabständen fielen ihm die Augen zu und seine Finger versagten ihm schon lange den Schreibdienst. Die neuerliche Zsimbabpwe-Dusche hatte ihn jedoch wieder erweckt.

„Mensch, Hannes, ich dank dir. Du bistn echter Freund. Vielleicht retten mich ja dei-ne Tipps vor dem Bankrott", lallte er. „Aber jetzt muss ich in de Falle. Unser Boot, szurück nach Bocay geht um sieben Uhr dreißig – also, jetzt issses genau ...", er versuchte im Licht der letzten Tischkerze seine Uhr zu lesen, „es iss nunmehr szwei ..., zswei ..., szweifelhaft, ob ich überhaupt noch schlafen kann."

Ruckartig erhob er sich, hielt sich eine Minute an der Tischkante fest, um das Gleichgewicht zu finden und ließ den z.b.V. ohne ein weiteres Wort dann einfach sitzen.

Sekt oder Selters

Rehmann und Angela warteten gespannt auf Nachrichten aus Nikaragua. Nur kurz hatte Victoria telefonisch mitgeteilt, dass die Veranstaltung alle Erwartungen übertroffen habe. Daten und Fakten würden sie brieflich, per Privatpost erhalten. Außerdem würde man sich auf ihr baldiges Erscheinen freuen. Ihr werdet jetzt dringendst gebraucht, hieß es.

Es war Freitag, der Tag des Rückflugs von Bolberg und Schulze. Heute konnten die, der Zeitverschiebung wegen, im Büro nicht mehr auftauchen. Neuigkeiten, die man ihnen aus der Nase hätte ziehen können, waren also nicht mehr zu erwarten. Aber:

„Am Montag werden die Korken fliegen", hatte Bagger angeordnet.

Mit Sekt, Orangensaft und Lachsbrötchen sollten die zwei Abteilungsleiter zu „Mitarbeitern des Monats" gekürt werden. Eine Auszeichnung, die es bisher noch nicht gab, die anlässlich des Erfolgs der beiden aber neu eingeführt werden sollte. Kleine hochglanzpolierte Bronze-Etiketten waren vorbereitet, in die mit schön geschwungenen Buchstaben ihr Name sowie Monat und Jahr der Ehrung graviert waren. Bagger, himself, wollte sie nach seiner Laudatio an einer großen Tafel befestigen, die in der Eingangshalle des Hauptgebäudes neu angebracht war und messinggerahmt ihren ersten Schildchen entgegenblitzte.

Er hatte sich zu dieser Maßnahme entschlossen, nachdem kürzlich der Leiter einer US-amerikanischen Besucher-Delegation eine solche Tafel suchte. Peinlich, peinlich, dass das deutsche Management bestätigen musste, keinen blassen Schimmer von einer solchen Wichtigkeit zu haben. Der Obercowboy hatte dann jedoch nur mitleidig milde gelächelt, Bagger kernig auf die Schulter geschlagen und gemeint:

„Holy, Moly, ihr hängt mit euren Führungsmethoden halt noch ein bisschen zurück, folks. Bei uns nennt man das seit Jahren bereits ‚MbP', which means: ‚Management by Plaquetation', und wir sind sehr, very efficient with it."

Bagger, dem dies außerordentlich gefallen hatte, ließ sofort Tafel und Schildchen vorbereiten. Einen besseren Anlass als das Ergebnis in Nikaragua konnte es kaum geben. Ein weiterer, bedeutender Führungserfolg des Top-Managements lag in Sichtweite.

Entsprechend hektisch begann deshalb der Montag für die Sekretärinnen. Sie waren in aller Frühe erschienen und hatten die Geschäftsführer-Etage angemessen geschmückt. Der gesamte Betrieb beteiligte sich mental an den Vorbereitungen und alle Mitarbeiterinnen und Mitarbeiter freuten sich auf einen feuchtfröhlichen Tag.

Wie es der Zufall wollte, erreichten Bolberg und Schulze genau in demselben Augenblick die Eingangstür des Gebäudes.

„Ich hoffe Sie hatten ein angenehmes Wochenende", sagte der eine.

„Ich nicht", antwortete der andere.

Bolberg gab Schulze den Vortritt, flitzte dann aber so schnell es ging in sein Büro. Jeder von ihnen wollte als Erster dem Geschäftsführer Bericht erstatten. Der sei noch nicht da, hieß es, käme aber kurz vor elf von einer Besprechung, die er außerhalb führen müsste. Beide baten eindringlich darum, noch vor der Feier mit Bagger reden zu können.

„Wenn es möglich ist, noch bevor der Chef mit Bolberg redet", sagte Schulze.

„Bitte richten Sie es so ein, dass ich noch vor Schulze mit Ihrem Boss reden kann", trug Bolberg der Sekretärin auf.

„Ich werde sehen, was sich machen lässt", versprach sie beiden.

Ab zehn Uhr dreißig klingelte dann ununterbrochen das Telefon bei ihr. Jedes Mal war es Schulze.

„Ist er schon da? Wann wird er kommen? Sagen Sie mir bitte sofort Bescheid!"

„Du lieber Himmel", beschwerte sie sich genervt bei einer Kollegin, „der ist ja schlimmer als ein Fünfjähriger vor der Weihnachtsbescherung. Kann es kaum abwarten."

Schon früher füllte sich der Flur allerdings mit Gratulanten. Mutige naschten bereits heimlich von den Leckerbissen, verhaltenes Stimmengemurmel schwappte über den Gang. Doch der Geschäftsführer verspätete sich. Schulze stand trotzdem schon in der Menge, trat von einem Bein auf das andere und diskutierte unkonzentriert für seinen Geschmack belangloses Zeug. Wenig später hatte sich auch Bolberg den Herumstehenden zugesellt. Sie standen weit voneinander entfernt. Keiner würdigte den anderen eines Blickes.

„Formidable", sagte Wieland zu Bolberg, kaum, dass er ihn erspäht hatte. „Sollte mich doch sehr wundern, wenn unser Ministerium jetzt nicht wach wird. Diese beispiellose Zusammenarbeit müssen sie uns erst einmal nachma ..., aah, da ist ja unser GF", unterbrach er sich selbst.

„Ich habe Ihnen eine außerordentlich wichtige Mitteilung zu machen", Schulze war sofort auf den losgegangen.

„Das hat Zeit", erwiderte Bagger zur Erleichterung Bolbergs.

„Aber es ist unaufschiebbar", versuchte es Schulze wieder. „Wir müssen das Thema noch vor der Fei ...", Feier behandeln, wollte er gesagt haben. Doch schroff schnitt ihm sein Chef das Wort ab:

„Herr Dr. Schulze, wir haben jetzt Wichtigeres vor. Es ist in der Geschichte unseres Hauses das allererste Mal, dass Mitarbeiter zu ‚Mitarbeitern des Monats' ausgelobt werden! Also bitte", wieder milde gestimmt fuhr er fort, „oder ist irgendwo die Revolution ausgebrochen?"

„Nein, aber ..."

„Na, also!"

Er wandte sich von Schulze ab, übergab seiner Sekretärin den Aktenkoffer und lupfte den Spickzettel mit der vorbereiteten Rede aus der Jackentasche seines Anzugs. Es wurde ruhig auf dem Flur.

„Liebe Kolleginnen und Kollegen", begann er, „es ist heute das allererste Mal, dass wir ein brandneues Führungsinstrument einsetzen. Es heißt ‚Management by Plaquetation', kurz ‚MbP', und ich werde Ihnen anlässlich der überzeugenden Leistungen unserer Kollegen, Bolberg und Schulze beziehungsweise Schulze und Bolberg, deutlich machen, was es bedeutet. Nun, wir haben in den Tagen der letzten Woche miterleben dürfen, was gründlich-konzeptionelles Vorgehen verbunden mit vertrauensvoller Zusammenarbeit bewirken kann. Wir haben in Presse, Rundfunk und Fernsehen minutiös verfolgen können, wie unsere Partner selbstbewusst Alternativen entwickeln und zu eigenverantwortlichem Handeln bereit sind, wenn sie, wie in unserem Fall, professionell darauf vorbereitet werden und wenn ihnen transparente Finanzierungskonzepte adäquate Entscheidungsspielräume eröffnen. Diese wiederum müssen für sie tragbar und von den Konsequenzen her überschaubar dargestellt sein. Wie ich immer sage: Aufgabe, Kompetenz und Verantwortung müssen kongruent zur Deckung gebracht werden. Dann sind alle anderen Ergebnisse einfach nur logische Folgen dieser systemanalytischen Grundlegungen. Und, liebe Kolleginnen und Kollegen, sie können, was sage ich, sie müssen positiv sein!"

Schulze war es schlecht geworden. Längst hatte sein Gesicht den grünen Schimmer angenommen, den er sich schon immer wünschte.

„Aber", fuhr Bagger nichts ahnend gnadenlos fort, „die Realisierung solcher Theorien, benötigt Mitarbeiter einer bestimmten Sorte. Nämlich solche, die mit initiativer Gelassenheit Chancen sehen, Handlungsalternativen entwickeln und Möglichkeiten neben Risiken glasklar erkennen, sie einzuschätzen verstehen und angemessene Entscheidungen treffen können."

Er machte eine bedeutungsvolle Pause und holte tief Luft für seine Schlussworte.

„Solche Männer haben wir unter meiner Leitung in unserer Mitte, meine Damen und Herren. Trotz aller Meinungsverschiedenheiten, die sie manchmal trennen müssen, müssen, sage ich, haben sie es verstanden einer bedeutenden Sache zum Erfolg zu verhelfen. Und vor allem darin liegt, nach enger Abstimmung mit mir selbstverständlich, ihr großartiger Verdienst. Ihre uneigennützige Kooperation und Zusammenarbeit hat sich als vorbildlich erwiesen. Die entwicklungspolitische Welt schaut in diesen Tagen auf das Projekt in Nikaragua. Unsere Reputation, besonders die der globalen Interaktion, hat einen Quantensprung vollzogen. Sie, Herr von Bolberg, und Sie, Herr Dr. Schulze, sind in außerordentlichem Maße daran beteiligt. Ich, und ich glaube dies im Namen aller hier Anwesenden sagen zu dürfen, gratuliere Ihnen zu Ihrem außergewöhnlichen Erfolg."

Er wurde von Beifall und einigen Hochrufen unterbrochen, hob abwehrend die Hände und deutete auf die zwei, denen er gebührte, die aber nur merkwürdig verkrampft weitere Glückwünsche entgegennahmen.

„Wir", Bagger sprach jetzt wieder in der dritten Person mit sich, „haben erwogen ein neues Führungsinstrument einzuführen, ich deutete es eingangs schon an. Es ist mir also ein großes Vergnügen und eine besondere Ehre, Ihr Namensschild", er hielt die Bronze-Plaketten hoch, „an unserer Tafel in der Eingangshalle anzubringen. Sie sind die Ersten, an die der Titel ‚Mitarbeiter des Monats' verliehen wird – und ich bin stolz darauf derjenige zu sein, der die Ehrung vornehmen darf."

Er schüttelte seinen Abteilungsleitern die Hand, bedankte sich noch einmal persönlich bei ihnen und schritt gemessen die Treppe hinab, um dort die Schildchen eigenhändig an der Tafel zu befestigen.

„Nun, meine Damen und Herren", meinte er dann, „es steht Ihnen frei, der oder die Nächste zu sein. Ich darf Sie nun bitten, sich den vorbereiteten kulinarischen Gaumenfreuden hinzugeben. Der Anlass ist es wert. Ich selber muss leider sofort wieder verschwinden. Eine weitere Besprechung außerhalb des Hauses erwartet mich. Ich bedaure dies außerordentlich, bitte aber um Ihr Verständnis."

Im nächsten Augenblick war er verschwunden, ohne dass Bolberg oder Schulze nur den Hauch einer Chance gehabt hätten, ihn über die Sachlage aufzuklären.

Als Bagger am Mittwoch schließlich die versiegelten Berichte seiner Abteilungsleiter gelesen hatte, war ihm alles Blut aus dem Gesicht gewichen.

„Ich möchte Bolberg und Schulze sofort sprechen", wies er seine Sekretärin an.

In seinem Büro herrschte eisiges Schweigen, als beide sich gegenübersaßen.

„Wir haben ein Problem", eröffnete der Geschäftsführer unruhig auf seinem Sessel hin und her hüpfend. „Bitte klären Sie mich auf, meine Herren."

„Nun", begann Bolberg um Sachlichkeit bemüht, „die Nicas haben uns hinters Licht geführt."

„Wie?"

„Das weiß mein Kollege wahrscheinlich besser als ich."

Bagger sah Schulze auffordernd an.

„Tja", begann der schluckend, „die haben rund dreihundertdreißig Computer-Systeme mit allem Drum und Dran und ein paar Plotter der EU versteigert, um ihr Projekt zu finanzieren. Ich selbst habe noch ein paar Tastatur-Abdeckhau ... ääh ... wenn Sie Interesse haben, dann könnte ich Ihnen einige davon zu einem Sonderpreis verkau ...", er brach ab, als Bagger ihn wütend ansah und ungeduldig unterbrach.

„Und, was haben wir damit zu tun?", wollte er wissen. „Woher kamen die Anlagen?"

„Von uns, haben sie gesagt."

„Was heißt: haben sie gesagt?", Baggers Stimme nahm an Lautstärke und Schärfe zu. Haben wir das Zeug für sie bestellt?"

„Nein, nicht die Abteilung Programme." Bolberg mischte sich ein. „Unser Ansatz war, mit ihnen eine Schreibmaterialien-Herstellung aufzuziehen. Forstwirtschaftlicher und forstindustrieller Ansatz, Sie verstehen!?"

Der HGF nickte und fragte knapp:

„Frauenkomponente?"

„Enthalten, selbstverständlich."

„Vernetzt und nachhaltig?"

„Selbstredend."

„Und weiter?"

„Der Abteilungsleiter für Programme sah sich deshalb wohl veranlasst eine großartige Reise zu machen – ha", giftete Schulze plötzlich, ein wenig neben dem Thema liegend.

„Die Entscheidung, ob diese notwendig war, steht Ihnen, glaube ich, nicht zu, Herr Kollege. Im Übrigen haben Sie sich doch prächtig amüsiert, als Sie schließlich, völlig ungeplant, dort das Sozialforschungsprojekt übernahmen – oder nicht?"

„Wenn Sie die Dinge nicht unter Kontrolle haben, muss wohl jemand anders die Regie übernehmen – so", erwiderte der Angesprochene trotzig.

„Mir scheint, Sie haben sich dort nicht einmal als Regieassistent bewährt. Fragen Sie doch einfach mal den Seitensatz, wie der das sieht." Bolberg grinste frech.

„Wir sind bei einem anderen Thema", schaltete sich Bagger wieder ein. Doch bevor das Gespräch fortgesetzt werden konnte, klingelte das Telefon und Bagger hob ab.

„Ja? Ach, Sie sind es, Herr Kollege, das ist aber schö …". Der GF hörte eine Weile zu. Nervös hob und senkte sich sein Kehlkopf.

„Aber ich versichere Ihnen, ich habe keine Ah …"

Vom anderen Ende der Leitung vernahmen Bolberg und Schulze lautes, heiseres Gekrächze.

„Das kann schon sein. Da hat möglicherweise unsere Kommunikation nicht gut funktio …? Welche Computer?" Bagger wechselte die Gesichtsfarbe. Aus der vornehmen Blässe war ein frisches, flackerndes Rosa geworden.

„Herr Kollege, ich bitte Sie, das Missverständnis wird sich doch wohl aufklä …" Knacks machte es. Das Letzte, was zu den Abteilungsleitern herüberdrang war ein durchdringend gebrülltes „… aber sofort."

Bagger legte auf und rang Sekunden lang tief durchatmend um Fassung.

„Jetzt langt es mir aber", brüllte nun auch er. „Die peinliche Lage, in die Sie mich hier bringen ist unerträglich! Ich will bis heute Abend wissen, was es mit diesen verdammten Computern auf sich hat." Sein Bariton wurde von Satz zu Satz lauter, sodass die Sekretärin draußen aufhorchte. So geht man doch nicht mit seinen Mitarbeitern des Monats um, dachte sie und holte schnell eine Kollegin dazu. Währenddessen nahm im Zimmer ihres Chefs das Geschrei zu.

„Dies war soeben der Geschäftsführer der GGEZ, meine Herren. Er warf mir vor, mit dem Eigentum seiner Organisation in unverantwortlicher Weise umgegangen und damit die Zusammenarbeit erheblich gestört zu haben. Mein Kollege erwartet, dass wir ihm den Gegenwert zu einhundertsiebenundneunzig Computer-Systemen erstatten – und dies unverzüglich!" Er holte tief Luft. „Und wenn hierzu nicht ebenso unverzüglich Klarheit herrscht", tobte er nun außer sich, „dann …, dann …, dann werde ich die ‚Mitarbeiter-des-Monats-Schildchen' wieder eigenhändig entfernen." Mit sich überschlagender Stimme und hochroten Ohren setzte er hinzu:

„Dass dies alles nicht aus diesen vier Wänden dringt, dürfte wohl selbstverständlich sein."

Bolberg und Schulze verließen fluchtartig sein Büro und stießen unmittelbar hinter der Tür auf eine Teil-Betriebsversammlung von Schreibkräften und Sachbearbeitern, die rein zufällig die Chef-Sekretärin besucht hatten, um ihr einen erbaulichen Mittwoch zu wünschen. Einige wandten sich, als sich die Tür ruckartig öffnete, den Aktenschränken zu und suchten hochkonzentriert Unterlagen. Einer pfiff „Es gibt kein Bier auf Hawaii".

Schulze ließ sich eine Kanne grünen Tee servieren und ging mit Rehmann die Lage durch.

„Herr Rehmann, bitte besorgen Sie mir sofort sämtliche Unterlagen zu allen Computer-Bestellungen der vergangenen 16 Jahre. Da ist eine Riesensauerei passiert, die ich schnellstens aufklären muss – so."

Bolberg hatte inzwischen Prof. Dr. Phil. Wieland zu sich gerufen.

„Wieland, das haben Sie ja ganz prima hingekriegt. Endlich haben wir unsere eigene Anlage und können uns von Schulzes Abteilung unabhängig machen."

„Danke." Wieland strahlte über das ganze Gesicht. „Nur bitte kein Sonderlob. Es war wirklich nur eine Kleinigkeit, verglichen mit Ihrer Aktion auf der anderen Seite des Atlantiks."

„Na ja, so toll ist es dann auch wieder nicht gelaufen. Die Nikas haben, Sie konnten das in allen Details hier nicht mitbekommen, uns ganz schön über den Tisch gezogen."

„Ach was!"

„Ja, die haben rund dreihundertunddreißig Computer-Systeme versteigert und verwenden den Erlös für ihr selbst gestricktes Projekt, behaupten aber, dass die Anlagen eine Sachspende von uns und der GGEZ gewesen sind über die sie eigenverantwortlich verfügen können. Ich weiß bis heute nicht, wo die Dinger hergekommen sind. Aber die GGEZ macht dem Bagger zur Zeit die Hölle heiß, weil sie meint, wir hätten die Systeme in ein anderes Projekt einsetzen müssen. Da wir den Mist verbockt haben sollen, verlangt sie nun Schadenersatz."

Jetzt wurde es Wieland wärmer unter der Haut. Scheißchen, sinnierte er wohlerzogen und, weil er nicht gröber denken wollte. Daher wehte also der Wind. Die ganze Zeit über hatte er sich gefragt, wo welche Systeme abgeblieben waren. Nun wusste er es. Aber, warum sollte er seinen Irrtum zugeben? Schließlich war es eine Angelegenheit für die die Zuständigkeit in Schulzes Abteilung gelegen hatte. Ihm reichte es schon, dass ihm die Computer-Orgie ein paar schlaflose Nächte verursacht hatte. Er würde sich für das Chaos in Nikaragua nicht verantwortlich machen lassen, beschloss er. Auftragsgemäß sorgte er damals dafür, dass seiner Programmabteilung ein System zukam, der Rest musste ihn nicht kümmern. Zu Bolberg sagte er:

„Ich weiß erst heute, dass die GGEZ 197 Anlagen für Nikaragua bestellt hat. Wir haben unsere erhalten. Warum von uns aus 200 dahin gegangen sein sollen, entzieht sich meiner Kenntnis. Aber damit muss Schulze sich rumschlagen. Schließlich untersteht ihm die Beschaffung."

„Richtig", erwiderte Bolberg. „Es bleiben aber genau eben diese 200 zusätzlichen Anlagen. Wo sind die denn her gekommen? Wissen Sie etwas davon?"

„Sicher, das hat Baum veranlasst."

„Warum?"

„Keine Ahnung. Ich bin selbst ganz überrascht. Ich glaube, der war da etwas voreilig."

„Hhmm, also eigentlich nicht unsere Angelegenheit", kommentierte Bollberg mehr für sich. „Existiert dazu irgendein Schriftwechsel?"

„Ganz sicher – aber ganz sicher nicht bei mir. Das hat sich anscheinend alles aus dem Party-Besuch Schulzes bei uns entwickelt. Sie wissen ja, während der spektakulären Nika-Projektsitzung. Abgestimmt hat er das danach mit uns aber nie wieder. Außerdem hatte irgendein Bigottini der EU seine Finger da drin."

„Na, ein Glück. Jedenfalls dürfen wir Schulze jetzt keine Gelegenheit geben, uns in die Pfanne zu hauen. Der ist ganz scharf drauf. Bitte besorgen Sie doch alle vorhandenen Unterlagen zu dem Fall. Besonders die, die einen Vermerk von Schulze als ALF, stellvertretender HGF oder als BfH tragen."

„Geht klar." Wieland verschwand erleichtert.

Sein erster Anruf galt Rehmann.

„Ich bin gerade an derselben Sache dran", stöhnte der. „Was wollen Sie wissen?"

„Drei Dinge, Herr Rehmann. Sie haben doch damals mit der Lieferfirma gesprochen. Wurden Sie über die Lieferanschrift informiert?"

„Nein, die hatte ich nicht abgefragt. Nach Baum sollte das System, ich weiß nur von einem, in der 51. Woche geliefert werden. Und das hat ja auch geklappt."

„Na klar. Und wissen Sie was davon, dass noch andere Systeme verschifft werden sollten?"

„Nein, danach müssten Sie den Baum fragen, der sollte das eigentlich wissen."

„Gut. Letzte Frage. Wo ist eigentlich die Rechnung?"

„Keine Ahnung. Ist hier nie eingegangen, so viel ich weiß. Komisch, nicht?"

„Kann man wohl sagen. Ist mir alles ziemlich schleierhaft. Danke, Herr Rehmann."

„Keine Ursache."

Also Baum, dachte Wieland. Der muss es ja wissen. Er griff erneut zum Telefonhörer und versuchte eine Fangfrage loszulassen:

„Herr Baum, bitte denken Sie doch mal scharf nach. Die Computer-Systeme, die in der einundfünfzigsten Woche des Vorjahres geliefert wurden – und dann, außer einem, nicht ankamen, landeten schließlich in Nikaragua. Wer hat eigentlich die Verschiffung veranlasst?"

Komisch geschraubtes Deutsch, dachte Baum, antwortete aber entgegenkommend:

„Ich – aber nur indirekt."

Merkwürdige Antwort auf eine klare Frage, dachte Wieland und fasste nach:

„Was heißt das: indirekt?"

„Das heißt, ich hatte vom ALF den Auftrag bekommen, sie schiffsfrachtgemäß zu versenden. Doch Details wie Lieferanschrift etc. wurden mir damals nicht mitgeteilt. Schließlich bin ich in den wohlverdienten Weihnachtsurlaub gegangen, wie Sie ja wissen. Der Vorgang ist danach ein wenig liegen geblieben. Einzelheiten muss ich erst noch ermitteln. Das liegt schon lange zurück." Seine Stimme hob sich: „Außerdem gibt es Berge zur Bearbeitung bei mir. Ich kann ja nicht alles im Kopf haben und abgesehen davon, sehr verehrter Herr Wieland, denke ich immer scharf nach, wenn Sie anrufen oder glauben Sie, ich dreh' hier Däumchen?"

„Ja, ja, ist ja schon gut. Bitte stellen Sie die Unterlagen doch noch einmal zusammen. Ich benötige die Einzelheiten noch heute."

„Ich schau was ich machen kann", knurrte Baum.

Zehn Minuten später war er wieder am Apparat.

„Das ist merkwürdig", sagte er. „Ich habe hier die Versandanweisung vom ALF als BfH. Ganz dick in großen gelben Leuchtbuchstaben steht da: Verschiffen, Schulzes Unterschrift und Datum. Der Versandauftrag, den ich damals fertig gemacht habe, trägt nur die Lieferanschrift Corinto, mehr nicht."

„Wie konnte das Zeug aber dann nach Cabo Gracias a Diós kommen?", fragte Wieland.

„Weiß ich auch nicht. Es wäre sicher gut sich mal beim Lieferer zu erkundigen. Wollen Sie das selbst machen?"

„Gute Idee. Geben Sie mir doch bitte die Telefonnummer durch."

Wieland notierte, bedankte sich und legte auf. Wenig später sprach er mit verschiedensten Leuten aus der Lieferfirma, weil man ihn ständig hin und her verband. Eine erhellende Auskunft bekam er nicht. Totale Konfusion, dachte er. Ist ja schlimmer, als bei uns. Eine viertel Stunde war vergangen. Inzwischen war er sauer und nahm sich vor, den Nächsten, der an die Leitung kam, anzuschnauzen. Es knackte, Klassik wurde eingespielt, dann knackte es wieder und ehe er noch ein Wort sagen konnte, dröhnte es aus der Muschel:

„Aha, nun hat doch noch einer im Beamten-Mikado gewonnen. Sie haben sich wohl zuerst bewegt, was? Herzlichen Glückwunsch! Ich werde Ihnen mal was sagen Herr ...", er unterbrach sich selbst, „wer sind Sie eigentlich?"

„Prof. Dr. Phil. Wieland", sagte Wieland perplex.

„Na dann, Herr Professor Dr. Phil. Wieland, planen Sie mal schnell ein größeres Budget. Für die Prozesskosten nämlich, die auf Ihren sauberen Verein zukommen. Ich lass mich von Ihnen doch nicht verarschen. Mann sollte euch Christo mit seinen grauen Lappen auf den Hals schicken, damit der euch ein für alle Mal einpackt."

Die Stimme des anderen wurde immer lauter und Wieland musste den Hörer weit vom Ohr weghalten.

„Seit vier Monaten renne ich jetzt schon meinem Geld hinterher", schrie der andere außer sich vor Wut, in die Leitung. „Keiner von euch Flaschen weiß auch nur irgendwas. Aber im Fernsehen könnt ihr den großen Zinnober veranstalten und euch selbst besülzen. Doch ich werde euch auch noch eine Presse verschaffen. Darauf könnt ihr Gift nehmen. Nur dann hagelt es keine Glückwunschtelegramme sondern Zahlungsbefehle."

Wieland ließ ihn toben, erwischte aber schließlich eine Pause, in der sein Gesprächspartner Luft holte.

„Ich bin doch am Telefon, um die Dinge zu klären", meinte er.

„Ha, ha, sehr komisch. Das versuche ich schon seit Monaten", brüllte es sofort zurück, begleitet von infernalischem Gehämmere, das die Faust des andern auf seinem Schreibtisch auslöste. „Aber wenn Sie nun schon aufgewacht sind, Herr Doktor Phil., dann schießen Sie mal los und sagen Sie mir, wie Sie sich meinen Heilungsprozess vorstellen", kam es vor Zynismus triefend aber etwas ruhiger durch die Muschel.

„Also, zunächst mal benötige ich ein paar Informationen", Wieland war froh zu Wort zu kommen. „An wen haben Sie die Rechnung geschickt und wer hat Ihnen die Lieferanschrift mitgeteilt?"

Am anderen Ende raschelte Papier.

„Ich habe hier zwei Schreiben vom Oktober des Vorjahres. Eines teilt mir mit, dass ich die Rechnung ans Auswärtige Amt schicken soll, mit dem Zahlungsziel von neunzig Tagen, was ich sowieso abartig finde, das andere weist mich an die Lieferung nach Corinto, Nicaragua, zu verschiffen. Den Weitertransport hat dann eine panamesische Spedition vorgenommen. Genaue Adresse: Cabo Gracias a Diós."

„Wer hat unterschrieben?", hakte Wieland wie elektrisiert nach.

„Ihr Computer", war die ernüchternde Antwort. „Es handelt sich hierbei um eine maschinell erstellte Information ohne Unterschrift, heißt es auf beiden Belegen."

„Und danach haben Sie dann auch gehandelt?", fragte Wieland ungläubig.

„Natürlich. Was glauben Sie denn?", die Phonstärke nahm wieder zu. „Aber offenbar kann man sich nicht mal mehr auf die Staatsdiener verlassen. Ist ja auch kein Wunder. In euren Eierläden, wo ihr euch dieselben schaukeln lasst, bläst man euch ja förmlich Zucker in den Hintern. Wenn ich hier so arbeiten würde, wär' ich längst pleite", brüllte er nun wieder. „Und das nennt ihr dann Bürgernähe oder Wirtschaftsförderung."

„Dies gehört nicht hierher", unterbrach Wieland pikiert, der stets darauf achtete, dem Steuerzahler einen adäquaten Dienst zu leisten.

„Klar nicht", kam die prompte Antwort, „schon für einhunderttausend Mark kann jeder den Minister treffen. Aber ich sag Ihnen was: Sollte noch einmal einer von euch seinen Fuß über meine Schwelle setzen, schmeiß ich ihn eigenhändig, hochkant ..."

Wieland hatte aufgelegt und rieb sich das Ohr. Dass solche Proleten heutzutage Geschäfte machen dürfen, sollte verboten werden dachte er. Viel weiter war er indes nicht gekommen.

Friede, Freude, Eierkuchen

„Ich muss Ihnen leider Unangenehmes mitteilen, Herr Dr. Schulze. Maßgebliche Instanzen unserer übergeordneten Behörde vertreten die Auffassung, dass ... mmhh, wie soll ich es sagen, na ... dass eine grundlegend andere Form der Kompetenzverteilung bei uns gefunden werden muss. Ich bin aufgefordert die Rolle des BfH unverzüglich zu übernehmen."

Bagger hatte Schulze die Entscheidung mit verhaltener Stimme überbracht. Der saß ihm grün krawattiert zusammengesunken gegenüber und war aschfahl geworden. Hinter seiner Stirn arbeitete es fieberhaft. Ich muss herausfinden, wer mich reingelegt hat, dachte er verzweifelt. Er ging im Geiste die Personen durch, die beteiligt gewesen sein könnten. Bolberg? Klar, aber der ist im Augenblick zu stark. Hat keinen Zweck den anzugreifen, das kann nur schlimmer werden. Es muss Schwächere oder andere in der Kette geben, auf die sich zumindest der Großteil der Verantwortung verschieben lässt. Rehmann, Berger, Wieland, die Spitz oder gar der Botschafter?

„Wir werden die Maßnahme möglichst tief hängen", drängte sich der HGF in seine Überlegungen. „Der Belegschaft teilen wir mit, dass wir im Auftrag ministerieller Stellen eine Reorganisation durchzuführen haben, um unsere Abläufe effizienter zu gestalten und um damit noch", er betonte das „noch" besonders, „bessere Arbeit leisten zu können. Also, nehmen Sie es nicht so schwer. Sie werden weitere Gelegenheiten haben, sich erneut zu bewähren. Mein Vorschlag ist, Sie nehmen sich zwei Wochen Urlaub, denken gründlich über die Route einer Abschlussreise nach und evaluieren in dieser Zeit die Möglichkeiten einer ordentlichen Abfindung. Ich meine, bei einem altbewährten Mitarbeiter wie Ihnen werden wir da großzügig sein können. Schließlich kann jeder mal Pech haben. Außerdem erhalten Sie jede Unterstützung von mir, wenn Sie sich auf eine neue, gehobenere Position bewerben wollen." Freundschaftlich klopfte Bagger dem Häufchen BfH auf die Schulter und schob ihn sanft zur Tür.

Gut gebrüllt, Löwe, dachte Schulze. Müde und gebückt, wie man ihn kannte, schleppte er sich zu seinem Büro. Unterwegs drückte ihm irgend jemand ein Fax in die Hand. Während er langsam die Treppe hinabstieg las er es.

„Sehr geehrter Herr Dr. Schulze.
Wir freuen uns, Ihnen die Mitteilung machen zu können, dass Sie den zweiten Preis in unserer Tombola gewonnen haben. Bitte teilen Sie uns baldmöglichst mit, wohin wir den Container voller Änderungsmitteilungen zum Richtlinienwerk der deutschen Entwicklungszusammenarbeit verschiffen sollen. Die Transportkosten-Rechnung bitten wir Sie unverzüglich zu begleichen. Sie wird Ihnen auf dem Postwege zugestellt.
Herzlichen Glückwunsch und mit freundlichen Grüßen,
    Ihr Dr. Heronimus Lenin Jelepate."

Mit irr verzerrtem Grinsen und abgehacktem Lachen, das Fax zerknüllt in der Faust und einen Schnipsel davon bereits zwischen den Zähnen, erreichte er sein Zimmer. Seine Sekretärin bemerkte taktvoll, dass ihm der fahle Teint seines Gesichts heute besonders gut stand, hielt aber einen Sicherheitsabstand. Lange und bewegungslos saß Schulze dann an seinem Schreibtisch und stierte auf die acht grünfarbigen Ein- und Ausgangskörbe. Sein Verstand kam nur langsam wieder auf Touren. Rehmann, Berger, Baum, die Spitz, Conrad. Alle gehörten sie zu seiner Abteilung und hatten Kontakt zu dem Fall. Es musste doch möglich sein, wenigstens einem seiner Mitarbeiter ein Versäumnis nachweisen zu können.

Nach drei Wochen gab er auf. Alle heimlich durchgeführten Recherchen hatten nichts gebracht. Das wichtigste Formular, der erteilte Auftrag an den Computerhändler war, aus welchen Gründen auch immer, nur noch in Kopie vorhanden und keine Frage, er enthielt seine Anmerkungen sowie seine Unterschrift. Die ganze Welt war gegen ihn, mutmaßte er, und trat deshalb schweren Herzens die ihm angebotene, lästige Dienst-Abschlussreise an. Nachdem er noch immer tief betrübt Kuba, die Dominikanische Republik, Haiti, Guatemala, Brasilien, die Philippinen, Thailand und Nepal, Südafrika, Namibia sowie Ghana hinter sich gelassen hatte und innerlich zerbrochen wieder in Deutschland ankam, kümmerte er sich halbherzig um die ihm angedrohte

Abfindung. Die läppische Summe von zwei Jahresgehältern tröstete ihn nur wenig. Er fühlte sich unverändert zutiefst getroffen und begann darüber nachzudenken, wie er die globalen politischen Machtverhältnisse in vernünftige Bahnen umlenken könnte. Also wurde er Mitglied des Lions-Club und bewarb sich im tiefen Gefühl einer ungerechtfertigten Verletztheit bei einer der obersten deutschen Kontrollbehörden.

„Wissen Sie, ich fühle mich in meiner jetzigen Funktion unterfordert eingesetzt und suche deshalb neue Herausforderungen", sagte er im Bewerbergespräch. „Ich stelle mir vor, eine Position zu bekleiden, in der ich das Geschäft ‚Entwicklungszusammenarbeit' gründlich optimieren kann. Sie ahnen ja gar nicht, welch ein Schludrian in diesen Organisationen herrscht. Die Leute greifen in unglaublich unverschämter Weise ab. Ich würde mir zu gern einmal die Reisekostenbudgets dieser Läden vornehmen." Damit lag er im Trend, denn welcher der Volksvertreter würde dies nicht, hieß es. Es kam zu einer freundlichen Übernahme bei nächsthöherer Gehaltsgruppe.

Bolberg verfolgte weiterhin und mit Bravour seine Programmpolitik der Dezentralisierung, die Jahre später geschwürartig wucherte und erhielt im Verlauf der Zeit zahlreiche lukrative Angebote für einen Wechsel. Erst viel später folgte er einem dieser Rufe in höhere Weihen.

Sein Stellvertreter, Wieland, nicht wie erhofft zur Abteilungsleitung aufgestiegen, genießt trotzdem mit seiner klingelnden Sekretärin Schokolädchen beim Nachmittagstee und hat noch lange Zeit alle Klippen des bürokratischen Alltags erwartungsgemäß umschiffen können. Zwei Jahre nach dem vorläufigen Abschluss der Angelegenheit machte er allerdings noch einmal spektakulär von sich reden, als er – wieder einmal Chef – sich im Mobile verheddert, das Bein brach.

Schwer getroffen von dem Geschehen, war vorübergehend eigentlich nur der fast pleite gegangene Computer-Händler. Bei ihm häuften sich die Briefe unterschiedlichster behördlicher Stellen. Seine Forderungen wurden von einem Haus in das andere weitergegeben. Wann immer ihn ein Schreiben erreichte und damit die Woge der Hoffnung auf Bezahlung hochschnellte, wurde er wenig später unsanft auf den Boden der Tatsachen zurückgeworfen.

"Vielen Dank für die Übersendung Ihrer Rechnung. Wir werden den Vorgang prüfen und zeitzielgemäß die Zahlung veranlassen, sofern dem keine Gründe entgegenstehen."

Das darauf folgende Schreiben war meist der Widerruf der vorher so freundlich aufgebrachten Bereitschaft.

"Leider können wir Ihre Forderung nicht anerkennen, da uns die Grundlage für die Zahlung, der von uns an Sie vergebene Auftrag fehlt. Wir empfehlen Ihnen zunächst die Sachlage zu klären und ggf. anschließend wieder an uns heranzutreten. Die an uns gelieferten Dokumente bitten wir Sie bis zur vollständigen Klärung der Angelegenheit zurückzunehmen."

So ging es ein ums andere Mal. Nachdem ihm seine Bank jeden weiteren Kredit verweigerte, platzte ihm der Kragen. Man nahm ihn vorübergehend fest, als er, verkleidet als Bundespräsident, versuchte, sich mit einem Dosenöffner Zugang zum Zentral-Tresor der Bundesbank zu verschaffen. Vereitelt werden konnte der Anschlag in letzter Sekunde nur, weil ihm der Pförtner hartnäckig den Passierschein in das Gebäude verweigerte.

Der Anwalt des Händlers, der im Verlauf eines Jahres versuchte vierundneunzig Aktenordner zu dem Fall zu durchdringen, erlitt eine Serie schwerer Nervenzusammenbrüche und wurde demzufolge in eine geschlossene Klinik eingewiesen. Er war am Ende jeder Akte in diversen Vermerken immer wieder auf Ordner I, Beweismittel 1, verwiesen worden und hatte die Orientierung für alle Lebenslagen verloren. Die Klinikleitung wollte ihn schließlich in ein Schweizer Sanatorium abschieben, als beweisbar wurde, dass er heimlich die Zahl I oder 1 aus allen ihren Verwaltungsunterlagen herausgeschnitten hatte. Doch die Eidgenossen hielten sich raus und verwiesen ablehnend auf ihre Staatsneutralität.

Plötzlich und unerwartet klärte der Nachfolger Schulzes den Fall insoweit auf, als er in der Lage war, dem inzwischen verstorbenen GGEZ-Mitarbeiter nachzuweisen, dass der seiner Dienstpflicht nicht fehlerfrei nachgekommen war. Er hatte versäumt auf mehreren Unterlagen sein Bearbeitungsdatum zu vermerken und so schuldhaft und verstrickt dafür gesorgt, dass der Vorgang nicht mehr rekonstruierbar war. Für seine Fleißarbeit erhielt auch der neue ALF ein „Mitarbeiter-des-Monats"-Schildchen.

Schon einhundertundneunzig Tage nach Zahlungsziel-Termin nahm der Computerhändler den Scheck mit Tränen in den Augen entgegen. In dem zu dem Rechnungsausgleichsbeleg gehörigen Begleitschreiben hieß es:

„Bitte finden Sie beiliegend einen Scheck in Höhe von DM: 1.760.000,00 (in Worten: Eine Million Siebenhundertsechzigtausend Deutsche Mark). Falls Sie künftig erneut mit uns in Geschäftsbeziehungen treten sollten, bitten wir Sie zur Entlastung unserer Verwaltungswege den Vorgang durch möglichst präzise Angaben zu beschleunigen. Hochachtungsvoll. Dieses Schreiben trägt keine Unterschrift. Es wurde maschinell erstellt."

Um den Fall buchhalte-ee-risch sauber abzuschließen, wurde der Betrag sofort als Forderung gegen Unbekannt gebucht. Zwei Jahre später handelte es sich um eine „Unwiederbringliche Forderung". Man buchte sie aus. Sieben Jahre später erlitt der Vorgang das Schicksal vieler anderer – der Reißwolf machte ihn nachhaltig aktenneutral.

Rehmann kündigte Ende Juni. Bezogen auf seine Änderungspläne deutete er nur vage an, dass er sich selbstständig machen wollte. Den Schritt hatte er an einem Freitagmorgen im März bekannt gegeben. Draußen herrschte wunderbar warmes Frühlingswetter und klare Luft. Vorwitzige Krokusse steckten ihre Köpfchen aus der Wiese und neigten sie der schief stehenden Sonne entgegen. Er stand allein am Fenster seines Büros in der ersten Etage, dachte an Angela und sah auf die Grünflächen hinunter. Einige werde ich vermissen, fühlte er, als Conrad in sein Blickfeld stolperte. Hilflos hing er zwischen fünf Hundeleinen, an deren Enden noch junge aber schon kräftige Dalmatiner zerrten. Jeder von ihnen bevorzugte eine andere Richtung, sodass Conrad im Mittelpunkt der Zugkräfte bewegungslos verharren musste. Der mittlerweile doch zahnlose Goliath rannte entschärft, nicht angeleint und ohne Maulkorb, um alle herum und kläffte wie entfesselt. Ja, einige werden mir fehlen. Rehmann grinste. Er blickte in den glasklaren Himmel und freute sich auf den Nachmittag. Angela und er würden sich vor dem Eingang des Bahnhof Zoo treffen und ein bisschen durch die Geschäfte bummeln. Der Abend war einem Klavierkonzert in der Philharmonie vorbehalten und eine zweifellos leidenschaftliche Nacht würde den Tag abschließen. Wie es privat mit ihnen weitergehen würde, stand in den Sternen, die über der Bucht da, wo der Río Coco in die Karibik mündet, noch immer glühen.

Heute war früher Dienstschluss angesagt. Er hatte sich zum Tennis verabredet, raffte nun eilig sein Sportzeug zusammen und tobte dann eine Stunde auf dem Court herum. Das Match war punktemäßig nicht erbaulich gewesen, hatte aber Spaß gemacht. Für ihn war ein Spiel immer noch ein Spiel. Er verstand die Ehrgeizlinge nicht, die sich nach einer verlorenen Partie, so sie hatten, die Haare rauften und alle möglichen Erklärungen für ihr Versagen fanden. Nach dem Duschen, das diesmal ohne besondere Zwischenfälle verlief, fühlte er sich fit und ausgeglichen. Kurze Zeit später saß er im Auto und pfiff fröhlich vor sich hin. Seine Gefühlskurve lag bei 9.7 auf der amtlichen Richterskala als er daran dachte, Angela gleich zu einem Eis einladen zu können. Heute nehme ich den Schirm aber mit, grübelte er. Dann regnet es bestimmt nicht.

Gegen fünf Uhr nachmittags umrundete er den Bahnhof Zoo mindestens dreimal, bis er endlich einen Parkplatz fand. Als er die Autotür öffnete, knallte es. Sein Nebenparker wollte ebenso schwungvoll aussteigen, wie er selbst. Unvermittelt krachten die beiden Türen aufeinander. Der durch die Sonne heiß gebrannte Lack splitterte und Teilchen von ihm schwirrten flirrend vom Wind getrieben davon. Scheiße, dachte Rehmann. Er hatte erst neulich seinen roten Lancia gegen einen metallic-grünfarbenen, gebrauchten Porsche 911 getauscht und ärgerte sich darüber, dass der jetzt die ersten Schrammen haben würde.

„Was fällt Ihnen ein, Rehmann", schrie der Nebenmann. „Wie können Sie sich erlauben, einfach einen grünen Porsche zu fahren – so!?" Schulze war außer sich und in Hochform, Rehmann dagegen sprachlos. „Ich denke es wird notwendig sein, Ihr Handeln aus meiner neuen Position heraus einmal genauer zu überprüfen."

„Sollten wir nicht besser über den Schaden reden, als über Far ..." Farben?, wollte Rehmann fragen, nachdem er seine Gedanken ordnen konnte.

„Dies, mein Lieber, steht Ihnen noch lange nicht zu – ha! Sie hören von mir." Schulze sprach's und ließ ihn kopfschüttelnd stehen.

Eine halbe Stunde war noch Zeit bis zu seinem Treffen mit Angela. Unentschlossen bummelte er durch die Gegend und kam dabei zum Springbrunnen am Europa-Center. Anlässlich des herrlichen Wetters war der längst in Betrieb genommen worden. Millionen Wassertröpfchen tanzten von schon eingeschalteten Scheinwerfern bunt beleuchtet durch die Luft und vermittelten ihm die Atmosphäre, die er stets suchte: Erfrischende Bewegung und Vielfarbigkeit. Ausgelassen und voller Übermut balancierte er auf den Einfassungen des Springbrunnens herum und vertrieb sich so die restlichen Minuten bis zum Treffen. Dass sich dicke Wolken über der Stadt zusammengezogen hatten merkte er erst, als ihn ein heftiger Platzregen traf. Den Schirm hatte er im Auto liegen lassen.

Nur eine Geschichte ...?

Wer heute nach Cabo Gracia a Diós reist, wird das kleine Kongress-Hotel an der Mündung des Rió Coco nicht finden. Auch von den deutschen Welthelfern und ihren vorzüglichen Entwicklungsprogrammen spricht dort, in der verschlafenen Bucht, kein Mensch. Einen Jelepate aber hat es gegeben und seine Gedanken leben fort. Wer sich davon überzeugen möchte, der sollte sein Grab besuchen. In Stein gemeißelt steht da: Yo era el hechicero y su conejo – ich war der Magier und sein Kaninchen ...

Sein Verdienst lag in der Beleuchtung der Dinge. Denn im Licht der Lampe ist längst nicht sichtbar, was die Sonne hervorbringt. Statt des Hotels hatte er ein Gebäude gegenseitiger Achtung im Kreis seiner Leute errichtet.

Wer A sagt, der muss nicht B sagen.
Er kann auch erkennen, dass A falsch war.

(Berthold Brecht)

Nachwort

Wer als Ausländer in Deutschland lebt und arbeitet kann abschätzen, was Rassismus bedeutet. Wer als Deutscher in Übersee Zeiten seines Lebens verbringt, kann zuweilen erahnen, wie unseren fremdländischen Mitmenschen in Berlin, Hamburg, München oder sonst wo in Deutschland manchmal zumute sein muss.

Friedliche Koexistenz zwischen Völkern herzustellen, ist eine der großen Herausforderungen unserer Zeit, weil eine vor allem ökonomische Globalisierung kaum Rücksicht auf kulturelle Interessen nimmt. Der Keim für Verständigung und Toleranz geht in den Herzen und Köpfen auf – oder auch nicht. Was liegt näher, als ihn so frühzeitig wie möglich dort einzupflanzen – und zu hoffen?

Wohl wissend, dass es mit ein paar Zeilen nicht getan ist, hatte ich mich entschlossen, aus dem Buchprojekt ein so genanntes „Joint-Venture" zu machen. Nach der Übernahme von 1.000,00 Euro durch einen Projektpartner für Lektor- und Designkosten sollten aus dem Verkaufserlös je Buch 1,00 Euro an ein Sonderkonto abfließen. Es war von mir aus geplant, diese Mittel an ein Kindertheater in Deutschland zu überweisen, welches sich mit seinen Aufführungen und Programmen gegen Fremdenfeindlichkeit richtet. Einzige Bedingung wäre gewesen, dass die Gelder dem völkerverständigenden Zweck zu Gute kommen. Meine Zuversicht, dass dieses Ansinnen im allgemeinen Interesse liegen würde, war unerschütterlich.

Aber: „Irren ist menschlich", sprach der Igel – und stieg von der Bürste.

Ein bekanntes Berliner Kindertheater schrieb mir, nachdem ich eine Antwort auf mein Angebot anmahnte: „Als Theater haben wir jedoch einen öffentlichen Auftrag und investieren dementsprechend ausschließlich in Theaterproduktionen". Das „Haus der Kulturen" antwortete: „Es steht dem Haus, als öffentlich geförderter Institution m. E. nicht an, sich an einer Satire zur deutschen Bürokratie, in welcher Form auch immer, zu beteiligen. Ich bitte um Ihr Verständnis".

Habe ich, jede Menge! Mein Schriftstellerherz ist weit geöffnet und für weitere Satiren aufnahmefähig. Könnte wohl sein, dass „Joint-Venture" falsch geschrieben war und aus amtlicher Sicht zum Drogen-Abenteuer aufforderte. Könnte aber auch sein, dass Kabarett und Satire in Deutschland nicht mehr erlaubt und somit aus unserem heimischen Kulturgut gelöscht sind!? Die Motive bürokratischer Ablehnung von Geld in Zeiten einer exzessiven Staatsverschuldung und des Not leidenden Kulturetats sind geheimnisvoll vielfältig.

Was freilich bleibt, ist das Ziel zu verfolgen. Die vorgesehene Verkaufserlösabführung wird sich nunmehr an ein Kinder-Projekt in Ecuador richten, wo ich gerade arbeite.

Nur schade: Walther Rathenau behauptete einst: „Die Liebe zum Heimischen kleidet sich in Hass gegen Fremdes".

In der Hoffnung, dass er eines Tages widerlegt werden kann, weil Richtlinien dem nicht entgegenstehen,

der verzweifelte Autor